BOOT 2025
부자 되는 트렌드

부동산·모빌리티·럭셔리·에너지 빅그래 출처

BOOT 2025
부트2025 : 부자 되는 트렌드

초판 1쇄	발행 2024년 11월 27일
지 은 이	효라클, 싱그레, 오래임장, 집이두채, 깨깨부
발 행 처	잇콘
발 행 인	신동익
편 집	복창교
마 케 팅	호예든
경영지원	유정은
디 자 인	김은정
출판등록	2019년 2월 7일 제25100-2019-000022호
주 소	경기도 용인시 기흥구 동백중앙로 191
전 화	070-8623-9971
팩 스	02-6919-1886
이 메 일	books@itconbooks.co.kr
홈페이지	www.itconbooks.co.kr

ISBN 979-11-90877-89-3 13300

◀ **독자설문**
더 나은 책을 만들기 위한
독자설문에 참여하시면
추첨을 통해 선물을 드립니다.
(당첨자 발표는 매월 말 개별연락)

◀ **커뮤니티**
네이버카페에 방문하시면
출간 정보 확인, 이벤트, 원고투고,
소모임 활동, 전문가 칼럼 등
다양한 체험이 가능합니다.

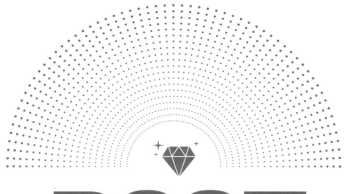

BOOT 2025
부자 되는 트렌드

효라클·오래임장·집이두채·깨깨부·싱그레 공저

#한국주식 #아파트 #재건축 #재개발 #세금 #단지내상가

잇콘

97명을 위하여

한국에서 성공 신화는 대체로 이런 구조로 되어 있다. 1,000명의 사람이 있다고 치면, 이 중에서 진정으로 열심히 노력하는 사람은 100명 정도에 불과하다. 그리고 그중에서 성공하는 사람은 단 3명 정도다. 이제 이들이 방송이나 유튜브에 출연해서 "여러분도 열심히 하면 성공할 수 있다"는 메시지를 전한다. 900명은 열심히 하지 않았기 때문에 당연히 성공하지 못한 것이지만, 문제는 열심히 했는데도 실패한 97명이다. 그들의 이야기는 어디에서도 들을 수 없다. 상품 가치가 없기 때문이다. 내가 운영하는 유튜브 채널 「부자탐사대」만 해도 이 97명을 섭외하지 않는다. 결국 이들은 노력하지 않은 900명과 같은 취급을 받는다. 참으로 억울한 일이 아닐 수 없다.

투자에서도 같은 논리가 적용된다. 미래에 대한 계획 없이 아무런 행동도 하지 않는 사람들은 당연히 투자에 성공하지 못할 것이다. 하지만 정말 열심히 노력했음에도 실패하는 사람들도 많다. 이들이 실패한 원인은 무엇일까? 그것은 올바른 길잡이를 만나지 못해서다. 학창 시절, 부족한 과목을 보충하기 위해 학원에 다녔던 것처럼, 투자를 배울 때도 비용을 아끼지 말아야 하는데, 많은 이들이 독학으로 해결하려 한다. 제대로 모르니 방향을 잘못 잡을 수밖에 없고, 아무리 시간과 노력을 들여도 엉뚱한 길로 가는 것이다. 결국 좋은 길잡이를 만나 올바른 방향을 잡은 3명만 성공하고, 나머지 97명은 실패한다.

그래서 우리는 네이버 프리미엄 콘텐츠에서 「투자고수의 비밀노트」를 만들었고, 『부트 2025』를 쓰게 됐다. 아무것도 할 의지가 없는 900명을 위해서가 아니라, 정말 열심히 할 각오가 있지만 방향을 잡지 못해 엇나갔던 97명을 위해서다.

이 책을 구매한 여러분은 이미 열심히 노력하는 100명에 속해 있을 것이다. 부디 이 책이 좋은 길잡이가 돼, 모든 독자가 성공한 3명이 되길 바란다.

또한, 「투자고수의 비밀노트」를 구독하고 언제나 응원해주는 구독자 여러분께도 깊은 감사의 마음을 전한다.

김성효(효라클) 씀

목차

제1장

한국 주식 트렌드
by 효라클

제 2 장

아파트 투자 트렌드
by 싱그레

제 3 장

재건축 · 재개발 투자 트렌드
by 오래임장

제 4 장

단지내상가 투자 트렌드
BY 집이두채

제 5 장

세금 및 정책 트렌드
BY 깨깨부

제1장

한국 주식 트렌드

by 효라클

익숙한 것들을 다시 주목하라

2024년 한국증시는 전반적으로 무난하게 흘러갔다. 하지만 사상 최고치를 연이어 경신하는 미국이나 일본증시에 비해서 상승폭이 현저하게 떨어지는 모습이 아쉬웠다. 특히 코스피에 비해서 코스닥의 부진이 두드러졌다.

2023년에는 이차전지 덕분에 코스닥이 세계 상위권의 상승률을 기록했지만, 2024년에는 전기차 열풍이 꺾이면서 지수탄력성이 떨어져 전반적으로 힘이 없는 모습이었다.

전통적으로 코스닥은 코스피에 비해서 탄력성이 강했다. 그래서 상승장에서는 더 많이 상승하고 하락장에서는 더 많이 하락하는 모습을 보였는데, 2024년에는 완전히 코스피에 밀리는 모습이었다.

코스닥의 유독 높은 PER(주가수익비율)도 발목을 잡았다. 2024년 7월 기준 코스닥의 PER은 100을 넘으면서 고평가 논란에 시달렸다. 아무리 기술주 위주의 지수라고 해도 나스닥의 PER이 32에 불과한 것에 비하면 지나친 고평가라는 것은 부인할 수 없다.

좀처럼 시장이 시원하게 반등하지 못하면서 미국주식으로 옮겨가는 투자자들이 급증했다. 세금을 내더라도 나날이 사상 최고치를 갈아치우는 미국증시가 낫다는 인식이 퍼졌다. 점점 한국시장을 외면하는 투자자가 늘었고, 이는 다시 증시 거래대금을 줄이는 악순환으로 이어졌다.

금융투자소득세(금투세) 논란도 개인투자자들이 한국시장을 떠나는 데 한몫했다. 이는 2025년 시행 예정으로 주식으로 낸 수익이 연간 5,000만 원을 넘으면 초과 금액에 대해 20%~25%의 세금을 부과한다는 내용이다.

한국주식을 하는 유일한 이유는, 대주주가 아닌 이상 양도차익에 대한 세금이 없다는 것인데 금투세가 시행되면 그런 장점마저 사라진다. 더욱 한국주식을 할 이유가 없다. 어차피 양도차익에 대한 세금을 낼 거라면 미국주식을 하지 뭐 하러 한국주식을 하겠는가?

수익금이 적어서 금투세를 낼 대상조차 아닌 사람들까지도 금투세 탓을 하기 시작했다. 물론 이런 상황에서도 꿋꿋하게 오른 종목은 많았다. 섹터별로 살펴보면 다음과 같다.

인공지능

2023년 말, 챗GPT가 처음 출시됐을 때만 해도 AI을 이용한 소프트웨어 기업들의 주식이 급등했다. 하지만 2024년에는 시장의 판도가 완전히 바뀌어, AI 학습에 필요한 전기 공급과 관련된 종목들이 주도권을 잡았다. 대표적으로 HD현대일렉트릭과 LS일렉트릭이 있다. 변압기 수요가 급증할 것으로 예상되면서 이와 관련한 종목의 상승세가 두드러졌다. 대원전선, 일진전기, 제룡전기 등 전력 인프라와 관련된 기업들도 급등했다. 이들 전력 관련주는 전기차가 한창 보급될 때는 움직이지 않았는데, AI 발전에 따른 전력 수요 증가 전망에는 민감하게 반응했다. 그만큼 AI가 강력한 이슈라는 방증이다.

하드웨어 쪽에서는 HBM이 핫 키워드였다. SK하이닉스가 엔비디아에 AI반도체 핵심 부품인 HBM을 독점 공급하면서 관련 종목들도 많이 상승했다. HBM 생산의 필수 장비를 납품하는 한미반도체가 대표적이다. 이 주식이 대장을 하며 디아이, 테크윙, 와이씨 등 HBM 생산과 관련한 기업들의 주가를 견인했다. 미국증시에서 엔비디아가 2024년 최고의 스타로 떠올랐다면 한국증시에서는 HBM 관련주들이 엔비디아의 흐름과 동조되는 현상을 보였다.

소비재

2024년 한국증시에서 가장 특이했던 현상은 소비재주, 그중에서도 식품주가 엄청난 상승을 보였다는 점이다. 「불닭볶음면」이 해외에서 엄청나게 팔리고 있다는 사실은 오래전부터 모르는 사람이 없을 정도로 유명했지만, 정작 삼양식품의 주가는 꿈쩍도 하지 않았다.

그런데 2024년이 되자 갑자기 그 재료가 부각되며 주가가 미친 듯이 상승했다. 물론 삼양식품의 실적도 주가를 뒷받침했다. 삼양식품의 2024년 2분기 실적은 매출 4,222억 원, 영업이익 894억 원으로 전년 동기 대비 각각 49%, 103%가 증가했다. 특히 삼양식품의 영업이익률은 21%를 기록하며 놀라움을 안겼다.

화장품주의 상승도 눈부셨다. 한때 대표적인 중국소비주였던 화장품주들은 중국의 한한령 이후로 긴 어둠의 터널을 지나야 했다. 하지만 오랜 시간이 지난 지금은 중국 의존도가 크게 줄고, 대신 북미나 일본 등 새로운 시장을 개척한 화장품 기업들이 많아졌다. 팬데믹 이후 한국을 방문하는 외국인 관광객이 계속 늘면서 한국 화장품의 인기도 더해갔다.

예전에는 한국을 찾는 외국인 중 특정 아시아 국가 사람들이 많았지만, 이제는 다양한 나라에서 방문하고 있다. 팬데믹 시기에 「오징어게임」을 비롯한 K콘텐츠가 전 세계적으로 흥행했고 K팝의 인기도 꾸준해, 한국에 대한 호기심을 불러일으키고 있다. 덕분에 장기간 침체를 겪던 명동 상권도 다시 살아나기 시작했다.

외국인 관광객이 한국에 와서 들르는 필수 여행 코스는 바로 '올리브영'이다. 관광지나 번화가에 있는 올리브영에 가면 정말 많은 외국인을 만날 수 있다. 명동 상권 내 6개 올리브영의 2024년 상반기 외국인 매출은 전년 대비 168% 급증했다. 방한 외국인의 약 70%가 올리브영을 찾았다는 통계도 있을 정도다. 우리가 일본여행을 가면 돈키호테를 꼭 들르는 것과 비슷하다. 이처럼 한국 화장품의 인기가 높아지면서 실리콘투, 토니모리 등의 상승세가 눈부셨다.

이처럼 2024년 증시에서는 예전부터 재료는 익히 알려졌으나 주가에 잘 반영되지 않던 것들이, 갑자기 반영되며 주가가 급등하는 사례가 빈번히 일어났다. 기출문제가 보기만 살짝 바꿔서 출제되는 느낌이다.

2025년에도 이 세상에 없던 완전히 새로운 것이 등장하기보다는, 기존에 익숙했던 재료들이 다시 주목받으며 강세를 보일 가능성이 크다. 이미 다 알려져 있지만 주가가 오르지 않던 종목들이 움직이기 시작한다면 주의 깊게 살펴볼 필요가 있다. 한국증시는 비교적 단순한 구조를 가지고 있어, 시장 분위기만 잘 파악하면 그리 어렵지 않게 수익을 낼 수 있다.

2025년은 어떨까

내가 학생들에게 항상 강조하는 것 중 하나는 '큰 사건은 반드시 물줄기를 바꾼다'는 것이다. 예를 들어, 2011년 발생했던 동일본대지진은 현대, 기아 및 수많은 자동차 부품사의 대호황을 가져왔고 결국 이 당시 한국 자동차 기업들이 벌어들인 막대한 돈은 글로벌 톱3으로 올라서는 데 결정적인 역할을 했다. 만약 동일본대지진이 없었다면 한국 자동차 기업이 유수의 해외 기업들을 제치고 이렇게 발전할 수 있었을까? 물론 알 수 없는 일이지만 분명 훨씬 힘들었을 것이다.

2020년 전 세계를 공포에 떨게 했던 팬데믹이 없었더라면 AI는 이렇게 빠른 속도로 발전할 수 없었을 것이다. 코로나19의 확산 예측, 감염 추적, 진단, 백신 개발 등에 필요한 대규모 데이터 분석 수요가 급증하며 AI 발전의 촉진제가 됐다.

또한 팬데믹으로 인해 재택근무가 활성화됐고, 비대면 기술이 비약적으로 발전하면서 사람을 대신할 수 있는 AI에 대한 연구가 집중적으로 이뤄졌다. 당시에는 감염병에 대응하기 위해서였지만 결과적으로 AI 발전이라는 결과로 이어졌다.

물론 팬데믹이 없었다 할지라도 언젠가는 AI가 발전했을 것이다. 하지만 단기간에 집약적으로 데이터 학습이 이루어진 덕분에, AI가 더 빨리 비약적으로 발전할 수 있는 토대가 마련된 것도 사실이다.

이처럼 사회적으로 큰 파장을 불러일으킨 사건은 전혀 예기치 못한 방향으로 역사의 물줄기를 바꾼다. 주식 투자자는 지금도 세상에서 수없이 일어나는 일 중 역사의 물줄기를 바꿀 만한 사건에 집중하면 된다. 사회적으로 큰 파장을 일으킨 일이 일어났을 때 그냥 '응 그렇구나' 하고 넘기지 말고, 그 사건이 나중에 어떤 변화를 불러올지 면밀히 분석해야 한다.

큰 사건은 잘 흐르고 있는 강물에 갑자기 지류가 생기는 것과 같다. 그 지류가 어떤 모양으로 어떻게 뻗어나갈지는 모르지만, 강의 모습을 바꾼다는 것은 확실하다. 지류가 생긴 곳 주변의 지형을 조금만 면밀히 분석하면 앞으로 강의 모습이 어떻게 바뀔지 대략 짐작할 수 있다. 마찬가지로 큰 사건이 일어나면, 그 주변과 관련한 산업과 그 특성을 잘 관찰하면 어떤 변화가 일어날지 알 수 있다.

하지만 말로는 쉬워 보이는 이런 일을 실제로 하는 사람은 거의 없다. 대부분은 사건이 일어나고 몇 달 후면 사람들의 관심은 점점 멀어질 것이며, 언론에서는 또 다른 새로운 사건에 집중할 것이다. 이제 그 사건은 더이상 사회에 영향을 끼치지 않는 것처럼 보인다.

그러나 진짜 변화는 사람들의 관심이 식은 뒤에 벌어진다. 팬데믹이 끝나고 한참 뒤에 챗GPT가 세상에 등장했듯이 변화의 결과가 나오려면 시간이 걸린다. 강물의 지류가 새로운 형태를 갖추기까지 시간이 오래 걸리는 것과 같다. 그 이유는 갑자기 일어난 사건이 의도를 가진 것이 아니기 때문이다. 동일본대지진과 같은 자연재해는 당연히 누군가가 의도를 갖고

벌인 일이 아니기 때문에, 그것이 나중에 어떤 결과를 초래하게 될지 방향성을 알려면 시간이 오래 걸린다.

팬데믹도 의도성이 없는 이벤트였기 때문에, 그 결과가 수면 위로 드러나는 데 한참 걸린 것이다. 만약 누군가 고의로 그 정도 규모의 일을 벌였다면 당연히 그 방향대로 빠르게 결과가 나오겠지만 말이다.

그렇다면 여기에 큰 투자 기회가 있는 것이 아닐까? 사람들의 관심이 떠난 사이, 저 밑바닥에서부터 일어나고 있는 변화의 물결을 관찰하기만 하면 되지 않을까? 바로 이 관점에서 2025년 한국주식 트렌드 예측을 시작한다. 2024년에 한국에서 있었던 큰 사건을 살펴보고, 그것이 2025년에 미칠 영향에 대해서 분석하다 보면 어느새 자연스럽게 미래를 예측할 수 있다. 그럼 2024년에 한국사회에 큰 파장을 일으켰던 사건은 어떤 것이 있을까? 내가 뽑은 것은 다음과 같다.

- 의대 정원 증가
- 티몬 · 위메프 사태
- 청라 전기차 화재 사건

위 세 사건은 모두 한국을 뒤흔들었고, 2025년에 큰 사회적 변화를 일으킬 것들이다. 그것은 왜 그럴까? 연관된 사람이 많기 때문이다. 아무리 화제성이 높은 사건이라도 실제로 연관된 사람이 많지 않으면 그 사건은 변화를 일으키지 못한다.

어도어의 민희진 대표가 모든 언론을 떠들썩하게 했지만, 실제로 그 사건과 관련된 사람은 몇 명 안 된다. 방시혁 하이브 의장이 BJ 과즙세연과 함께 다니는 영상이 올라와서 엄청난 화제가 됐지만 그것과 관련된 사람은 별로 없다.

하지만 의대 정원 증가는 작게는 수천 명, 많게는 수만 명의 생계와 직결된 사안이다. 티몬과 위메프 사태로 인한 피해자도 수만 명에 달한다. 청라 지하 주차장에서 벌어진 벤츠 전기차 화재는 60만 명에 달하는 전기차 차주들에게 영향을 끼쳤다. 물론 동일본대지진이나 팬데믹만큼 글로벌 시장에서 많은 사람에게 영향을 끼치지는 않았지만, 한국시장으로 한정한다면 분명히 의미 있는 사건들이다.

그래서 이 책에서는 위 세 사건이 2025년에 어떤 변화로 이어질 것인지, 또 그와 관련된 종목은 무엇인지 상세하게 살펴보려고 한다. 지금까지 아무런 원칙 없이 마구잡이로 투자했다면 이 기준이 매우 유용할 것이다. 2025년에도 큰 사건들이 일어나겠지만 지금 예측할 수 없으므로 굳이 시간과 노력을 낭비할 필요가 없다. 우리는 할 수 있는 범위 안에서 최대한 논리적으로 결과를 예측하면 그만이다.

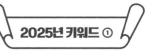

의대 정원 확대

2025년부터 의대 정원이 많이 늘어난다. 워낙 전국이 떠들썩했던 이슈이기에 이를 모르는 사람은 없을 것이다. 구체적으로 말하면 2025년 의대 정원은 4,567명이다. 이것은 2024년 의대 정원 3,058명 대비 1,509명이 증가한 것으로, 당초 정부의 목표였던 2,000명 증원보다는 모자란 숫자다. 증가율로 보면 1년 만에 50%가 갑자기 늘었다.

이것이 의사들과 의대생들의 강력한 반발을 불러왔던 이유는 단시간에 증가 폭이 너무 컸기 때문이다. 지난 2020년 의대 증원 논의 당시 정부가 추진했던 증원 규모는 500명이었다. 증가율로 보면 17% 정도 증원되는 것인데도 의료계의 반발이 컸다. 당시 전공의들이 파업을 벌이며 투쟁한 결과 정부는 결국 의대증원안을 철회했고, 의대 정원은 18년간 3,058

명으로 굳어졌다. 그런데 이번에는 그때보다 훨씬 더 큰 규모로 증원하려 하니 반발이 거셀 것은 충분히 예측할 수 있는 일이었다.

하지만 정부는 끝까지 증원을 밀어붙였고, 결국 이에 반발한 1만 2,000명에 달하는 전공의(인턴, 레지던트)들이 집단 사직을 했다. 전공의 과정을 수료하는 데 걸리는 기간은 4~5년이다. 이들이 연차와 상관없이 사직했으므로 향후 4~5년간 신규 전문의가 배출되지 않는다.

의대생들도 집단 휴학을 선택했고, 정부는 2025년 2월 말까지 유급을 시키지 않겠다고 했다. 그러나 의대생들의 휴학이 그 이후에도 계속 이어지면 결국 대량 유급 사태로 이어질 것이고, 의사의 신규 배출도 끊기게 된다. 당장 의대 본과 4학년생들이 국가고시 응시를 거부하고 있어 2025년 의사 공급에 차질이 예상된다.

그 많던 전공의는 어디로 갔을까

2024년 2월까지만 해도 대학병원 등에서 환자를 돌보며 전문의가 되기 위해 수련을 하던 1만 2,000명에 달하는 전공의들은 하루아침에 전문의의 꿈을 포기하고 개원가로 쏟아져 나왔다. 아마 대부분 병원에서 급여를 받는 페이닥터로 갔거나 의원을 개원했을 것이다. 남자라면 군대를 갈 수도 있다.

그렇다면 이들이 진료하는 분야는 무엇일까? 소아청소년과 전문의라면 소아를 진료하고 정형외과 전문의라면 근골격계 질환을 치료할 것이다. 이처럼 전문의는 분야가 명확하지만, 일반의는 그렇지 않다. 이들은 수련이 아직 부족해 전문적 진료에는 한계가 있을 수 있어서, 피부미용 분야를 많이 선택한다.

내과나 피부과 등은 전문의를 따지 않아도 바로 개원하고 진료가 가능하다. 그게 바로 진료과목이 명시되지 않은 'OO의원' 'XX의원' 등의 이름을 가진 병원들이다. 아마 지하철에서 이런 의원들이 각종 미용시술을 싸게 해준다는 광고를 많이 봤을 것이다. 이런 시술은 질병 치료가 목적이 아니라 미용이기 때문에 치료하는 입장에서 비교적 심리적 부담이 적다. 국민건강보험 적용이 되지 않아서 수입 측면에서도 좋다. 즉, 각자 전문 진료과목에서 전문의나 교수를 꿈꾸던 의사들 상당수가 하루아침에 피부미용 쪽으로 쏟아져 나온 것이다.

이를 방증하는 것이 2024년 5월에 열린 피부미용 박람회다. 코엑스에서 열린 「제46차 춘계 국제학술포럼 및 선진 미용의료기기 박람회」에 사직을 신청한 전공의들이 대거 몰렸다. 이 박람회는 유명 피부과, 성형외과 의사들의 시술 강연뿐만 아니라 다양한 미용의료기기들을 전시하는 국내 최대 규모의 전시회다. 보통은 피부과나 성형외과가 아닌 다른 과 전공의들이 이 행사에 관심을 두지 않는다.

하지만 2024년에 열린 행사에는 다양한 과의 전공의들로 북적였다. 그만큼 사직한 전공의들이 피부미용 쪽으로 개원하려는 데 관심이 많은 것을 알 수 있다. 보수적으로 잡아서 사직 전공의의 20%인 2,400명만 한꺼번에 피부미용 분야로 개원해도 만만치 않은 규모가 될 것이다.

다음은 전공의들이 다양한 진로를 찾아 나서는 가운데 특히 미용 쪽은 인기가 많다는 내용의 기사다. 실제로 전공의를 그만두고 의원급에 취업한 일반의들 중 상당수가 피부과, 성형외과 등 일명 피안성정(피부과, 안과, 성형외과, 정형외과) 분야에 집중됐다는 자료도 있다.

의원급 취업 일반의 591명 중 341명 '피안성정' 몰려

– 동아일보 2024. 9. 28.

그렇다면 이 상황에서 수혜를 입는 기업은 어디일까? 당연히 피부미용 의료기기를 의원에 납품하는 기업들이다. 피부미용을 다루는 의원 입장에서는 수많은 일반의가 갑자기 시장에 쏟아져 나오면 그만큼 경쟁이 치열해지니 힘들겠지만, 이들에게 피부미용의료기기를 납품하는 곳은 공급해야 할 의원이 갑자기 수천 개 늘어나니 좋을 수밖에 없다. 경쟁이 치열해져서 나중에 망하더라도 일단 개원할 때 장비는 마련해야 하니 말이다.

피부미용의료기기가 대세라는 것은 광고 모델만 봐도 확연히 드러난다. 예전에 한국산 화장품이 중국에서 엄청난 인기를 끌면서 난리가 났을 때는 잘나가는 여자 연예인들이 죄다 화장품 광고를 했다. 하지만 지금은 모두 앞다퉈 피부미용 시술 광고를 한다. 효과가 느리게 나타나는 화장품보다는 가격은 좀 비싸더라도 확실하고 즉각적인 효과를 얻을 수 있는 미용 시술의 인기가 날로 높아지고 있다.

그렇다면 구체적으로 피부미용의료기기를 만드는 기업은 어떤 곳이 있을까? 대표적인 기업을 정리하면 다음과 같다. 구체적인 내용은 잠시 후에 살펴보도록 하자.

피부미용의료기기 기업		
기업	대표 브랜드	내용
클래시스	슈링크	HIFU 리프팅
	볼뉴머	고주파 리프팅
하이로닉	더블로	HIFU 리프팅
원텍	올리지오	고주파 리프팅
비올	실펌X	마이크로니들 고주파
파마리서치	리쥬란	스킨부스터

빈 강의실은 편입생들이 채우지

의대 정원이 갑자기 대폭 증가하면서 사교육시장도 들썩이고 있다. 현재 의대생들은 휴학을 하며 의대 증원에 반대하고 있지만, 고등학생,

이미 고등학교를 졸업한 'N수생'들 사이에서는 의대 입시 광풍이 불어닥치고 있다.

특히 강원도와 충청도 소재 의대 정원이 크게 늘고 지역인재전형 선발 인원이 많아지면서, 이 지역 고등학교로 전학을 가는 지방 유학 열풍도 생겼다. 각종 사설 학원에서 개최하는 의대 입시 설명회는 빈 좌석이 없고, 방학을 맞아 개설한 의대 입시 특강반을 들으려면 오픈런이 필수가 됐다. 한 마디로 모든 교육 이슈를 의대 증원이 다 빨아들이는 상황이다.

저출산으로 학령인구가 매년 감소하고 있는 상황에서 사교육 관련주들은 어려운 시간을 보내고 있었다. 9년 뒤인 2034년에는 초등학생이 학급당 9명이 될 거라고 하니 사교육 관련주들의 장래는 어둡기만 했다. 하지만 느닷없는 의대 증원 덕분에 기사회생할 수 있는 발판이 마련됐다. 의대 정원이 늘면서, 기존 대입 사교육시장의 고객으로 분류되지 않았던 대학생과 직장인이라는 새로운 고객층이 생겼기 때문이다.

지금 많은 이과 계열 대학생들이 취업 대신 수능을 다시 봐서 의대에 진학하는 것을 고려하고 있다. 뻔한 연봉에 정년이 있는 대기업 연구원으로 가느니, 전문직인 의사가 훨씬 낫기 때문이다.

이과 계열 대학생 중에 의대를 가고 싶었는데 떨어져서 어쩔 수 없이 갔다면, 의대 입시에 다시 도전할 가능성이 높다. 특히 명문대를 다니고 있다면, 수능 성적이나 내신이 어느 정도 상위권이었을 테니, 의대 정원이 늘어난 상태에서 도전하면 합격 가능성이 높다고 생각할 것이다.

직장인 중에서도 학창 시절 공부 좀 했다고 하는 사람들은 수능에 다시 도전할 가능성이 있다. 지금 다니고 있는 직장에서는 미래가 보이지 않으니, 정년이 없는 의사가 훨씬 나으리라 생각할 것이기 때문이다. 실제로 의대 야간 특별반은 월 70만 원이라는 만만치 않은 학원비에도 불구하고 대기업 대리, 과장급 등으로 문전성시라고 한다.

이런 이유로 갑자기 고객층이 확 넓어진 사교육 관련주들은 2025년 실적을 기대할 만하다. 특히 사교육 업체들이 고객을 늘리려고 별도의 마케팅비를 쓰지 않았는데도 알아서 학생들이 몰려온다는 것은 고무적인 일이다.

의대 증원이 불러온 의대 입시 열풍의 여파는 여기서 끝이 아니다. 일단 2025학년도 입시가 끝난 다음을 생각해보자. 3월이 되고 대학들이 개강한다. 그러면 어떤 일이 벌어질까? 자연·공학 계열의 수업들에서 빈자리가 속출할 것이다. 의대에 합격한 학생들이 자퇴했기 때문이다. 이렇게 되면 대학 편입시장의 문이 활짝 열릴 것이다.

학교를 잘 다니던 2~4학년 학생들이 자퇴를 하면 메꿀 방법은 편입밖에 없다. 학교 측은 등록금 수입을 유지하기 위해 편입생을 많이 모집하게 될 것이고, 이것은 또 다른 사교육시장의 팽창을 불러올 것이다.

특히 명문대일수록 자퇴생이 많을 테니, 학벌을 올리고 싶어 하는 사람들에게는 매력적인 선택지가 될 것이다. 치대, 한의대, 수의대 등 의대와 비슷한 성적이었으나 다른 곳에 진학한 학생들도 마음을 바꿀 수 있다. 편입에 별 관심이 없던 학생들도 갑자기 상위 대학의 편입생 모집 규모가 늘어나면 자연히 관심을 가질 것이다.

대표적인 사교육 기업을 표로 정리하면 아래와 같다.

사교육 기업		
기업	주요 사업	대표 브랜드
비상교육	교과서, 교재 출판	비상
NE능률	교과서, 교재 출판	NE능률
메가스터디교육	온/오프라인 강의	메가스터디
디지털대성	온/오프라인 강의	대성마이맥
아이비김영	편입학 강의	김영편입
메가엠디	편입학 강의	메가엠디

지금까지 살펴본 것처럼 정부의 정책 변경은 해당 산업에 종사하는 수많은 기업뿐만 아니라 예상치 못한 분야까지 직간접적인 영향을 미친다. 한국은 정부주도형 경제 구조로 돼 있기 때문에, 기업을 분석하기보다는 정부 정책을 연구하는 것이 더 실효성 있다.

지금은 의대 정원이 늘어난 첫해이기 때문에 효과는 미미하다. 하지만 몇 년 후 의사 수가 실제로 늘어나기 시작하면 건강보험료 상승과 함께 민영보험시장에도 상당한 파문을 몰고 올 것이다.

한국주식에 투자할 때는 언제나 정부 정책에 따른 영향을 분석하고 신중히 검토하는 것이 필수 전략이라 하겠다.

주목할 만한
의대 정원 관련주

피부미용의료기기 제조 기업

리프팅은 슈링크

리프팅 시술은 얼굴이 쳐지고, 피부 탄력이 떨어진 것 같을 때 받는다. 이 시술의 양대 산맥은 울쎄라와 슈링크다. 이들을 HIFU 장비라고 부르는데, 고강도 초음파를 피부 안쪽에 조사한다는 점에서 시술 원리는 같다.

울쎄라는 독일산으로 비싸지만 효과가 오래간다는 특징이 있고, 슈링크는 국내에서 만들어 가격이 비교적 저렴하면서도 즉각적인 효과로 인기가 많다. 단점이 있다면 시술을 자주 해줘야 하고, 통증이 심하다. 그래서 아예 수면마취를 해서 다른 시술과 함께 받기도 한다.

슈링크를 만드는 곳이 바로 클래시스다. 이 기업은 슈링크 시리즈를 전 세계에 누적 1만 5,000대 넘게 파는 피부미용의료기기 시장의 핫 플레이어다. 클래시스 수익 모델의 좋은 점은 단순히 기기 한 대를 팔고 끝이 아니라는 데 있다. 병의원에 설치한 장비를 플랫폼으로 해서 시술 시마다 사용되는 다양한 형태의 맞춤 카트리지를 계속 판매할 수 있다. 프린터를 팔아놓고 토너 매출이 계속 발생하는 것과 비슷한 구조다. 그래서 클래시스의 영업이익률은 무려 50%가 넘는다. K컬처에 대한 해외 선호도가 높아지면서 한국산 피부미용의료기기의 인기도 높아지다 보니 실적도 꾸준히 상승하고 있다.

리프팅, 묶고 더블로 가?

HIFU 리프팅의 숨은 강자가 더블로다. 울쎄라와 슈링크의 인지도가 워낙 굳건해서 상대적으로 덜 알려졌지만, 이것도 조용히 영역을 확장 중이다. 하이로닉에서 만들었으며, 울쎄라의 하위호환 버전으로 이해하면 쉽다.

더블로는 이미 양강 체제가 굳어진 한국시장보다는 해외에서 활로를 찾고 있다. 64개국에서 대리점망을 통해 제품을 판매하고 있으며, 수출 비중이 60%가 넘는다. 해외 판매 호조로 실적도 좋아졌다. 최근에는 가정용 미용기기 브랜드 홈쎄라를 론칭해서 사업 영역을 확장하고 있다.

써마지가 비싸면 볼뉴머

리프팅에는 HIFU만 있는 것이 아니다. 고주파 전류를 이용해 피부 깊숙한 곳에서 콜라겐 재생을 유도하는 방식도 있다. 이 분야의 원조는 미국에서 만든 써마지로, 이와 비슷하게 만든 한국산 기기가 볼뉴머다. 이 기기를 만드는 곳 역시 클래시스다.

이 기업이 울쎄라와 시술 원리는 동일하지만 더 저렴한 슈링크를 만든 것처럼, 써마지와 동일한 시술 원리를 가졌으면서도 더 저렴하게 만든 것이 볼뉴머다. 물론 효과

는 전자가 더 오래가지만, 가격 경쟁력 측면에서 후자도 꽤 인기가 있다. 또 이 기기
는 통증이 별로 없어, 아픈 것을 극도로 싫어하는 사람들에게 중요한 소구점이 될 수
있다.

클래시스는 이루다라는 마이크로니들 고주파 미용기기 제조 기업을 흡수 합병하며
시너지 효과를 노리고 있다. 이루다의 대표 브랜드는 리팟이다. 클래시스는 이번 합
병을 통해 풀 라인업을 완성한다는 계획이다.

피부 탄력 올리지오

고주파 리프팅 중에서 볼뉴머만큼이나 가성비 있고 통증이 덜하기로 소문난 것이 올
리지오다. 이 기기를 만든 곳은 원텍으로, 2024년 5월 초까지만 해도 실적 기대감으
로 주가가 고공 행진했다. 그러나 막상 1분기 실적이 2023년 대비 반토막에 불과한
것으로 나타나 충격을 줬고, 어닝쇼크로 인해 주가도 곤두박질쳤다. 아직 이 기업에
대한 시장의 신뢰가 회복되지 않았으며, 시간이 걸릴 것으로 보인다. 2025년에 원텍
의 실적이 시장의 기대치를 충족시킨다면 주가는 다시 상승할 여력이 충분하다.

실펌X, 탈모에도 효과?

실펌X는 아주 작은 바늘을 피부에 찔러 넣어 진피층에 고주파를 전달하는 방식의 피
부미용 기기다. 홍조, 기미 같은 색소 질환 개선에 효과가 있다.

실펌X는 2020년 미국 FDA 승인과 유럽 CE 인증을 받으며 글로벌시장에서 입지를
넓혀 나가기 시작했다. 이 기기를 만드는 곳은 비올인데, 현재 전 세계 60개국에 대

리점을 두고 수출에 힘쓰고 있다.

비올이 본격적으로 주가에 탄력을 받은 계기는 중국 진출이다. 2024년 3월 중국 판매 승인을 획득하면서 이 기업의 주가는 날아올랐다. 영업이익률도 50%를 넘으며 놀라운 실적을 보여주고 있다.

비올은 실펌X의 적용 범위를 얼굴 피부뿐만 아니라 두피에도 적용하려고 하고 있다. 마이크로니들 기술을 두피에 적용했을 때 탈모에 효과가 있다는 것이다. 자체 임상을 거친 뒤 2025년에 탈모 치료용 신제품을 출시할 계획이다.

물광은 리쥬란

지금까지 리프팅을 주로 살펴봤다면 이번에는 전혀 다른 계열의 피부 미용 시술인 스킨부스터를 소개하려고 한다. 이 분야에 관심 있는 사람들에게는 너무나 유명한 리쥬란으로, 피부의 건조함을 해결해주면서 촉촉하고 윤기 있는 피부로 만들어준다. 효과가 매우 좋은 편이며, 그만큼 통증으로도 유명하다. 수면 마취를 해서 다른 주사와 함께 맞기도 한다.

리쥬란을 만드는 곳은 파마리서치로. 이 제품의 인기를 타고 주가가 고공 행진했다. 현재는 누적 판매 1,000만cc를 돌파하며 파죽지세를 이어가고 있다. 2025년에도 인기가 계속될지 지켜봐야 하겠다.

Insight

대입 사교육 기업

비상교육

비상교육은 교과서와 각종 교재를 만드는 곳으로 유명하다. 대입을 준비하는 입시생이 늘어나면 교재 판매도 늘어나므로 대표적인 대입 사교육 수혜주다. 실제로 비상교육 매출의 대부분이 교과서와 각종 교재 판매에서 이뤄진다.

이 기업은 비상에듀학원이라는 직영 학원도 운영하고 있다. 용인, 여주 등에서 대입 기숙학원을 운영하고 있고, 대치동과 천안에서 대입 종합학원을 운영하고 있다. 의대 입시를 준비하는 사람들이 늘어날수록 그 혜택을 고스란히 받을 수 있는 사업 포트폴리오를 갖추고 있다.

의대 입시와는 큰 관련이 없지만 비상교육과 관련해서 주목해야 할 이슈가 AI 디지털 교과서다. 2025년 3월부터 전면적으로 도입되는 AI 디지털 교과서는 초등학교 3 · 4학년, 중학교 1학년, 고등학교 1학년을 대상으로 수학과 영어 과목에 적용될 예정이다. 비상교육은 이에 대비해 '비상 에듀테크 솔루션'을 AI 디지털 선도학교에 공급하고 있다.

정부는 2023년 9월부터 AI 디지털 선도학교를 운영하고 있는데, 2023년 350여 곳에서 2024년 1,000곳으로 확대됐다. 비상교육의 AI 디지털 선도학교 대상 매출액도 1년 새 3배 이상 증가했다. 따라서 전국의 모든 학교로 시행이 확대되는 2025년에는 더 큰 매출 성장을 기대할 수 있다. 비상교육은 다양한 기업들과 업무 협약을 맺고 AI 디지털 교과서 플랫폼 개발에 박차를 가하고 있다.

NE능률

NE능률도 비상교육과 사업 구조가 비슷하다. 매출의 70% 정도가 중고등학교 교재 출판 사업에서 나온다. 대입 전문 학원은 따로 운영하지 않고 있다.

이 기업도 교과서를 만들기 때문에 역시 AI 디지털 교과서 관련주다. 현재 여러 기업들과 업무 협약을 맺고 AI 디지털 교과서를 개발하고 있다.

메가스터디교육

앞에서 살펴본 기업들이 교재 판매 위주라면 메가스터디교육은 온라인 강의가 주력이다. 대입을 준비하는 수험생이라면 모를 수가 없는 온라인 강의 사이트 메가스터디와 전국 각지에 메가스터디학원도 운영하고 있다.

온라인 강의는 수강생 수가 제한이 없이 늘어날 수 있기에 대입을 준비하는 입시생이 늘면 늘수록 매출이 그대로 증가하게 돼 있다.

디지털대성

디지털대성의 주력 사업은 온라인 강의로, 대성마이맥을 운영하고 있다. 의대 입시생 증가에 적극적으로 대비하겠다는 포석으로, 2024년 강남대성기숙학원의 의대관을 인수하기도 했다.

경기도 이천에 위치한 이곳은 2023학년도 기준 153명을 의대에 합격시키며 명실상부한 의대생 배출의 메카로 자리 잡았다. 또, 의대 증원을 적극 반영하여 기숙학원 수용 규모를 840명에서 1,200명으로 대폭 늘리는 증축을 단행했다.

Insight

강남대성기숙학원 의대관의 실적이 디지털대성의 연결재무제표에 반영된다면 실적 향상을 기대할 수 있다.

대학 편입 사교육 기업

아이비김영

대학 편입시장의 절대 강자는 메가스터디 계열사인 아이비김영이다. 메가스터디교육이 최대 주주로 지분 55.31%를 보유하고 있다. 이 기업의 시장 점유율은 70%에 달할 정도로 독보적이며, 편입시장이 커지면 가장 큰 수혜를 입을 전망이다.

아이비김영의 대표 브랜드는 김영편입이며, 온라인 강의와 오프라인 학원 운영을 함께 하고 있다.

메가엠디

메가엠디도 메가스터디 계열사다. MEET, DEET 등 의학계열 전문대학원을 준비하는 수험생들을 위한 온라인 강의를 운영하고 있다. 의대 학사 편입 시 일부 대학이 MEET 점수를 반영하기 때문에 의대 편입 준비생들이 많이 이용한다. 또 의약계열 학사 편입 필기고사 과목인 생물, 화학 등을 준비하기 위한 강의도 있다.

아이비김영이 모든 계열의 편입을 다루는 종합 브랜드라면 메가엠디는 의약계열 전문 브랜드의 이미지가 있다.

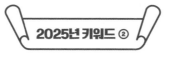

쇼핑 트렌드

: 티몬 · 위메프 사태가 불러올 변화

2024년 7월, 한국 이커머스 업계에 충격적인 사건이 일어났다. 티몬과 위메프가 판매자들에게 상품 판매대금을 지급하지 못하겠다고 폭탄선언을 한 것이다. 이전부터 정산 주기를 늘리고, 대금 지급을 미룬다는 사실이 일부 판매자들에게 알려지던 참이었다. 그런데 이렇게 갑자기 거액의 정산 대금을 지급하지 못해서 나자빠지리라고는 아무도 예상하지 못했다.

이들은 모두 큐텐그룹의 계열사로, 그룹이 자금난에 빠지면서 이 같은 사태가 발생했다. 판매자들은 티몬과 위메프로부터 판매 상품의 정산 대금을 지급받지 못하게 됐으므로 당연히 소비자들에게 환불을 해줄 수가 없게 됐다. 날벼락을 맞은 소비자들은 티몬과 위메프 본사로 찾아가서 직접 환불을 요청하기에 이르렀고 현장 일대는 아수라장이 됐다.

특히 여행 상품을 결제한 고객들의 피해가 컸다. 상품 대부분이 고가인데다가 여행사에서 상품을 제공하지 않으면 그만이기 때문이다. 사태가 일파만파로 커지자 결제를 대행했던 PG사와 페이사가 직접 소비자들에게 환불을 해주기 시작하면서 일반 소비자들의 피해는 일단락됐다.

그런데 문제는 판매사들이었다. 상품을 배송해주었는데도, 대금을 지급받지 못해 심각한 유동성 위기에 빠진 것이다. 판매대금 미정산 규모는 대략 1조 원 정도로 알려졌다. 하지만 티몬과 위메프는 기업회생절차를 신청하면서 사실상 변제 의지가 전혀 없음을 드러냈다.

정부는 1조 2,000억 원의 유동성을 긴급 공급하겠다고 밝히면서 사태 진화에 나섰다. 하지만 판매자들은 당연히 받아야 할 돈을 받지 못했고, 정부의 대출을 받으면 이자를 또 내야 하므로 상황이 나아졌다고 할 수 없다.

사태가 점점 커지자, 언론들은 앞다퉈 수혜주를 분석하기 시작했다. 가장 많이 등장한 기업은 네이버쇼핑을 운영하는 네이버였다. 티몬과 위메프에 실망한 소비자들이 네이버쇼핑 같은 대형 업체로 몰린다는 분석이다. 예전에는 무조건 낮은 가격이 최대 경쟁력이었지만 이제는 신뢰성이 가장 중요한 척도가 됐다.

그렇다면 실제로 네이버쇼핑의 결제액이 크게 늘었을까? BC카드의 자료에 따르면 티몬·위메프 사태 이후 네이버쇼핑이나 쿠팡 같은 대형 플랫폼의 결제액은 오히려 줄었다. 대신 11번가나 G마켓 등 중소형 오픈마켓의 결제액이 늘었다. 그러니까 원래부터 대형 플랫폼을 이용하지 않던 사

람들은 자신들이 이용하던 쇼핑몰이 망하고 환불을 안 해줘도, 네이버쇼
핑으로는 가지 않았다는 방증이다.

> **"티메프 고객들 네이버·쿠팡 대신 다른 오픈마켓으로 이동"**
>
> – 2024. 8. 11. 연합뉴스

실제로 네이버의 주가도 반등은커녕 오히려 떨어졌다. 티몬·위메프
사태가 처음 발생했던 2024년 7월 22일 17만 원대였던 네이버의 주가는
8월 16일 기준 15만 원대를 기록했다. 11번가나 G마켓 등은 상장사가 아
니기 때문에 주식시장에서 반응은 체크할 수가 없었다. 11번가의 모기업
인 SK스퀘어가 상장돼 있긴 해도, 11번가의 콜옵션을 포기하면서 매각에
나선 상황이라 수혜주로 인식되지 못했다.

그렇다면 티몬·위메프 사태는 이렇게 11번가나 G마켓 고객만 늘려주
고 끝날 것인가? 위의 기사에서 완전히 간과하고 있는 것이 있다. 바로 '유
튜브쇼핑'이다. 유튜브가 세계 최초로 한국에 유튜브쇼핑을 도입해, 소비
자들이 유튜브 영상을 보면서 외부 사이트에 접속하지 않고 전용 스토어
에서 바로 상품을 구매할 수 있도록 했다.

전 세계에서 수십억 명의 시청자를 확보한 유튜브가 유독 한국에서만
이 서비스를 도입한 이유는 무엇일까? 당연히 가장 잘 통할 국가라고 확

신했기 때문이다. 한국인들은 세계적으로 자신이 좋아하는 크리에이터가 판매하는 상품을 구매하는 데에 거부감이 가장 적은 편이다. 이것이 유튜브가 자신 있게 한국을 유튜브쇼핑의 첫 출시국으로 낙점한 이유다.

한국에서 유튜브쇼핑의 성장세는 무섭다. 공식 플랫폼 파트너사로 선정된 마플코퍼레이션은 2024년 상반기 매출이 230억 원으로, 전년 동기 대비 50% 성장했다고 밝혔다. 마플샵의 상반기 거래 건수는 1년 새 100% 증가한 45만 건을 기록했다.

결국 티몬·위메프 사태에서 촉발된 이커머스에 대한 소비자의 불신은 온라인 쇼핑의 판도 자체를 바꾸게 될 것이다. 당장은 그들을 대체할 11번가나 G마켓 등 유사한 곳을 이용하겠지만, 결국 누군지도 모르는 판매자가 판매하는 상품보다는 내가 좋아하는 유튜버가 판매하는 상품을 믿고 구매하는 경향이 생길 수밖에 없다. 가격 측면에서도 유튜버와 협업해서 특별가로 한정 판매하는 식의 마케팅이 늘어난다면, 소비자들이 선택하지 않을 이유가 없다.

주목할 만한
티몬·위메프 관련주

한국에서 유튜브와 함께 유튜브쇼핑 전용 스토어를 개설할 수 있는 서비스를 제공하는 곳은 '카페24'다. 유튜브쇼핑의 성장은 고스란히 카페24의 성장으로 이어지는 구조다.

유튜브쇼핑의 구매 전환율은 정말 놀라운 수준인데, 「노빠꾸탁재훈」에서 광고한 고체형 치약은 12.8%를 기록했다. 일반적인 이커머스가 1%도 안 된다는 점을 고려하면 이것이 얼마나 대단한지 알 수 있다. 지금까지 광고 수익에 의존하던 유튜버들이 더욱 적극적으로 유튜브쇼핑을 선택할 수밖에 없는 이유다.

당연히 카페24의 실적도 고공행진을 했다. 2024년 2분기 카페24의 영업이익은 69억원을 기록했는데, 이는 전년 동기 대비 289% 증가한 것이다. 앞으로 더 많은 유튜버가 상품 판매에 뛰어든다면 실적 향상은 불 보듯 뻔한 일이다.

스포츠 구단들도 유튜브쇼핑을 통한 굿즈 판매에 뛰어들었다. LG트윈스의 공식 유튜브 채널 「LG트윈스TV」는 전용 스토어를 영상에 연동시켜, 유니폼, 모자, 키링 등 구단의 다양한 굿즈를 판매하고 있다. 물론 이 역시 카페24를 통해서 이루어진다. 유튜브쇼핑은 이제 걸음마 단계이기 때문에 앞으로 다양한 분야의 판매자들이 속속 서비스를 개시할 전망이다.

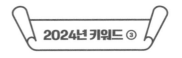

청라 전기차 화재 사건
: 자동차시장 판도가 바뀌었다

2024년 8월 인천 청라의 한 아파트 지하 주차장에서 가만히 주차돼 있던 벤츠 전기차 EQE에 불이 났다. 다행히 사람이 다치지는 않았지만, 인근 차량과 주차장 시설에 큰 피해가 발생했다. 하필 지하 주차장에서 벌어진 일이라 소방차가 진입할 수 없어 피해가 더욱 컸다. 이 화재로 지하에 있던 아파트의 전기와 수도 시설이 녹아내리면서 주민들은 한순간에 이재민이 됐다. 특히 이 사건이 충격적인 이유는 차량이 주행하고 있었다거나 충전 중이 아닌, 그냥 주차된 상태에서 저절로 불이 났기 때문이다. 이 사건으로 전기차의 안전성 문제가 대두됐다.

사실 그동안 내연기관차들도 불이 자주 났지만 혼자 불타고 말았기 때문에 그다지 크게 보도되지 않았다. 하지만 이 사건은 옆에 주차돼 있던

차들에 불이 옮겨붙으면서 속수무책으로 다 타버렸다는 점 때문에 사람들의 공포심을 불러일으켰다. 자칫하면 나도 아무 잘못 없이 피해자가 될 수 있겠다는 심리가 전기차에 대한 거부감으로 이어졌다. 특히 아파트 공화국인 한국은 대부분 지하 주차장을 이용하고 있기 때문에, 여기서 화재가 발생하면 진압하기 어렵다는 점이 문제였다.

벤츠의 EQE 차량에 사용된 배터리가 중국의 파라시스라는 업체에서 만든 것이 밝혀지자, 사람들은 중국산 배터리에 대한 불신으로 가득 찼다. 벤츠 같은 고급 브랜드에서 만든 비싼 전기차가 중국산 배터리, 그것도 인지도가 없다시피 한 제조사가 만든 것을 썼다는 점이 분노를 일으켰다. '중국산'이라는 단어가 가지는 싸구려, 저질 이미지가 절묘하게 맞물리면서 이 화재는 중국산 배터리를 쓴 차를 사지 않으면 해결되는 문제처럼 보였다.

하지만 문제는 한국산 배터리에서도 발생했다. 2024년 6월 탁송 중이던 14년식 기아 레이EV에서 불이 나면서 트럭의 적재함을 불태웠다. 여기에 탑재된 배터리는 SK온에서 만든 것이다. 또 2024년 8월 충남 금산의 공영주차타워에서 기아 EV6가 화재에 휩싸였는데, 여기에 탑재된 배터리도 SK온에서 만든 것이다. 그리고 2024년 8월 용인에서 주차 중인 테슬라 모델X에서 불이 났는데 여기에 탑재된 배터리는 파나소닉에서 만들었다. 결국 전기차 화재를 일으키는 배터리 회사는 어디든 될 수 있는 것이다.

실제로 최근 6년간 발생한 전기차 화재 139건 중에서 배터리에서 발화

된 경우는 75건이었고 배터리 제조
사별로 나눠보면 다음과 같다.

국가별로 보면 한국 67건, 중국
5건, 일본 3건이다. 비율로 보면 배
터리 화재 중 89%가 한국산 배터
리에서 발생했다. 국산을 탑재한

제조사별 배터리 발화 건수	
배터리 제조사	화재 건수
LG에너지솔루션	43
SK온	22
중국 업체	5
파나소닉	3
삼성SDI	2

전기차가 많이 팔렸으니, 발생한 화재 건수가 가장 많은 것은 당연한 일
이다.

한국 전기차시장에서 한국산 배터리의 점유율이 62%라는 점을 감안하
고 계산해보자. 전기차가 10만 대라고 가정하면, 여기서 6만 2,000대가 한
국산 배터리를 탑재했고 이 중 67대에서 불이 났다. 약 0.1%의 확률이다.
외국산 배터리는 3만 8,000대이고 그중 8대면 약 0.02%의 확률로 불이 난
다. 물론 대강 계산한 것이지만, 한국산 배터리의 화재 확률이 외국산보다
높다는 것을 보여주기에는 충분하다.

쉽게 이야기해서 전체 배터리 수의 62%를 차지하고 있는 한국산 배터
리가 화재 건수에서 차지하는 비율은 89%로, 점유율보다 높기 때문에 화
재 확률은 당연히 더 높다는 결론이 나온다. 하지만 모순되게도 청라 아파
트 지하 주차장 화재로 한국산 배터리가 탑재된 전기차가 아닌 중국산 배
터리가 탑재된 전기차 구매를 꺼리는 분위기가 조성됐다.

사실 배터리 생산 국가보다 중요한 것은 배터리 양극재 종류다. 전기차

에 쓰이는 배터리는 크게 삼원계(NCM 또는 NCA)와 LFP로 나뉜다. 삼원계 배터리는 니켈, 코발트 등을 주원료로 하며 한국기업에서 주력 생산하고 있다. LFP 배터리는 인산철을 이용해서 만들고, 중국기업에서 주로 만든다. 이 두 배터리의 장단점은 다음과 같다.

배터리의 장단점

배터리 종류	장점	단점
삼원계	긴 주행거리 높은 재활용성	높은 화재 위험 비싼 가격
LFP	낮은 화재 위험 낮은 가격	짧은 주행거리 무거운 무게 낮은 재활용성

삼원계 배터리는 단순히 화재가 발생할 위험이 높은 것뿐만 아니라, 열폭주 현상을 일으키는 특징이 있다. LFP 배터리는 불이 나더라도 온도가 섭씨 160도 정도에서 유지되지만, 삼원계 배터리는 화재 발생 시 온도가 순식간에 섭씨 700도 이상으로 치솟아 진압이 매우 어렵다. 그런데도 소비자들이 전기차에서 가장 중요하게 생각하는 요소가 주행거리이므로, 자동차 제조사들은 화재 위험을 감수하고 NCM 배터리를 탑재한 전기차를 많이 생산했다. 2024년 8월 인천 청라 지하 주차장에서 화재가 발생한 벤츠 EQE와 충남 금산에서 불이 난 기아 EV6에도 각각 파라시스와 SK온에서 만든 이 배터리가 탑재돼 있었다.

이러한 단점 때문에 글로벌시장에서 삼원계 배터리 사용이 지속적으로 감소하고 있으며, 2022년 1분기 67%에 달하던 점유율은 2023년 4분기 59%까지 하락했다. 자동차는 성능보다도 안전이 최우선이기 때문이다. 성능만 중시할 거면 F1에서 타는 레이싱카를 타고 다니지, 각종 안전장치가 덕지덕지 붙어 있는 무거운 차를 타고 다닐 이유는 없을 테니 말이다.

반면 LFP 배터리 사용은 갈수록 많아지고 있으며, SNE리서치에 따르면 2030년까지 글로벌시장에서 점유율이 54%에 달할 것으로 전망한다. 상황이 이렇게 되자 한국 배터리 기업들도 부랴부랴 LFP 배터리 사업에 진출하기 시작했다.

한편, 아예 다른 방식의 배터리가 새로운 희망이 될 전망이다. 아직 먼 얘기지만 꿈의 배터리라고 불리는 전고체 배터리가 상용화된다면 모든 문제가 해결될 수 있다. 지금보다 주행거리는 훨씬 더 길면서 화재 위험은 낮다는 점에서 게임체인저가 되리라는 기대를 받고 있다.

정부도 전고체 배터리의 R&D를 지원하겠다고 나섰다. 다만 아직 기술적으로 해결해야 할 과제가 많고 상용화되더라도 엄청나게 높은 가격이 문제가 될 수 있다. 하지만 전기차 화재가 자주 일어날수록 전고체 배터리에 대한 기대감은 상승할 것이다.

정부는 전기차 화재 대책으로 전기차 제조사들이 배터리 제조사를 공개하도록 하는 배터리 실명제를 내어놓았다. 이미 판매된 전기차의 배터리 제조사를 안다고 한들 달라질 게 아무것도 없기 때문에, 실효성이 없다는 지적이 나오고 있다. 또 제조사별 화재 위험도를 모르기 때문에, 전기

부트2025 : 부자되는 트렌드

차 구매할 때 전혀 도움이 되지 않는 정보다.

중요한 것은 해당 제조사가 총 몇 대를 팔았고, 그중에서 몇 대에서 불이 났느냐다. 그걸 모른다면 배터리 제조사 공개는 무의미하다. 그건 마치 범죄자를 공개 수배할 때 이름과 나이만 공개하고 얼굴을 공개하지 않는 것과 같다. 배터리 실명제를 할 거면 제조사별 화재 위험도도 함께 표기해야 한다. 그래야 배터리 제조사들이 책임감을 가지고 화재를 줄이려 노력할 것이다.

지자체별로도 각종 대책이 난무했다. 서울시는 난데없이 전기차의 충전율을 제한하고 나섰다. 공동주택관리규약 준칙을 개정해서 충전율이 90% 이하인 전기차만 지하 주차장에 진입할 수 있도록 했다. 청라 지하 주차장 벤츠 EQE 화재는 과충전과는 아무런 관련이 없음에도 불구하고, 서울시는 과충전을 방지하는 데 초점을 맞추었다.

전기차 차주들은 100% 충전 기준으로 주행거리를 기대하고 샀는데, 지하 주차장에 진입하려면 충전량을 10%나 줄여야 한다. 충전을 덜 한다고 해서 화재 위험 자체가 줄어드는 것도 아닌데도 말이다. 다만 충전량이 적으면 불이 나도 열폭주 현상이 약해져 화재 진압이 좀 더 수월할 수는 있다. 그런데 어차피 지하 주차장에서 불이 나면 100% 충전 차량이든 90% 충전 차량이든 무슨 큰 차이가 있겠는가?

더 큰 문제는 차량 충전율을 외관상으로 알 수 없다는 것이다. 이를 해결하기 위해 지자체에서는 충전기에서 충전율을 제한하는 방안을 검토한다고 하는데, 완속충전기가 걸림돌이 되고 있다. 급속충전기는 PLC 모뎀이 있기 때문에 배터리 충전 상태를 실시간으로 체크하고 과충전을 막을 수 있지만, 완속충전기에는 대부분 PLC 모뎀이 없어 이것이 불가능하다.

그래서 환경부는 PLC 모뎀을 단 완속충전기에 40만 원을 추가 지원하기로 했다.

결국 가장 근본적인 대책은 소방 시설의 확충이다. 배터리 제조사를 공개한다고 해서 날 불이 안 나지 않는다. 어차피 전기차의 화재를 막지 못할 거라면 불이 났을 때 신속하게 진압하는 것이 중요하다. 특히 지하 주차장은 소방차가 진입할 수 없으므로 스프링클러가 핵심적인 소방 시설이다. 스프링클러의 간격을 더 촘촘히 하고 센서의 민감도를 올려서 화재를 조기에 진압할 수 있게 하는 게 중요하다.

어쨌든 이런 각종 대책에도 불구하고 계속되는 전기차의 화재는 이차전지 업체들에게 분명히 악재다. 하지만 그로 인해서 혜택을 보는 쪽도 분명히 존재한다. 전기차에서 불이 난다고 해서 자동차 자체의 수요가 줄지 않기 때문에 전기차가 덜 팔리는 만큼 다른 차가 더 팔리게 돼 있다.

그렇다면 어떤 차가 더 많이 팔리게 될까? 정답은 하이브리드 자동차다. 전고체 배터리가 나오기 전까지 전기차의 화재 문제가 어차피 해결되지 않을 거라면 연비도 좋으면서 화재 위험도 낮은 하이브리드 자동차의 인기가 더 높아질 전망이다.

물론 지금도 하이브리드 자동차의 인기는 대단하지만 향후 전기차 구

매 예정자의 마음이
돌아서는 것까지 감
안하면 2025년의 수
요는 더욱 폭발적일
전망이다. 어찌 보면
청라 지하 주차장 전
기차 화재의 최종 승

전기차 화재 관련주	
구분	종목
배터리 화재 방지 기술	이닉스, 나노팀, 삼기이브이
LFP 배터리	파워넷
전고체 배터리	한농화성
PLC 모뎀	그리드위즈, 롯데이노베이트
소방 시설	파라텍, 한컴라이프케어
하이브리드 자동차	코리아에프티

자는 하이브리드 자동차라고 할 수 있다.

이처럼 하나의 사건이 전체 시장의 흐름을 크게 바꾸기도 한다. 그 사건이 예기치 않게 일어나고, 화제성이 크며, 관련된 사람들이 많을수록 시장의 판도는 바뀌게 된다. 우리가 청라 지하 주차장 화재 사건을 미리 예견하기는 어렵지만, 일단 사건이 일어나고 나서 어떻게 세상이 바뀔지 예측하는 건 상대적으로 쉽다. 따라서 애써 힘들게 망망대해 같은 막연한 미래를 예측하려 힘쓰지 말고 중요하고 큰 사건들만 주시하고 분석하면 된다. 이것이 가장 현실적이고 효율적인 주식 투자법이라 하겠다.

Insight

주목할 만한
자동차 관련주

이런 상황에서 배터리 화재 방지 기술을 가진 기업들이 주목받았다. 이닉스는 배터리 화재 발생 시 불길 확산을 지연시켜주는 내화격벽을 한국에서 유일하게 생산하고 있다. 나노팀은 전기차의 열폭주 차단패드를 국산화하는 데 총력을 기울이고 있다. 삼기이브이는 외부의 강한 충격으로부터 배터리를 보호하는 엔드플레이트를 생산하고 있다.

LG에너지솔루션은 2025년부터 2030년까지 5년간 39GWh 규모의 LFP 배터리를 르노그룹에 공급할 계획이다. 후발주자인 삼성SDI와 SK온도 2026년을 목표로 LFP 배터리 양산을 준비하고 있다. 또한 파워넷도 중국 배터리 업체와 협약을 맺고 LFP 배터리팩 사업에 진출하면서 시장에 관심을 보인다. 그러나 현재 한국 배터리 제조사들은 LFP 배터리 양산을 시작하지 않았기 때문에 관련주가 많지 않다.

한국업체 중에서는 삼성SDI가 2027년을 목표로 양산을 준비하고 있으며, 가장 빠르게 움직이고 있다. 아직 양산이 시작되지 않았기 때문에 실질적인 수혜주는 없지만, 테마주로는 한농화성이 가장 대표적인 전고체 배터리 관련주로 꼽힌다.

이곳은 한국에서 PLC 모뎀 시장점유율 1위인 그리드위즈도 수혜주로 주목받았다. 또

롯데이노베이트에서 만든 EVSIS 완속충전기도 PLC 모뎀이 탑재돼 있어 주목받았다. 한국시장에서 스프링클러 점유율 1위 기업은 파라텍이다. 이 기업은 전기차 화재 진압에 대한 특허를 6개 보유하고 있기도 하다. 이밖에 질식소화포나 침수조 등의 화재 진압장비를 갖추는 것도 유용할 것이다. 한컴라이프케어는 전기차 화재 진압에 쓰이는 질식소화포를 판매하고 있다. 지하 주차장마다 소방 시설 확충이 의무화된다면 소방 관련 기업들의 실적이 증가할 전망이다.

대표적인 하이브리드 자동차 관련주는 코리아에프티다. 코리아에프티는 하이브리드 자동차 전용 캐니스터를 만드는 기업으로 현대·기아차에 독점 공급하고 있다.

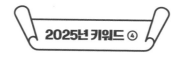

다시 한 번, 중국

: 침체와 반등의 기대 사이

　중국은 오랜 경제침체의 길을 걷고 있다. 2021년 1분기만 해도 18.3%라는 놀라운 경제성장률을 기록하며, 전 세계가 팬데믹으로 신음하고 있는 동안에도 홀로 경이로운 호황을 누리던 것과는 상반된 모습이다. 중국 경제는 시진핑의 장기집권 확정 이후 악화일로에 접어들었다. '제로코로나' 정책으로 2022년 2분기에는 0.4%라는 충격적인 경제성장률을 보였고 차차 나아지긴 했어도 여전히 저성장의 늪에서 완전히 벗어나지 못하고 있다. 중국은 2023년 5.2%의 경제성장률을 기록했다.

　2024년 2분기, 중국 경제는 4.7%의 성장률을 기록하며, 목표치였던 5%에 미달하는 사태가 벌어졌다. 이에 따라 중국정부는 마침내 강력한 경기부양책을 발표하게 됐고, 2024년 9월 24일, 중국 인민은행은 지급준비율(이하 지준율)을 0.5% 인하했다. 이는 미국의 연방준비제도(이하 연준)가 금리를 0.5% 인하한 지 얼마 지나지 않은 시점에서 단행한 비슷한 조치였다. 뿐만 아니라, 정책금리도 0.2% 인하하고 기존 주택담보대출 금리도 0.5% 인하했다. 그동안 경기침체를 보여주는 여러 경기 지표에도 불구하고 미온적인 대응을 하던 그간 중국 당국의 모습과는 확연히 다른 행보였다. 특히 단순히 지준율 인하를 넘어서 주택담보대출 금리까지 내린 것은 파격적으로 받아들여졌다.

이와 같은 조치가 시행될 수 있었던 배경엔 중국의 디플레이션이 있었다. 인플레이션으로 몸살을 앓는 미국과는 달리 중국은 생산자물가가 2년간 하락할 정도로 디플레이션이 지속됐다. 그만큼 가라앉아 있는 소비를 활성화하기 위해 전격적으로 금리 인하 카드를 꺼내든 것이다. 중국의 소비 부진은 중국의 추석 격인 9월 중추절 연휴 동안에도 여실히 드러났다. 월병과 마오타이주 소비가 전년 대비 감소했으며, 가격이 하락했음에도 소비자들의 지갑은 좀처럼 열리지 않았다. 상황의 심각성을 인식한 중국 정부는 결국 중국 최대 명절인 국경절 연휴(10월 1일~10월 7일)를 앞두고 이같은 소비진작책을 내놓은 것이다. 물가 폭등으로 번번이 금리 인하를 하지 못했던 미국과는 완전 대조적이다.

중국정부의 강력한 경기 부양 의지가 확인되자, 오랫동안 하락세를 이어오던 상하이, 항셍 등 주요 중국증시 지수는 일제히 급등하며, 중국정부의 부양책을 반겼다. 실로 오랜만에 상승다운 상승을 기록했다. 그간 중국증시는 2024년 사상 최고치를 연일 갈아치웠던 미국이나 일본증시와는 반대로, 글로벌증시 흐름에서 완전히 벗어난 길을 걸어왔다. 장기간 하락이 이어지면서 투자시장에서 중국증시의 비중은 점차 낮아져, 마치 존재하지 않는 시장처럼 여겨지기까지 했다. 이는 단순히 중국기업들의 실적 부진 때문만은 아니었다. 실제 중국의 경제성장률은 2022년보다 2023년에 훨씬 개선됐지만, 주가지수는 그렇지 않았다. 2021년 12월 3,600선이었던 상하이지수는 2024년 1월 2,700선까지 떨어졌다. 2년 만에 30% 가까이 하락했다. 이러한 중국증시의 침체는 중국정부에 대한 신뢰 부족에서 기인했다.

중국 GDP에서 소비가 차지하는 비중이 매우 낮음에도 불구하고, 정부가 소비를 진작하려는 의지가 부족하다는 의구심이 시장을 지배했다. 또한 다른 나라에 비해 높은 중국의 저축을 소비로 유도하려는 정책 역시 미흡하다는 평가가 나오면서 투자자들은 중국증시에 대한 기대감을 점차 잃어갔다.

지금 당장 중국기업들의 실적이 저조하더라도, 중국의 강력한 의지가 확인된다면 주식시장은 충분히 반등할 수 있을 것이다. 하지만 2년간 중국은 시진핑의 장기집권과 미국과의 자존심 싸움에 더 치중하는 모습을 보였다. 중국정부는 뒤늦게 투자자들의 마음을 돌리려 했지만 역부족이었다.

중국증시가 다시 본격적으로 상승하기 위해서는 중국정부의 노력이 단발성에 그치지 않고 지속된다는 것을 입증해야 한다. 정부의 경기부양책으로 인해 내수 경기가 살아나고 기업 실적이 좋아진다 하더라도, 증시가 지속적으로 오르기 위해서는 정부가 시장의 신뢰를 얻어야 하는 과제가 남아 있다.

그렇다면 시각을 조금 달리해보자. 중국의 소비가 살아난다면 중국에 소비재를 수출하는 한국기업에게 기회가 올 것이다. 한국기업들은 한국증시에 상장돼 있어 중국보다 상황이 조금 더 나을 수 있다. 이미 한국증시에서는 중국소비주가 큰 상승을 경험한 적이 있다. 2015년 한류열풍이 중국을 휩쓸 때 이야기다. 당시 한국 드라마가 중국에서 선풍적인 인기를 끌면서 중국 단체관광객들이 대거 한국을 방문했다. 명동 거리에선 한국어보다 중국어가 더 많이 들렸고, 한국의 주요 관광지는 중국인 관광객으로 가득 찼다.

중국인들의 한국상품에 대한 관심은 폭발적이었다. 중국 보따리상이 면세점에 길게 줄서서 한국 화장품을 싹쓸이해 가는 것이 일상이 됐고, 중국의 온라인 쇼핑몰에서도 한국산 화장품은 엄청난 인기를 끌었다. 대장주 아모레퍼시픽의 주가는 1년 반 만에 5배나 뛰어오르며 강한 상승세를 기록했다. 중국에서 인기를 끌었던 중소형 화장품주도 마찬가지였는데, 브랜드 미샤를 운영하는 에이블씨앤씨는 1년 만에 6배나 오르며 급등세를 보였다.

하지만 한국의 사드 배치에 따른 중국의 보복 조치로 한한령이 내려지면서 상황은 급변했다. 중국에서 발생하는 폭발적인 매출에 기댔던 화장품 기업들의 주가는 폭락했고, 고통스러운 시간을 보냈다. 설상가상으로 2020년 팬데믹이 터지면서 사람들의 야외 활동이 줄어들고 마스크를 쓰면서 화장품주는 더욱 힘든 시기를 보냈다.

8년간의 절치부심 끝에 화장품 업계는 체질 개선에 성공했다. 팬데믹이 끝나면서 매출이 회복됐고, 중국에 의존하던 매출 구조에서 벗어나 북미시장의 매출 비중이 크게 늘어났다. 이제 화장품주에게 큰 이벤트는 중국의 '광군제'가 아니라, 아마존의 '프라임데이'다.

내수시장에서는 올리브영과 다이소가 새로운 플랫폼으로서의 역할을 톡톡히 하고 있다. 올리브영은 외국인 관광객들이 한국을 방문하면 꼭 들러야 하는 필수 관광 명소로 자리 잡았다. 2015년만 하더라도 각 화장품 브랜드의 로드샵을 방문해야 했지만, 이제는 올리브영 하나면 된다. 덕분에 전국에 로드샵을 운영할 자본이 없는 중소 화장품 업체들도 올리브영에 입점하기만 하면 매출을 크게 올릴 수 있는 기회가 생긴다.

다이소는 초저가 화장품이 큰 인기를 끌며 각 브랜드가 다이소 전용 브랜드를 출시했다. 이 열풍의 원조는 브이티의 '리들샷'으로, 저렴한 가격에 기존 제품과 유사한 성분을 함유해 전국적으로 품절대란을 일으키며 다이소의 대표 상품으로 떠올랐다. 물가 상승으로 생활이 힘들어진 상황에서 극강의 가성비를 자랑하는 초저가 화장품의 인기는 더욱 치솟았다. 이러한 리들샷 열풍을 본 다른 화장품 기업들도 속속 다이소에 진출하며, 다이소는 또 하나의 주요 플랫폼으로 자리매김했다.

이런 배경으로 인해 2024년 한국증시 리뷰에서도 언급했듯이 화장품 주는 상반기에 크게 상승했으나, 하반기에는 다소 조정을 받고 있다. 기존에 알려진 재료가 이미 주가에 모두 반영돼 추가적인 상승 여력이 부족하기 때문이다. 그러나 이제 중국의 경기부양책이라는 새로운 변수가 등장하면서 상황이 달라질 가능성이 있다.

지금까지는 북미시장에서의 인기나 올리브영, 다이소 같은 국내 플랫폼에서의 성공이 주가 상승의 주요 요인이었지만, 2025년에는 중국시장에서의 성과가 또 다른 척도가 될 가능성이 크다. 화장품주들의 중국 의존도가 과거에 비해 크게 줄어들었기에, 중국 매출이 큰 기업들은 경쟁사들보다 돋보일 수 있는 중요한 요소가 될 것이다.

중국 매출 비중이 아직도 높은 화장품주는 아모레퍼시픽, LG생활건강, 토니모리 등이다. 이들은 꾸준히 중국시장의 비중을 줄이기 위해 노력해왔는데, 역설적이게도 아직 남아 있는 중국 비중이 오히려 호재로 작용할 수 있다. 다만 중국의 경기가 실제로 회복될지 아직은 확신할 수가 없고, 설령 그렇다 하더라도 한국 화장품에 대한 선호도가 많이 낮아진 상황이라 반드시 매출이 개선되리라는 보장도 없다.

다만, 중국에 대한 기대감이 거의 사라진 지금 상황에서, 새로운 기대감이 더해지는 것은 주가 측면에서 나쁘지 않다. 2015년처럼 극적인 상승은 힘들더라도, 10년 만에 다시 중국시장 활성화에 대한 기대감이 지속된다면 화장품주에 좋은 상승 재료가 될 수 있다.

제2장

아파트 투자 트렌드

by 싱그레

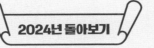
2024년을 설명하는
7개의 키워드

"2024년 부동산시장은 어땠을까?"라고 물어본다면 어떤 사람들은 좋았다고 대답할 것이고, 어떤 사람들은 좋지 않았다고 대답할 것이다. 그만큼 동일한 기간과 범주의 부동산이라 하더라도 지역, 상품, 개인의 상황에 따라 느껴지는 분위기와 투자 결과도 달랐다. 2024년 부동산시장의 특징은 아래와 같이 크게 일곱 가지로 요약할 수 있다.

첫째, 거래량 반등

2023년 9월 거래량을 이끌던 특례보금자리론이 종료되면서, 주택매매

거래량이 2023년 10월부터 하락하는 모습을 보였다. 하지만 2024년 1분기부터 가격 저점 인식이 형성돼 매매가 추가 하락의 리스크가 줄어든 점, 1~2% 저금리의 신생아특례대출 출시, 공급 부족 우려 등으로 매수심리 일부 회복, 실질 대출 금리 인하 효과 등으로 3월부터 서울을 중심으로 거래량이 본격적으로 증가하기 시작했다.

이는 곧 수도권으로 퍼지기 시작했다. 서울 아파트 주택매매거래는 7월 9,518건으로, 2020년 7월(1만 6,002건) 이후 4년 만에 최대치를 기록했다. 아파트를 포함한 서울 주택 매매거래는 7월 1만 2,783건으로, 2021년 8월(1만 1,051건) 이후 2년 11개월 만에 1만 건을 넘어섰다.

서울을 포함한 수도권에서 7월 주택 매매거래량 또한 3만 7,784건으로 연초부터 계속 증가하고 있고, 같은 기간 지방도 3만 612건으로 전월 대비 증가했다. 다만 수도권만큼의 증가는 아니었고, 일부 지역은 오히려

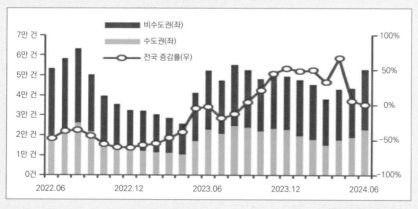

전국 주택 매매거래량 추이

(출처: 한국부동산원)

부트2025 : 부자되는 트렌드

감소하거나 횡보하며 침체가 지속되고 있다.

둘째, 전세가 상승

서울과 수도권은 지속적으로 상승했으나, 지방은 상승한 지역도 있었지만, 보합이나 하락한 지역도 있었다. 하지만 향후 몇 년간 공급 부족이 기정사실화되면서 전세시장의 불안감이 지속되고 있는 와중에, 비아파트의 전세사기와 보증금 미반환 이슈 여파로 비아파트의 선호도가 낮아지면서 상대적으로 아파트에만 전세 수요가 몰리는 현상이 나타나기도 했다.

또한 2020년 7월 계약갱신청구권·전월세상한제·전월세신고제의 주택임대차보호법이 시행됐다. 그런데 계약갱신청구권을 사용한 주택의 계약 만기가 도래하면서 전세 가격의 급상승 우려 및 월세 부담 증대에 따른 전세 수요 확대, 짧은 기간 동안 급상승한 매매가에 부담을 느낀 매매수요자의 시장 관망세 등으로 서울을 중심으로 전세가격 상승세가 확대됐다. 이는 지속적인 서울의 전세가격 상승으로 불안감을 느낀 매매수요자들이 서울 생활을 포기해서라도 서울 전세가격으로 내 집 마련이 가능한 수도권에 새 아파트를 찾는 현상으로 이어졌고, 이는 전세가 상승이 수도권 주택 매매거래량 증가에 영향을 미치기도 했다.

셋째, 매매가 양극화

전세가 상승은 곧 매매가 상승으로 이어졌다. 서울은 여전히 매매가격이 하락하는 외곽 지역이 존재하는 등 서울 안에서도 차별화가 있었지만, 전체적으로는 2021년도 이후 최대 상승률을 기록하고 있다. 경기도와 인천도 하반기부터 매매가격지수가 상승으로 전환됐다. 하지만 지방은 부산, 대구, 광주와 같은 광역시도 하락하고 있어 양극화가 계속 진행 중이다. 분양 물량과 함께 장기적 공급 기반인 인허가 물량까지 급감하는 상황에서 2025년부터 본격화될 공급 부족 우려로 매수심리가 회복됐다. 또, 더 이상의 추가 하락이 힘들다는 가격 저점 인식이 형성된 지역 중심으로 거래량이 증가하면서 매매가격도 상승세다. 다만, 지방에 거주하고 있는 사람들도 안전자산으로의 인식이 있는 수도권으로 매수세가 집중되면서 수도권과 지방의 양극화가 심화한 한 해였다.

넷째, 얼어 죽어도 신축

신축의 선호 현상이 뚜렷했다. 오죽하면 '얼어 죽어도 신축'이라는 뜻인 '얼죽신'이라는 신조어가 생겨났겠는가. 주택 매매와 전세의 새로운 수요층으로 자리잡은 MZ세대들은 어린 시절부터 아파트에서 살고 자라온 비

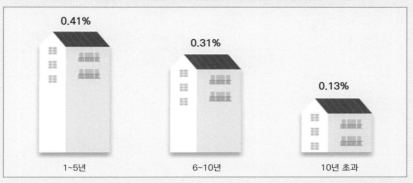

0.41%

0.31%

0.13%

1~5년   6~10년   10년 초과

(출처: 부동산R 114)

율이 기존 세대들보다 높아 빌라나 다가구가 아닌 아파트를 선호하는 경향이 있다.

특히 다양한 시설이 입점해 있는 단지 내 커뮤니티센터, 지하 주차장 연결, 4bay 등 편리함과 쾌적함을 갖춘 신축아파트를 더 선호한다. 실제로 수도권 입주 연차별 아파트값 상승률 추이를 보면 5년 이내 신축이 10년 초과한 구축보다 상승률이 무려 3배 이상이었다. 정비사업 지연과 공급 부족의 현상을 생각한다면 얼죽신 트렌드는 2025년에도 계속될 것이다.

다섯째, 청약시장 양극화

주택 청약시장에도 본격적으로 양극화의 시대가 도래했다. 서울을 중

2024년 1월 ～ 7월 지역별 청약 1순위 경쟁률 현황

구분	일반가구(특공제외)	1순위 접수	1순위 청약률
전국 평균	70,664가구	881,157명	12.47
서울	1,481가구	220,472명	148.87
경기	18,818가구	356,369명	18.94
인천	6,901가구	34,470명	4.99
수도권 평균	27,200가구	611,311명	22.47
지방광역시 평균	24,208가구	38,008명	1.57
지방도시 평균	19,256가구	231,838명	12.04

(출처: 한국부동산원 청약홈)

전국 미분양 아파트 추이

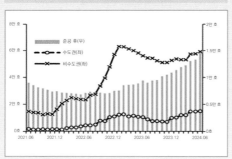

(출처: 국토교통부)

심으로 수도권에서도 핵심 지역에서만 청약경쟁률이 높게 나타나는 등 가격과 입지가 좋은 지역에 청약수요가 몰리는 쏠림 현상이 뚜렷했다. 특히 주택 경기가 회복하고 시세보다 저렴한 가격으로 취득할 수 있는 분양가상한제가 적용되는 지역에서는 청약 점수 4인 가족 만점인 69점도 당첨이 힘들고, 추첨제 또한 몇백, 몇천 대 1의 경쟁률을 기록할 정도로 매우 뜨거웠다. 또한 앞에서 언급한 얼죽신으로 대표되는 신축

선호 현상으로 가장 적은 자본금으로 신축의 권리를 미리 가질 수 있다는 점 또한 청약시장의 분위기를 더욱 뜨겁게 만들었다.

다만 준공 후 미분양도 많이 증가하면서 PF리스크 우려가 지속됐는데, 이는 결국 가격과 입지가 좋지 않은 지역에는 청약수요가 관심도 주지 않는 양극화의 단면을 보여줬다.

여섯째, 공사비 급등

신축의 권리를 가지는 방법은 청약뿐만 아니라 재개발·재건축 같은 정비사업도 있다. 기존에는 재개발·재건축이 부동산시장에서 황금알을 낳는 거위였지만, 점점 외면받기 시작했다. 러시아—우크라이나 전쟁, 금리인상, 원자재·인건비 인상, 금융비용 증가 등으로 공사비가 급등하면서 신축을 짓기가 이전보다 훨씬 힘들어졌기 때문이다. 심지어 이미 시공사와 계약서를 작성해 공사 중인 곳도 공사비 증액 합의가 안 돼 공사가 중단되기도 했다. 또, 준공했는데도 불구하고 시공사와 조합원 간 추가 분담금 갈등 때문에 조합원들이 입주하지 못하는 상황도 발생했다.

결국 시공사와 조합 측에서는 신축아파트의 분양가를 높여 증가하는 공사비 문제를 해결하고자 했다. 하지만 이는 분양가상한제 지역이 아닌 이상 더는 청약으로 확실한 안전마진을 기대할 수 없게 하여, 주택 구매

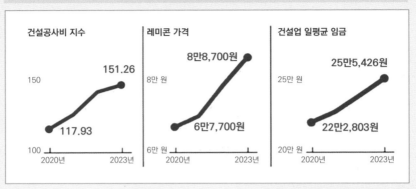

건설 공사비 추이

건설공사비 지수	레미콘 가격	건설업 일평균 임금
151.26	8만8,700원	25만5,426원
150	8만 원	25만 원
117.93	6만7,700원	22만2,803원
100	6만 원	20만 원
2020년 2023년	2020년 2023년	2020년 2023년

(출처: 대한건설협회, 대한건설자재직협의회))

수요의 불씨를 살아나게 했다.

한편 공사비 급등이 원인이 돼, 사업성이 저하되면서 사전청약 제도도 폐지됐다. 또, 재개발·재건축을 통한 주택 공급 확대가 단기간 내 어렵다고 판단한 수요자들이 신축아파트보다 저렴한 준신축아파트로 몰렸고, 이는 매수심리를 자극했다.

일곱째, 노후계획도시특별법 및 1기 신도시 선도지구

현 정부는 모든 부동산 대책에 정비사업과 관련된 내용이 포함돼 있을 정도로 정비사업에 진심이다. 주요 공약 중 하나가 노후계획도시특별법을

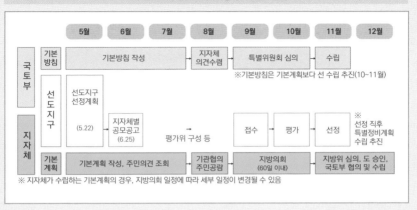

1기 신도시 선도지구 향후 추진계획

통한 1기 신도시(분당·일산·평촌·중동·산본) 아파트와 전국적으로 노후화된 주택의 재정비를 통해 주거 환경을 개선하고, 안정적으로 주택을 공급하고자 했다. 그중에서 1기 신도시는 상반기에 각 지자체로부터 노후계획도시 정비를 위한 선도지구 공모 개시 및 전국 협의체를 발족했다. 하반기에 선도지구 선정 제안서 접수, 평가 및 국토교통부 협의를 거쳐 지자체가 선도지구를 최종 선정하면, 본격적인 노후계획도시 정비사업이 신속히 추진되도록 적극적으로 지원하고 있다.

1기 신도시 선도지구 향후 추진계획

이렇게 선정된 1기 신도시 선도지구는 선정 직후 특별정비계획 수립에 착수한다. 이후 2025년 특별정비구역 지정, 2026년 시행계획 및 관리처분계획 수립 등을 거쳐 2027년 착공, 2030년 입주를 목표로 정비가 추진된다. 또한 2024년 선도사업 선정 이후에도 매년 일정 물량을 선정하여 사업을 추진하고, 시장 여건에 따라 선정 물량 조정, 인허가 물량 관리, 이주 시기 분산 등의 계획에 따라 1기 신도시 정비를 통한 공급에 박차를 가하는 중이다.

2023년 상반기에 거래량이 증가하면서 반등하는가 싶더니 특례보금자리론이 종료된 4분기부터 거래량이 다시 주춤하면서 하락거래가 나왔다. 총선, 금리, 정비사업 주춤, PF리스크, 건설경기 위기 등의 불안정성으로 2024년 연초만 하더라도 상승 전망보다는 보합이나 하락 전망이 많았다.

그런데 2024년 1분기부터 서울 핵심지를 중심으로 상승 분위기가 느껴지고, 2분기에 상승 온기가 주변 지역으로 퍼져 나갔다. 부동산 전문가들 사이에서도 대세 반등인지, 일시적 반등인지에 대한 의견이 나뉘었다. 그러다 3분기부터 평균 실거래가 변동률이 지난 상승장의 전고점을 넘어서자 하락 전망은 온데간데없어지고 대부분 상승한다는 낙관적인 시장 전망을 내놓았다.

역사적으로도 부동산은 상승과 하락을 반복했기에 어쩌다 한두 번은 맞힐 수 있지만 매번 미래를 정확히 예측한다는 것은 신이 아닌 이상 할 수 없다. 그래도 어느 정도 구체화할 수 있는 데이터와 과거 반복된 부동산 대책과 변수 등을 토대로 유추하면, 100%는 아니더라도 일정 부분 대응할 수 있는 영역이 있으리라 생각한다.

수도권 관심 투자지역

    서울뿐만 아니라 인근 경기 지역까지도 갭투자가 점점 더 어려워지고 있다. 현재 서울의 전세율은 50%로, 2020년 평균인 52.5%를 밑돌고 있다. 서울의 평균 매매가가 평당 4,076만 원인 점을 감안할 때, 25평 아파트를 갭투자로 매입하려면 5억 원 이상의 현금이 필요하다. 지방 큰손들의 원정 투자가 이어지고 있지만, 대부분의 일반 투자자에게는 쉽지 않은 시장이다.

    또한, 취득세 중과와 2025년 5월까지 유예된 양도세 중과 등 다주택자에 대한 규제가 여전히 존재하고, 2024년 9월 가계대출 증가에 따른 은행들의 대출 억제 정책도 이어지고 있다. 이러한 요인들로 인해 2025년에도 수도권 시장은 실수요자 중심의 거래가 주를 이룰 것으로 보인다.

따라서 2025년은 실수요자를 깊이 이해하는 것이 그 어느 때보다 중요한 해가 될 것이다. 여기서 말하는 실수요자는 지방에 거주하면서 자산으로서 서울에 1주택을 마련하려는 수요까지 포함한다. 이들은 저평가된 아파트를 찾아 분산투자를 지향하는 투자자들과 달리, '똘똘한 한 채'를 선호한다. 갭이 작다고 해서 무조건 투자하는 것이 아니라, 내 눈에도, 남의 눈에도 매력적으로 보이는 입지와 상품을 선택하는 것이다. 여기서 말하는 상품은 신축아파트나 재건축 연한이 도래한 사업성 좋은 단지 등을 의미한다.

이러한 이유로 2023년 서울 아파트값이 반등하기 시작한 이후, 입지나 상품성이 좋은 아파트는 꾸준히 거래가 이어지고 있는 반면, 매력도가 떨어지는 단지는 같은 서울 안에서도 상대적으로 소외되고 있다.

결국 중요한 것은 '입지와 상품성이 좋은 단지를 어느 시점에 저렴하게 구입할 수 있느냐'인데, 그 시기가 바로 입주장이다.

이때는 투자자들이 임차인을 구하지 못해 주저하는 시점이지만, 역설적으로 좋은 단지를 저렴하게 매입할 수 있는 절호의 기회가 될 수 있다. 특히 서울은 2025년 3만 5,535세대의 입주 이후, 2026년에는 1만 2,905세대, 2027년에는 7,000세대로 입주 물량이 급감하면서 심각한 공급 부족에 직면할 것으로 예상한다. 따라서 2024년 11월에 시작되는 올림픽파크 포레온의 1만 2,032세대 입주를 시작으로, 2025년 서울과 인근 경기도 지역에서 형성될 입주장을 잘 활용하여 조금이라도 저렴한 가격에 아파트를 구입하는 것이 좋은 투자 전략이 될 것이다.

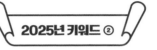

서울특별시 동대문구

2025년 서울시 동대문구의 입주 물량은 총 9,906세대로, 이는 2025년 서울 전체 입주 물량인 3만 5,535세대 중 약 27.9%를 차지한다. 이 물량의 대부분은 이문·휘경뉴타운 재개발 정비사업에서 발생하며, 2025년 내내 꾸준히 입주가 이어질 예정이다.

2025년 동대문구 입주 아파트 및 시기

단지명	입주시기	총 세대수	분양세대수	분양가(평)	구역명
래미안라그란데	25.01	3,069	920	3,366	이문1구역
e편한세상 답십리 아르테포레	25.03	326	121	3,544	답십리17구역
휘경자이디센시아	25.06	1,806	700	2,933	휘경3구역
힐스테이트청량리매트로블	25.07	384	309	3,746	용두1구역3지구
이문아이파크자이	25.11	4,321	1,467	3,585	이문3구역

(출처:부동산지인 프리미엄)

2025년 입주를 앞둔 동대문구의 아파트들은 모두 재개발 사업으로 진행됐기 때문에 조합원 수가 많아 일반분양 세대수가 상대적으로 적다. 이로 인해 초기 투자금이 적게 드는 분양권보다, 낮은 조합원분양가에 높은 프리미엄을 붙여 현금으로 지불해야 하는 조합원 입주권 구입이 더 일반적일 수 있다. 입주권 매물은 초기 현금 부담이 크기 때문에 진입 장벽이 높아, 급매물이 나올 가능성이 커진다. 따라서 입주 시기가 가까워질수록 매도를 서두르는 마음 급한 조합원들의 입주권을 노리면, 아파트를 보다 저렴하게 매수할 수 있는 기회를 잡을 수 있다.

이문·휘경뉴타운은 2005년 서울시 3차 뉴타운지구로 지정된 대규모 재개발 사업지로, 서울 동대문구에 위치해 있다. 이 사업으로 약 1만

4,000여 세대의 아파트가 들어서며, 총 계획 인구 4만 명에 달할 예정이다. GTX-B(송도~마석), GTX-C(덕정~수원) 및 면목선(청량리~신내동), 강북횡단선(청량리~목동) 등 4개의 신설 노선과 기존 노선을 포함해 총 9개 노선이 운영될 청량리역까지 두세 정거장 만에 도착할 수 있어, 서울

주요 업무지구로의 접근성이 크게 향상될 것으로 보인다.

GTX 개통 후 강남까지는 약 15분, 여의도 약 16분, 광화문과 종로는 약 11분 내에 이동이 가능할 것으로 예상된다. 또한, 인근에 경희대, 한국외대, 서울시립대 등 여러 대학이 자리 잡고 있어 학세권 프리미엄을 누릴 수 있으며, 상권도 잘 발달돼 있다. 무엇보다 이번 재개발을 통해 낙후된 지역이 빠르게 변모하면서 이문·휘경 뉴타운의 입지 가치는 동대문구 내에서도 크게 상승할 것으로 기대된다.

이문1구역: 래미안라그란데

단지명	입주시기	총 세대수	분양세대수	분양가(평)	구역명
래미안라그란데	25.01	3,069	920	3,366	이문1구역

2017년 관리처분인가를 거쳐 2021년에 착공한 이문1구역은 3,069세대(임대 541세대) 규모의 대단지 아파트 래미안라그란데로 탈바꿈하며, 2025년 1월 입주를 앞두고 있다. 한국외국어대학교와 바로 인접해 있으며, 이문초등학교와 경희중고등학교를 도보로 이용할 수 있어 학세권의 장점을 갖추고 있다. 분양 당시 광명보다 저렴한 가격으로 분양돼 평균 청약경쟁률이 79.11:1로 완판됐다. 84타입 기준 분양가가 11억 원이 넘지 않았으니, 지금 돌이켜보면 더욱 저렴하게 느껴지는 가격이다.

2024년 9월에는 84타입 조합원 입주권이 14억 3,000만 원에 실거래되며, 시세가 크게 상승했다. 현재 분양권은 저층 기준으로 손피(매도인에게 실제 전달돼야 하는 프리미엄 가격을 가리키며, 단기 양도소득세 66% 등을 적용하면 대략 2배 가까운 프리미엄을 지불하게 된다) 기준으로 1억 원 이상 형성돼 있으며, 로얄동 호수에 무상 옵션이 많은 조합원 입주권 매물들은 프리미엄이 7억 원 이상 붙어 있다.

한편 입주가 다가오면서 전월세 매물이 점차 쌓이는 추세다. 특히 2024년 11월 27일부터 2025년 3월 31일까지 약 4개월 동안 총 1만 2,032세대에 달하는 '올림픽파크포레온'의 입주가 예정돼 있어, 래미안라그란데도 그 영향을 받을 가능성이 있다. 따라서 이 시기에 나오는 급매물을 잘 활용하면, 동대문 신축아파트를 좋은 가격에 입주할 수 있는 기회를 잡을 수 있을 것이다.

휘경3구역: 휘경자이디센시아

단지명	입주시기	총 세대수	분양세대수	분양가(평)	구역명
휘경자이디센시아	25.06	1,806	700	2,933	휘경3구역

휘경3구역은 1호선과 KTX 중앙선 복선 철로 사이의 삼각형 지대에 위치해 있으며, 총 1,806세대(임대 433세대) 규모의 휘경자이디센시아가 건

설돼 2025년 6월 입주를 앞두고 있다. 단지 앞뒤로 지상철이 지나가 소음과 먼지에 대한 우려가 있지만, 청약경쟁률 평균 51.7:1로 완판됐다. 1호선 외대앞역과 회기역을 빠르게 이용할 수 있어서 교통 편의성은 뛰어나지만, 초등학교와 중학교가 도보로 10분 이상 걸려 학군 측면에서는 아쉽다는 평가가 있다.

분양가는 평당 2,933만 원으로, 84㎡ 기준으로 평균 9억 7,600만 원에 분양됐다. 2024년 1월 말 기준으로 주택도시보증공사가 발표한 서울 민간 아파트의 평균 분양가는 3,713만 7,000원으로, 평균 분양가가 3,000만 원 이하인 지역은 구로구, 은평구, 도봉구 세 곳뿐이었다. 동대문구의 평균 분양가가 3,363만 원인데, 휘경자이디센시아는 2,933만 원으로 지역 평균보다 매우 낮은 가격에 공급됐다. 앞으로 서울에서 이러한 분양가는 다시 만나기 어려울 가능성이 높다. 아직 입주까지 시간이 꽤 남아 있어 분양권 및 입주권 매물은 많지 않지만, 이문1구역의 입주장이 전체 시세에 영향을 미칠 때 저렴한 급매물이 나올 가능성이 있으므로 주목할 만한 단지다.

이문3구역: 이문아이파크자이

단지명	입주시기	총 세대수	분양세대수	분양가(평)	구역명
이문아이파크자이	25.11	4,321	1,467	3,585	이문3구역

이문3구역은 전국 최초로 결합개발방식을 도입해 이문아이파크자이를 건설하고 있다. 이 방식은 낙후된 저밀도 재개발구역과 개발이 용이한 역세권의 고밀도 개발구역을 하나로 묶어 개발하는 방식이다.

이를 통해 외대앞역과 인접한 3-1구역(1~2단지)은 용적률을 475%로 높여 지하 6층에서 최고 41층의 고층 아파트로 개발되고, 3-2구역(3단지)은 용적률을 75%로 낮춰, 지하 1층에서 지상 4층의 저밀도 타운하우스로 개발된다.

1단지와 2단지는 이문초등학교와 경희중고등학교를 도보로 이용할 수 있고, 1호선 외대앞역과 바로 맞닿아 있어 교통이 매우 편리하다. 비록 1호선 지상철 구간과 인접해 있어 철도 소음이 일부 발생할 수 있지만, 이문4구역이 완공되기 전까지는 이문·휘경 뉴타운 내에서 대장 단지의 지위를 유지할 것이다.

84타입 기준 분양가가 12억 원을 넘으면서 청약 당시 고분양가 논란이 있었고, 152세대의 미분양이 발생했는데, 대부분 타운하우스 타입의 3단지 세대였다. 그러나 이후 무순위 청약을 통해 전체 완판됐다. 2024년 9월, 84타입 입주권이 13억 5,000만 원에 실거래되며, 시세는 꾸준히 상승하고 있다. 2024년 11월 8일에 분양권 전매제한이 해제될 예정이므로, 이 시기를 잘 활용하면 저렴한 급매물을 잡을 수 있을 것이다.

이문4구역: 힐스테이트 롯데캐슬

단지명	입주시기	총 세대수	분양세대수	분양가(평)	구역명
힐스테이트 롯데캐슬	29년 하반기	26년 상반기	3,628	1,133	이문4구역

이문4구역은 현대건설과 롯데건설의 컨소시엄으로 시공하며, 현재 조합원들의 이주가 진행 중이다. 이 구역은 1호선 신이문역에서 외대앞역까지 이르는 삼각형 지형에 위치해 있으며, 역세권의 교통 편의성과 중랑천을 따라 형성된 자연 조망이 매력적이다. 특히, 40층 높이의 스카이브릿지가 적용된 고급화된 설계와 조식을 제공하는 대형 커뮤니티 공간이 포함될 예정이다. 또한, 이문·휘경 뉴타운 내에서 유일하게 초품아(단지 내 초등학교를 품은 아파트) 단지로 자리 잡을 예정이라 명실상부한 대장 단지로서 위상을 가질 것이다.

분양은 2026년 상반기로 예정돼 있으나, 이주 및 철거 속도에 따라 지연될 가능성도 있다. 현재 예상되는 조합원분양가는 59㎡ 기준 6억 5,000만 원, 84㎡는 8억 4,200만 원, 일반분양가는 평당 4,000만 원을 훌쩍 뛰어넘을 것으로 전망되고 있다. 주변 뉴타운 구역들이 속속 입주를 시작하

면 이문4구역의 프리미엄도 점차 상승할 것으로 예상되니, 좋은 가격에
매수할 기회를 잡으려면 꾸준하게 관심을 가져야 할 구역이다.

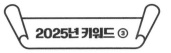

경기도 광명시

2025년 경기도의 전체 입주 물량은 6만 6,734세대로, 이는 경기도 평균 연간 입주 물량인 8만 807세대보다 적은 수준이다. 특히 서울과 인접한 지역보다는 오산, 평택, 파주, 화성 등 서울과 거리가 있는 지역에 약 3만 세대가 입주할 예정이다. 이로 인해 서울의 공급 부족뿐만 아니라 서울 인근 경기도 지역에서도 공급난이 예상된다.

더욱이 공급 부족을 완화할 것으로 기대됐던 3기 신도시 개발이 지연되면서, 총 24만여 호의 예정 물량 중 2027년에 입주할 물량이 1만 호에 불과할 것이라는 암울한 전망까지 나왔다. 이러한 상황에서 2025년 경기도 입주 물량 중에서 총 9,346세대가 예정된 광명시를 주목할 필요가 있다. 특히 2024년 12월부터 2026년 1월까지 입주가 겹치는 물량을 포함하

광명시 입주 아파트 및 시기

단지명	입주시기	총 세대수	분양세대수	분양가(평)	구역명
호반써밋그랜드에비뉴	24.10	1,051	493	2,520	광명10R
트리우스광명	24.12	3,344	730	3,336	광명2R
철산자이더헤리티지	25.05	3,804	1,631	2,979	철산주공8·9단지 재건축
광명센트럴아이파크	25.11	1,957	425	3,485	광명4R
광명자이더샵포레나	25.12	3,585	809	2,848	광명1R
철산자이브리에르	26.01	1,490	909	3,504	철산주공10·11단지 재건축
광명자이힐스테이트SK뷰	27.07	2,878	639	3,587	광명5R
광명롯데캐슬시그니처	27.10	1,509	533	3,293	광명9R

광명뉴타운

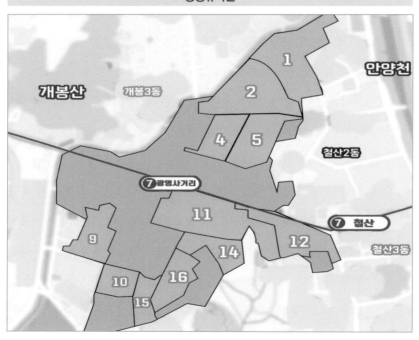

면, 광명시에서는 총 1만 4,180세대가 입주할 예정이어서 상당한 규모의 공급이 이루어질 전망이다. 더불어 아직 개발 중인 광명뉴타운 재개발구역들에도 투자 기회가 있으니, 적극적으로 관심을 가질 필요가 있다.

광명뉴타운은 2007년 7월에 광명 재정비촉진지구로 지정됐으며, 총 면적 약 232만㎡에 인구 11만 명 규모로 약 4만 4,000세대의 아파트가 들어설 예정이다. 북쪽으로 서울 구로구, 북동쪽으로는 서울 금천구, 북서쪽으로는 경기도 부천시, 남동쪽으로는 경기도 안양시, 남서쪽으로는 경기도 시흥시와 인접해 있어, 서울과 경기도를 연결하는 중요한 입지적 장점을 지니고 있다. 특히, 7호선 광명사거리역과 철산역을 통해 주요 일자리 지역으로의 접근이 용이하며, 제2경인고속도로와 평택파주고속도로 등 광역 교통망을 활용할 수 있다. 특히, 서울광명고속도로가 2027년 개통될 예정이어서 교통 편의성은 더욱 강화될 전망이다.

현재 광명뉴타운 내 11개 구역은 이미 준공됐거나 착공 중이며, 관리처분인가를 받아 개발이 활발하게 진행 중이다. 반면, 그 외 12개 구역은 구역 해제 상태로, 재개발이 중단됐다.

2021년 4월에 16구역인 광명아크포레자이위브가 첫 입주를 시작했으며, 이후 15구역과 14구역이 차례대로 입주를 완료했다. 2024년 10월에는 10구역인 호반그랜드에비뉴의 입주가 예정돼 있으며, 이후 세대수가 많은 주요 구역들의 입주가 이어질 전망이다.

광명뉴타운 내 11개 구역의 입주가 완료되면, 이곳은 서울권의 미니 신도시로서의 가치가 크게 높아질 것으로 예상된다.

광명2구역: 트리우스광명

단지명	입주시기	총 세대수	분양세대수	분양가(평)	구역명
트리우스광명	24.12	3,344	730	3,336	광명2R

　2012년 조합설립인가를 받은 광명2구역은 12년 만인 2024년 12월, 총 3,444세대(임대 168세대)의 대단지 아파트 트리우스광명으로 재탄생해 입주를 시작한다. 2023년 10월 분양 당시 고분양가 논란으로 일부 미분양이 발생했으며, 4차까지 이어진 임의공급 끝에 결국 2024년 7월에 완판됐다.

　분양가가 높았던 주된 이유는 후분양 방식으로 진행됐기 때문이다. 2021년 11월 광명시에서 분양가 상한제 심의 결과로 3.3㎡당 2,061만 원이라는 기대에 못 미치는 가격이 책정된 바 있다. 당시 전국 아파트시장이 최고점을 찍고 있던 시기였기 때문에, 인근 아파트들의 평당 가격은 최저 3,700만 원에서 최고 4,500만 원까지 치솟아 있었다. 이에 2구역 조합원들은 크게 반발했고, 결국 후분양 방식으로 전환했다. 이후 분양가가 평당 720만 원 이상 상승했기에 결과적으로 이는 조합원들에게는 매우 성공적인 선택이었다. 하지만 일반분양 물량이 많았던 84타입에서 현재 무피 분양권이 상당히 누적된 상태다.

또한, 강동구나 동대문구 등 서울 동쪽 지역의 대규모 입주 물량을 제외하더라도, 트리우스광명 입주 시점과 비슷한 시기에 광명 인접 지역인 안양시에서도 상당히 많은 입주 물량이 예정돼 있다.

더군다나 2024년 동안 서울과 수도권 아파트 가격이 지속적으로 상승하면서 누적된 피로감이 커져 있는 데다, 은행 대출 규제 등이 맞물리며 거래 침체와 시세 상승 둔화가 나타나고 있다. 이러한 상황을 감안할 때, 입주 시기가 가까워질수록 분양권 프리미엄이 하락할 가능성도 염두에 두어야 한다.

하지만 주변 구역들이 모두 입주를 마치고 나면 트리우스광명의 입지 가치가 지금과는 확연히 달라질 것이므로, 현재의 분양가가 저렴했다고 평가될 수 있을 것이다. 또한, 단지 내 초등학교 신설 심의가 승인됨에 따라, 광명뉴타운 내 신축 초등학교를 갖춘 단지로 인기가 더욱 높아질 것

안양시 입주 아파트 및 시기

단지명	입주시기	총 세대수	분양세대수	분양가(평)	구역명
안양역푸르지오더샵	24.10	2,736	687	2,980	진흥아파트 재건축
평촌어바인퍼스트더샵	24.10	304	164	2,701	호원지구 재개발
안양어반포레자연앤e편한세상	25.01	2,329	1,087	2,237	냉천지구 재개발
평촌두산위브더프라임	25.08	456	178	2,744	삼신6차 재건축
안양자이더포레스트	26.05	483	210	2,701	화창지구 재개발
e편한세상평촌어반밸리	26.10	458	458	2,920	안양LG연구소부지

(출처:부동산지인 프리미엄)

이다. 따라서 입주 시점에 나올 수 있는 저렴한 매물을 노려, 준서울급의 좋은 입지에서 깃발을 꽂고, 이를 다음 단계로 나아가는 발판으로 삼길 바란다.

광명4구역: 광명센트럴아이파크

단지명	입주시기	총 세대수	분양세대수	분양가(평)	구역명
광명센트럴아이파크	25.11	1,957	425	3,485	광명4R

광명4구역은 총 1,957세대 규모의 광명센트럴아이파크로 2025년 11월 입주를 앞두고 있다. 단지 앞에 광명초등학교가 위치해 있고, 7호선 광명사거리역을 다른 구역들보다 빠르게 이용할 수 있는 교통 편의성도 뛰어나다. 또한, 광명뉴타운은 언덕지형이 많은데, 광명4구역은 전체가 평지에 자리 잡고 있어 입지적 장점이 크다. 이러한 이점 덕분에 2023년 8월 분양 당시 고분양가 논란이 있었음에도 불구하고 잔여 세대는 27세대에 불과했으며, 무순위 청약에서는 평균 경쟁률 128:1을 기록하며 모두 완판됐다.

광명4구역은 다른 구역들에 비해 규모가 작아 조합원 물량이 적게 나오는 구역 중 하나인데, 최근 입주권 물량이 증가하고 있다. 다만 분양 세대수가 적고 아직 입주 시점이 남아 있어 분양권 물량은 많지 않다.

광명뉴타운 내에서도 비례율이 높은 편이고, 사업 운영이 원활하게 진행되는 것도 장점이다. 현금 동원이 가능하다면 입주권 급매를 노려볼 만한 가치가 있으며, 광명뉴타운 북쪽의 대장 단지로 자리잡고 있어 안정적인 시세 상승을 기대할 수 있을 것이다.

광명1구역: 광명자이더샵포레나

단지명	입주시기	총 세대수	분양세대수	분양가(평)	구역명
광명자이더샵포레나	25.12	3,585	809	2,848	광명1R

광명1구역은 광명뉴타운에서 11구역에 이어 두 번째로 큰 규모를 자랑하며, 2025년 12월에 광명자이더샵포레나로 입주를 앞두고 있다. GS건설, 포스코건설, 한화건설의 컨소시엄이 이 단지의 시공을 맡아, 각 건설사가 여러 동을 나누어 건설했다.

광명1구역은 지리적으로 서울 개봉동에 인접해 있어, 지하철 이용 시 7호선 광명사거리역이나 철산역보다 1호선 개봉역과 구일역이 더 가깝다. 하지만 어느 역이든 도보로 지하철을 이용하기 어려운 점이 다소 아쉽다.

이와 관련해 여러 교통 개선책들이 추진 중이다. 현재 목감천에 위치한 목감교는 왕복 2차선이지만, 광명뉴타운의 입주가 진행되면 교통 혼잡이 예상된다. 이를 해결하기 위해 기존 다리를 철거하고, 개봉동삼거리 방향으로 연결하는 확장 공사가 추진되고 있다. 이 공사에는 100억 원이 투입되며, 2027년 완공될 예정이어서 이후 광명1구역에서 서울로의 이동이 더욱 편리해질 전망이다. 또한, 광명시청에서 구일역 3번 출구 신설을 추진하고 있어, 교통 접근성이 한층 더 개선될 것으로 보인다.

2023년 5월에 진행된 809세대 청약에서는 39타입을 제외한 모든 세대가 완판됐으며, 남은 세대들도 역시 예비 당첨자 추첨을 통해 모두 소진됐다. 당시 3.3㎡당 2,848만 원의 분양가가 다소 비싸다는 의견이 있었지만, 이후 다른 구역들의 분양가와 비교하면 수분양자들은 매우 탁월한 선택을 한 셈이다.

광명1구역은 조합원 수가 많아 입주권 매물도 상대적으로 많지만, 다른 구역에 비해 가격이 저렴해 투자금이 적게 드는 작은 평형의 입주권 거래가 빠르게 이루어지고 있다. 따라서 상대적으로 적은 금액으로 광명뉴타운에 거주하고자 하는 실거주자들에게 추천할 만한 구역이다.

광명5구역: 광명자이힐스테이트SK뷰

단지명	입주시기	총 세대수	분양세대수	분양가(평)	구역명
광명자이힐스테이트sk뷰	27.07	2,878	639	3,587	광명5R

광명5구역은 경사가 높은 언덕에 위치한 재개발구역으로, 필자가 철거

전 임장했을 때 수없이 이어지는 계단을 올라야 해서 놀랐던 적이 있다. 당시 기억 때문에 신축아파트로 변모한 모습을 상상하기 어려웠으니, 프리미엄 시세가 상대적으로 눌려 있는 듯한 느낌이 있었다. 그러나 최근 평탄화 작업이 완료되면서, 평지인 4구역과 비교해도 큰 차이가 느껴지지 않을 정도로 단지 입지가 안정화됐다.

2024년 1월에 진행된 일반분양에서 높은 분양가로 인해 34타입과 39타입의 소형 평형에서 주로 미분양이 발생했지만, 5차 임의공급까지 진행한 끝에 완판됐다. 광명5구역은 광명사거리역까지 가까운 곳은 도보로 10분 내 도착할 수 있지만, 단지 형태가 길게 설계돼 있어서 단지 끝으로 갈수록 이동 시간이 더 많이 소요될 것으로 예상된다.

또한, 광명뉴타운의 인구 증가에 따라 도로 정비가 활발히 이루어지고 있다. 광명5구역과 2구역 사이의 도로를 철산동 현충근린공원과 터널로 연결하는 공사가 2026년 완공을 목표로 진행 중이다. 이 공사가 완료되면 광명뉴타운과 철산동 간 이동 시간이 1~2분 정도 걸릴 만큼 획기적으로 단축될 전망이다. 더불어 단지 우측에 위치한 광명동초등학교와 연결되는 통행로도 조성되어, 학세권 단지로서의 가치가 높아질 것이다.

광명5구역은 2019년 10월에 관리처분인가를 획득하여 광명1구역이나 4구역보다 빠른 편이었으나, 평탄화 작업과 조합 내 갈등 등으로 인해 입주시기가 크게 지연됐다. 그럼에도 불구하고 지연된 만큼 주변 구역들의 입주 이후 정비된 환경과 시세 상승의 영향을 받을 가능성이 커, 입주시점에는 수분양자들의 시세 상승을 기대해볼 만한 구역이다.

광명9구역: 광명롯데캐슬시그니처

단지명	입주시기	총 세대수	분양세대수	분양가(평)	구역명
광명롯데캐슬시그니처	27.10	1,509	533	3,293	광명9R

광명9구역은 2024년 광명뉴타운의 마지막 분양 단지로, 2021년 6월에 관리처분인가를 받은 후 이주 및 철거가 빠르게 진행돼 올해 일반분양이 가능했다. 그러나 다른 구역들과 마찬가지로 고분양가 논란이 있었고, 84 타입은 모두 조합원에게 배정돼 일반분양 물량은 39~59타입의 소형 평형

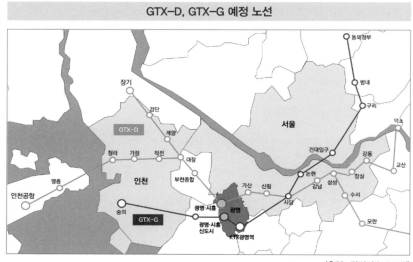

GTX-D, GTX-G 예정 노선

(출처 : 광명시 뉴스포털)

만 제공됐다. 이로 인해 총 533세대 중 109세대가 미분양됐으며, 세 차례에 걸친 임의 공급 끝에 2024년 9월에야 완판됐다.

광명9구역 대부분의 동에서 7호선 광명사거리역까지 도보 10분 안팎으로 도착할 수 있다. 그리고 GTX-D 노선의 광명시흥역이 9구역에 가까운 광명스피돔 인근으로 거론되고 있어, 착공 및 개통 시기에 맞춰 시세 상승이 기대된다.

분양권 전매제한이 2025년 5월 16일에 해제되고, 입주가 2027년 10월로 여유롭게 남아 있어 현재 입주권 매물이 많지 않다.

광명12구역: 철산스카이시티자이(GS건설)

구역명	입주시기	분양예정	분양세대수	분양가(평)
광명12R	28년 상반기	24년 말 ~ 25년 초 예상	2,045	683

현재 철거가 빠른 속도로 진행 중인 광명12구역은 예정된 단지명에 '철산'이 들어갈 정도로 광명동이 아닌 철산3동과 4동에 더 가까이 위치해 있으며, 생활권도 철산동에 더 가깝다. 단지는 총 3개로 나뉘며, 그중 1단지는 철산역 초역세권에 위치해 있고, 광덕초등학교까지 품고 있어 동·호수 추첨 후 1단지 확정 세대의 프리미엄이 2·3단지보다 더 높아질 가능성이 크다.

광명11구역과 12구역이 입주를 완료하면, 4구역과 11구역의 시세는 비슷하게 형성될 것으로 보이며, 12구역은 그보다 더 높은 시세를 형성할 것으로 전망한다. 현재 입주권 상태에서도 12구역의 프리미엄은 앞선 두 구역보다 조금 더 높은 편이다.

이 구역은 철산역 인근에 형성된 학원가 이용이 편리하고, 철산동은 학구열이 높은 지역으로 평가되기 때문에, 광명뉴타운 내에서도 학군이 좋아 선호도가 높다. 특히, 철산역 인근 신축 단지들의 시세와 함께 연동될 가능성이 크다.

다만, 광명12구역은 도덕산 아래에 위치한 경사지형으로, 이를 보완하기 위해 지하 7층까지 지하 주차장이 계획돼 있다. 단지 내에서는 지하주차장 엘리베이터 등을 통해 이동할 수 있어 경사에 대한 우려는 어느 정도 해소될 것이다. 비슷한 경사지형인 광명5구역의 평탄화된 사업지를 보면, 12구역도 장래에 안정적인 단지로 변모할 것으로 예상된다.

조합원분양가는 타입별로 59타입은 4억 4,500만 원, 74타입은 5억 4,555만 원, 84타입은 6억 106만 원이다. 입주권이 아닌 광명12구역의 일반분양을 기다린다면 30평형대에 대한 기대는 접는 것이 좋다. 전용 59타입 이하 소형 물량이 633세대로 가장 많고, 75타입은 39세대, 84타입은 단 11세대만 예정돼 있기 때문이다. 또한, 분양가는 평당 4,000만 원 내외로 책정될 가능성이 높으니, 자금 계획을 철저히 세워야 한다.

광명11구역: 현대건설

구역명	입주시기	분양예정	분양세대수	분양가(평)
광명11R	2028년 하반기	25년 하반기 예상	4,291	616

광명11구역은 광명뉴타운 내에서 가장 큰 규모를 자랑한다. 총 2만 5,000여 세대에 달하며, 뉴타운 11개 구역 중 마지막 입주로 개발의 피날레를 장식할 예정이다. 현재 철거 작업이 활발히 진행되고 있다.

다른 구역들은 대부분 1개 이상의 건설사가 컨소시엄을 구성해 시공하는 경우가 많지만, 광명11구역은 현대건설 단독 시공으로 진행되고 있다. 원래는 HDC현대산업개발과 현대건설이 컨소시엄을 구성할 예정이었으나, 2022년 화정아이파크 붕괴 사고로 인해 조합원들이 HDC현대산업개발의 시공 배제를 강력히 요구했다. 그 결과, 시공 방식이 공동이행 방식으로 변경됐고, 현대건설이 단독으로 시공을 맡고, HDC현대산업개발은 지분에 따른 이익만 나누게 됐다.

광명11구역은 총 3개 단지로 나뉘며, 이 중 1단지가 가장 인기가 많을 것으로 예상된다. 1단지는 7호선 광명사거리역과 가까워 교통 편의성이 뛰어나며, 광명남초등학교와 인접해 있어 선호도가 높다. 반면, 11−2구역에 위치한 3단지는 광명12구역과 가까운 도덕산 언덕에 자리하고 있어, 상대적으로 동떨어진 구역처럼 느껴진다. 현재 건설 계획에 따르면, 외부 엘리베이터를 두 번 갈아타야 이동할 수 있는 방식이 고려되고 있어, 1·2

단지에서 3단지로의 이동이 다소 불편할 수 있다.

　조합원분양가는 59타입이 4억 3,946만 원, 74타입은 5억 3,140만 원, 84타입은 6억 6,783만 원이다. 12구역과 마찬가지로 11구역에서도 30평형대 아파트를 기대하는 것은 쉽지 않다. 총 4,291세대 중 3,383세대가 조합원으로, 큰 평형 물량이 일반분양으로 나올 가능성이 낮다. 하지만 광명 11구역의 대규모 단지 특성상 입주권 거래가 활발할 가능성이 높으므로, 30평형대 아파트를 원한다면 조합원 입주권 급매를 노리는 것이 좋은 전략이 될 수 있다.

세분화된 서울 투자

서울 부동산시장은 2021년 10월부터 가격 하락 국면에 접어들었으며, 이 현상은 전국적으로도 비슷한 시기에 나타났다. 2021년 8월부터 2023년 1월까지 기준금리가 0.5%에서 3.5%로 급격히 인상되면서, 전국 부동산시장이 냉각됐다. 하지만 2022년 12월, 송파구 잠실을 시작으로 하락세가 멈추고 상승세로 전환됐다. 송파구는 상급지임에도 불구하고 강동구와 함께 하락률 상위권에 속해 있던 지역으로, 저점을 노린 투자자들과 실거주자들의 매수 수요가 크게 작용한 결과다.

하지만 2023년 1월부터 2024년 10월까지 산출된 서울 25개 구의 분위별 매매 변동률 표를 보면, 분위에 따라 상승폭에 큰 차이가 나타났다. 강동구의 5분위 아파트는 28.78%로 높은 상승률을 기록했지만, 4분위 아파트는 14.53%로 5분위에 비해 절반 수준에 그쳤다. 하위 분위로 갈수록 상승폭이 더욱 줄어드는데, 3분위는 5.51%로 4분위에 비해 상승률이 약 3배 낮다. 2분위는 0.93%로 거의 상승하지 않았고, 1분위 아파트는 −5.05%로 여전히 높은 하락세를 유지하고 있어 상위와 하위 분위 간의 격차가 뚜렷하다.

노원구는 강동구에 이어 두 번째로 높은 하락률을 기록했음에도, 5분위 아파트 가격 상승률은 5.27%에 그쳤다. 특히, 노원구의 1분위 아파트들은 하락장 이후에도 −10.83%나 추가로 하락하며, 서울 모든 구를 통틀어 가장 높은 하락률을 보였다.

반면, 하락장에서 하락폭이 가장 적었던 지역은 용산구, 종로구, 서초구, 강남구 순이다. 특히 용산구는 2022년 초 발표된 대통령실 이전 계획과 용산 국제업무지구 개발 기대감으로 마지막까지 상승세를 유지했다. 그러나 2023년 이후 강남구와 서초구에 비해 용산구의 5분위 가격 상승률은 크지 않았다. 그 이유는 강남구는 개포자이프레지던스와 디에이치퍼스티어아이파크 등 대규모 신축 입주 물량이 많았고, 서초구는 래미안원베일리와 한강 라인의 신축 대장 단지들로 인해 5분위 아파트의 시세 상승이 두드러졌기 때문이다. 반면, 용산구는 신축 공급 물량이 거의 없어서 상승률이 제한적이었다.

이는 각 구의 다양한 요인들이 반영된 것으로, 구마다 투자 시 주목해야 할 분위와 단지의 성격이 다를 수 있음을 의미한다.

서울 25개 구, 분위별 매매 변동률(기간 : 2023년 1월 ~ 2024년 10월)

지역	하락장 하락률 (21.10~22.12)	5분위	4분위	3분위	2분위	1분위
강동구	-19.23%	28.78%	14.53%	5.51%	0.93%	-5.05%
노원구	-19.17%	5.27%	-0.88%	-4.37%	-3.67%	-10.83%
도봉구	-18.33%	2.45%	-5.95%	1.52%	-3.47%	-9.79%
성북구	-17.31%	16.97%	6.88%	2.52%	2.58%	-4.30%
송파구	-17.15%	28.66%	14.16%	7.42%	0.54%	-4.79%
서대문구	-16.87%	15.38%	10.82%	6.54%	2.53%	-1.55%
동대문구	-16.16%	17.10%	7.42%	0.18%	-1.16%	-6.45%
강북구	-16.10%	8.49%	2.65%	-1.19%	-5.61%	-7.05%
강서구	-15.04%	13.02%	6.59%	4.29%	-4.07%	-6.51%
관악구	-14.86%	10.13%	2.95%	-4.70%	-5.74%	-7.00%
금천구	-14.58%	10.07%	-0.88%	-3.73%	-0.72%	-0.64%
은평구	-14.34%	15.21%	2.37%	0.90%	-1.87%	-4.53%
마포구	-13.72%	22.33%	11.33%	5.54%	6.85%	2.45%
성동구	-13.53%	21.53%	16.35%	13.43%	5.02%	-1.08%
중랑구	-13.36%	1.83%	-0.45%	-3.33%	-2.04%	-6.86%
중구	-12.69%	12.11%	7.48%	3.99%	7.84%	0.37%
양천구	-12.67%	16.45%	12.54%	4.75%	-3.51%	-4.64%
동작구	-12.41%	15.01%	8.19%	5.04%	-3.52%	-3.87%
구로구	-12.40%	4.06%	-1.76%	-3.53%	-4.09%	-8.16%
광진구	-11.95%	17.01%	11.62%	3.56%	1.27%	-2.25%
영등포구	-11.49%	18.59%	10.78%	1.93%	-0.84%	-3.37%
강남구	-8.76%	16.83%	17.26%	12.01%	4.68%	-1.93%
서초구	-5.81%	19.42%	12.25%	4.95%	3.07%	-0.55%
종로구	-4.40%	16.89%	2.36%	-5.34%	-0.55%	-7.63%
용산구	-3.10%	9.07%	1.44%	5.74%	-0.86%	-1.09%

(출처 : 부동산지인 프리미엄)

양극화된 서울 부동산

2023년부터 상승세를 보인 서울 아파트 값은 2024년 10월 현재, 2021년 10월 최고점이었던 평당 4,299만 원에 거의 근접한 평당 3,998만 원으로 회복했으며, 회복률은 93%에 이른다. 이는 2023년 초 최저점이었던 평당 3,644만 원에서 9.8% 상승한 수치다.

그러나 이런 회복을 체감하지 못하고, 고개를 갸우뚱하는 서울 아파트 소유자들도 적지 않을 것이다. 특히, 서울 중심부에서 멀리 떨어져 있거나, 애매한 연식과 세대수의 아파트를 가졌을수록 이러한 의문이 더 강하게 들 수 있다. 이 현상은 필자가 『부트 2024』의 핵심 키워드로 꼽았던 양극화가 더 심화됐음을 잘 보여준다.

이는 단순히 서울의 상급지와 하급지 사이에서만 벌어지는 것이 아니라, 각 구내 동별로도 뚜렷하게 나타나고 있다. 2023년 1월부터 2024년 10월까지 각 구의 동별로 상위 20%에 해당하는 5분위 아파트들의 가격증감률을 분석한 결과, 상급지인 강남구, 송파구, 강동구에서도 그 차이가 두드러졌다.

강남구에서는 역삼동이 21% 상승한 반면, 세곡동은 -2.9% 하락하며 같은 자치구 내에서도 큰 차이를 보였다. 송파구에서는 신천동이 35%의 높은 상승률을 기록한 반면, 마천동은 1.47% 상승에 그쳐 동별 차이가 두드러졌다. 강동구 역시 고덕동이 45.6% 상승하며 강한 회복세를 보였으나, 천호동과 성내동은 각각 1.54%와 0.49%의 미미한 상승세였다.

흥미로운 점은 하위급지에서도 비슷한 상승률 차이가 나타났다는 것이다. 오히려 이곳의 상위 5분위 동들이 상급지의 하위 동들보다 더 높은 상승률을 기록한 사례가 많았다. 중랑구에서는 면목동이 10.4% 상승하며 높은 상승률을 보였으나, 신내동과 망우동은 각각 -5% 하락하며 하위권을 기록했다. 노원구에서도 월계동은 11.7% 상승하며 상대적으로 좋은 성적을 보였지만, 상계동은 0.76%에 그쳐 큰 차이를 보였다.

특히, 상급지가 아닌 구의 상위 5분위 동들이 상급지 내 하위 동들보다 더 높은 상승률을 기록했다는 점도 주목할 만하다. 예를 들어, 면목동의 상승률은 강남구 세곡동의 -2.9% 하락을 크게 넘어섰으며, 노원구 월계동도 상급지 내 일부 동들의 상승률을 웃돌았다.

사실, 강남구 내에서도 상승률이 낮은 이유가 있는 동들이 있다. 청담동, 삼성동, 논현동 같은 지역은 하락장에서도 시세 하락이 거의 없었기 때문에 상대적으로 상승폭이 작았다. 또한 부동산시장은 상급지 대장 단지부터 상승이 시작되고, 그 상승세가 다른 지역으로 퍼지는 데 시간이 걸리기 때문에 구별로 상승 시점이 다를 수 있다.

따라서 2023년 1월부터 현재까지의 증감률을 일률적으로 산출하면, 2023년 상반기까지 하락세가 이어졌고 하반기에 뒤늦게 시세가 회복된 지역은 하락률이 더 커 보일 수 있다. 물론 큰 흐름 자체는 달라지지 않지만, 특정 기간의 증감률만을 기준으로 투자 판단을 내리는 것은 위험할 수 있다. 데이터 해석의 오류를 초래할 가능성이 있기 때문이다.

　이러한 현상은 분위별 양극화의 대표적인 사례로, 상급지와 그 밖의 지역 모두에서 같은 자치구 내 동별로 극명한 상승률 차이가 발생하고 있음을 보여준다. 이는 단순히 지역 간 가격 차이를 넘어, 자치구 내에서도 양극화가 심화되고 있음을 시사한다. 따라서 아파트를 선택할 때 단순히 상위 지역만을 추종하기보다는, 하위 지역에서도 상승 잠재력이 높은 단지를 찾는 것이 중요하다.

　그러나 실거주 목적이라면 특정 구에 위치한 단지를 선택해야만 하는 경우가 많다. 이럴 때는 이미 크게 상승한 아파트보다는, 아직 상승률이 크지 않은 아파트를 선택하는 것이 현명하다. 주식에 비유하자면, 모두가

강남구와 중랑구 동 별 5분위 매매 시세 증감률

읍면동	매매 시세(5분위)		
	2023-01-01	2024-10-01	보정 증감률
역삼동	7,401	8,949	21.15%
일원동	7,913	9,467	19.70%
개포동	7,781	9,471	19.59%
압구정동	11,853	14,036	18.94%
수서동	5,638	6,593	17.18%
도곡동	7,919	9,233	16.87%
대치동	9,054	10,321	14.74%
자곡동	4,679	5,208	11.39%
삼성동	9,094	9,653	6.28%
청담동	9,422	9,643	2.42%
논현동	6,627	6,657	0.72%
세곡동	5,018	4,843	-2.92%

읍면동	매매 시세(5분위)		
	2023-01-01	2024-10-01	보정 증감률
면목동	3,153	3,485	10.40%
중화동	2,672	2,743	2.66%
묵동	2,754	2,823	2.65%
상봉동	2,792	2,765	-0.84%
신내동	2,800	2,653	-5.12%
망우동	2,490	2,463	-5.38%

(출처 : 부동산지인 프리미엄)

부트2025 : 부자되는 트렌드

아는 대장주인 삼성전자를 고점에 매수하기보다는, SK하이닉스를 저점에서 매수하는 것이 더 나은 투자 전략일 수 있다는 것이다.

대장 단지를 선택하면 매수한 금액에서 하락할 가능성이 적고, 상승장이 시작되면 더 큰 상승을 기대할 수 있다. 그러나 2023년과 2024년을 거치며 5분위 가격에 속한 단지들은 이미 고점 대비 90% 이상 회복한 곳들이 많아졌다. 이에 따라, 2025년에는 상대적으로 덜 오른 분위에 속한 단지들이 이 상승세를 따라갈 가능성이 더욱 커질 전망이다. 특히 전세가 상승에 비해 매매가 상승률이 더디다면, 전세가는 매매가 상승을 견인하고, 동시에 매매가 하락을 방어하는 든든한 방패 역할을 해줄 것이다.

Insight

서울 25개 구,
분위별 매매 변동률 분석

| **단지 표 보는 법** | 해당 구의 대장 단지를 가장 상단에 배치하고, 2023년 1월부터 2024년 10월까지 증감률이 높은 순으로 정렬했다. 현재 매물 호가와 시세 차이가 너무 큰 단지는 제외했으며, 20~30평대 아파트 단지 중에서 '평당가' 기준으로 각각의 분위를 선정했다.[1]

'부동산지인'에서 제공하는 데이터를 사용했으며, 이 사이트의 시세를 적용한 증감률로 실거래 가격과는 다소 차이가 있을 수 있다.

이 리스트는 증감률이 낮은 단지를 기반으로 한 자료로, 특정 아파트에 대한 투자를 권장하는 것은 아니니 투자 시 유의하기 바란다.(자료 출처 : 부동산지인 프리미엄)

5분위 투자 지역: 대장급들, 아직 덜 올랐다

부동산시장은 트리클다운(trickle-down)[2] 효과 와 비슷한 구조를 가진다. 시세가 상위 단지에서 하위 단지로 흘러가는 방식으로, 대장 단지들의 시세가 먼저 상승해야 그 아래 순위의 아파트들도 이를 따라 상승한다.

따라서 대장급 아파트가 아직 충분히 상승하지 않은 지역에서는 하위 아파트들로 상승세가 퍼지기까지 시간이 다소 걸릴 수 있다. 그래서 상승폭이 아직 크지 않은 5분위 내 아파트를 먼저 매수하는 것이 좋다.

중랑구 5분위 단지

동	단지명	세대수	평형	입주월	년차	매매(증감률)		전세(증감률)	
면목동	사가정센트럴아이파크	1505	34	2020-07	4	122,534	19.35%	69,615	17.80%
면목동	면목라온프라이빗	453	29	2020-06	4	91,536	10.16%	55,597	2.86%
중화동	한신1차	1544	23	1997-10	27	65,472	6.82%	39,758	9.31%
면목동	경남아너스빌	386	24	2006-11	17	71,344	6.61%	46,215	11.19%
묵동	e편한세상화랑대	719	35	2017-12	6	104,123	6.37%	66,962	13.23%
면목동	한양수자인사가정파크	497	24	2019-11	4	84,327	2.44%	57,688	20.65%
상봉동	상봉태영데시앙	582	24	2003-08	21	67,536	1.91%	39,111	-1.89%
상봉동	건영2차	1113	21	1996-11	27	57,841	1.81%	37,791	15.34%
신내동	데시앙	1326	25	2010-01	14	68,316	-0.10%	41,256	4.60%
묵동	e편한세상화랑대	719	25	2017-12	6	83,664	-1.22%	53,191	7.97%
면목동	늘푸른동아	573	24	2002-11	22	63,123	-4.56%	34,429	5.80%
상봉동	우정아파트	375	23	2002-05	22	66,916	-5.23%	35,757	-4.02%
묵동	브라운스톤태릉	587	23	2004-03	20	62,504	-6.21%	41,737	4.29%
면목동	면목삼익	216	21	1997-12	26	58,461	-7.53%	33,976	-3.51%
면목동	면목두산4,5단지	555	23	2000-09	24	63,903	-8.31%	37,676	-1.86%

도봉구 5분위 단지

동	단지명	세대수	평형	입주월	년차	매매(증감률)		전세(증감률)	
창동	동아청솔	1981	30	1997-03	27	98,356	13.25%	46,102	12.21%
창동	창동주공2단지	750	21	1990-07	34	52,706	4.15%	25,566	7.86%
창동	주공19단지_창동리버타운	1764	23	1989-03	35	68,951	2.91%	25,562	0.93%
창동	창동현대아이파크 2차	705	25	2001-06	23	67,386	1.67%	41,923	30.59%
창동	태영데시앙	958	32	2003-07	21	80,941	0.58%	45,843	8.47%
창동	창동주공1단지	808	23	1990-09	34	60,091	0.14%	30,639	14.51%
쌍문동	쌍문동삼성래미안	407	24	2002-07	22	62,883	-0.11%	37,160	25.10%
창동	대우그린	366	23	2000-11	23	60,372	-0.20%	37,829	15.09%
창동	창동주공1단지	808	23	1990-09	34	60,260	-2.23%	29,555	4.32%
창동	동아	600	30	1988-12	35	85,282	-2.55%	41,437	1.66%
창동	창동주공1단지	808	20	1990-09	34	54,025	-3.43%	29,743	28.49%
창동	삼성래미안	1668	27	1992-07	32	74,214	-3.84%	37,332	-2.76%
창동	성원상떼빌	194	30	2001-06	23	75,791	-5.72%	26,066	-32.11%
창동	창동주공18단지	910	17	1988-10	36	43,470	-7.30%	15,754	-3.81%

1   아파트 가격에 따라 분위를 나누면 대형 평형 아파트의 가격이 가장 높기 때문에 데이터에 오류가 발생할 수 있어, 평형별 평당가를 기준으로 분위를 나눴다. 다만, 소형 평형 아파트는 상대적으로 가격이 낮아 보일 수 있으니 이 점을 참고하길 바란다.

2   트리클다운(trickle-down)은 경제학 용어로, "위에서 아래로 흘러내린다"는 뜻을 가진 개념이다. 주로 부유층이나 상위 계층의 경제적 혜택이 점차 전체 경제로 확산돼, 하위 계층까지 긍정적인 영향을 미친다는 이론에서 유래했다.

Insight

구로구 5분위 단지

동	단지명	세대수	평형	입주월	년차	매매	(증감률)	전세	(증감률)
신도림동	우성1차	169	25	1992-12	31	87,399	12.42%	41,746	4.81%
개봉동	한마을	1982	23	1999-04	25	70,882	9.05%	43,617	32.53%
구로동	구로롯데	718	23	1999-11	24	76,700	5.59%	39,523	2.28%
고척동	고척파크푸르지오	662	25	2009-05	15	82,602	4.74%	50,941	29.78%
신도림동	신도림대림4차	853	33	2003-05	21	48,528	4.60%	79,297	8.05%
신도림동	신도림동아3차	813	23	2000-11	23	98,446	4.06%	56,737	13.56%
구로동	한신휴플러스	498	24	2007-05	17	71,341	1.94%	38,727	-4.97%
구로동	구로두산위브	660	21	2006-07	18	62,763	1.15%	39,353	11.74%
신도림동	우성2차	239	29	1996-03	28	94,564	0.87%	46,185	5.25%
신도림동	현대	260	22	1999-04	25	76,498	0.25%	50,818	26.59%
개봉동	개봉아이파크	684	24	2006-06	18	74,289	-0.22%	50,949	23.35%
구로동	신도림현대	450	28	1994-01	30	85,965	-1.09%	53,471	29.99%
천왕동	천왕연지타운1단지	571	26	2013-12	10	78,357	-4.15%	46,079	9.37%
신도림동	우성5차	154	30	1994-12	29	87,133	-5.42%	48,140	25.44%
신도림동	우성3차	283	29	1993-12	30	96,218	-5.45%	52,606	16.94%
구로동	우성	343	24	1985-06	39	88,989	-5.53%	36,933	-6.07%
고척동	삼환로즈빌	600	25	2004-12	19	71,161	-5.97%	45,571	19.25%
구로동	삼성래미안	1244	23	2004-05	20	71,534	-6.17%	46,355	15.28%
구로동	구로주공2차	726	21	1987-07	37	60,396	-6.78%	27,699	14.88%
개봉동	개봉푸르지오	978	26	2014-05	10	72,718	-7.18%	43,279	3.06%
구로동	구로중앙하이츠	597	24	2001-09	23	68,677	-8.46%	43,094	14.34%
구로동	구로주공2차	726	23	1987-07	37	67,714	-8.66%	26,119	15.10%
신도림동	미성	824	14	1987-12	36	48,771	-14.11%	20,370	3.20%

노원구 5분위 단지

동	단지명	세대수	평형	입주월	년차	매매(증감률)		전세(증감률)	
중계동	청구3차	780	29	1996-07	28	118,696	15.14%	81,530	33.65%
월계동	꿈의숲SK뷰	504	26	2016-01	8	75,915	12.27%	44,794	18.46%
월계동	미륭,미성,삼호	3930	20	1986-06	38	66,023	9.92%	22,380	6.69%
상계동	포레나노원	1062	25	2020-11	3	87,994	9.79%	55,758	10.85%
상계동	상계주공3단지	2213	22	1988-05	36	68,491	4.31%	28,580	9.79%
중계동	성원1차	402	23	1996-01	28	72,260	2.60%	46,806	11.57%
상계동	상계우방유쉘	274	21	2000-06	24	60,930	1.72%	29,223	-8.26%
월계동	롯데캐슬루나	850	24	2006-11	17	69,746	-0.35%	45,125	27.31%
상계동	상계주공6단지	2646	16	1988-05	36	49,845	-0.52%	19,115	13.17%
중계동	중계주공5단지	2327	27	1992-04	32	96,375	-0.54%	54,970	19.63%
공릉동	풍림아이원	1601	23	2001-09	23	64,817	-0.89%	36,661	-2.25%
중계동	양지대림2차	984	30	1999-02	25	88,093	-3.02%	63,445	25.77%
하계동	장미	1880	16	1989-10	35	45,291	-3.14%	18,013	-4.79%
공릉동	두산힐스빌	579	22	2000-10	24	68,006	-3.60%	41,238	17.89%
하계동	현대우성	1320	25	1988-09	36	86,601	-3.84%	42,155	5.71%
상계동	중계센트럴파크	457	26	2016-03	8	75,376	-4.65%	46,395	2.40%
상계동	상계주공7단지	2634	20	1988-07	36	59,657	-5.00%	24,948	5.52%
중계동	염광	791	29	1996-06	28	83,888	-5.29%	50,191	14.17%
중계동	중계우성3차	213	31	1999-06	25	87,601	-6.98%	49,780	1.46%
하계동	청구	660	24	1988-10	36	69,933	-7.12%	38,739	13.53%
하계동	극동,건영,벽산	1980	26	1988-06	36	73,709	-7.81%	37,410	-8.03%
중계동	경남,롯데,상아	1890	26	1989-06	35	71,439	-7.88%	43,031	6.97%
공릉동	태릉해링턴플레이스	1308	30	2022-01	2	89,988	-7.96%	60,668	0.38%
상계동	상계주공2단지	2029	16	1987-11	36	47,561	-9.87%	19,136	10.70%
상계동	상계주공14단지	2265	28	1989-04	35	83,884	-14.06%	37,906	26.23%
공릉동	태릉우성	432	23	1985-10	39	69,513	-14.27%	30,473	0.23%
상계동	상계주공10단지	2654	18	1988-09	36	56,744	-15.87%	24,656	9.75%

강북구 5분위 단지

동	단지명	세대수	평형	입주월	년차	매매(증감률)		전세(증감률)	
미아동	송천센트레빌	376	33	2010-09	14	103,445	4.65%	62,516	14.27%
미아동	래미안트리베라2단지	1330	32	2010-05	14	91,221	11.39%	52,450	4.65%
미아동	SK북한산시티	3830	23	2004-05	20	60,452	10.49%	37,422	6.13%
미아동	송천센트레빌	376	24	2010-09	14	84,682	9.29%	46,970	8.29%
미아동	꿈의숲해링턴플레이스	1028	33	2019-09	5	88,788	8.73%	54,848	14.82%
미아동	미아동부센트레빌	480	32	2006-04	18	86,416	8.09%	54,045	16.96%
미아동	꿈의숲해링턴플레이스	1028	23	2019-09	5	78,862	5.89%	49,687	19.66%
미아동	꿈의숲롯데캐슬	615	33	2017-02	7	89,530	5.88%	55,111	11.44%
미아동	송천센트레빌	376	33	2010-09	14	103,445	4.65%	62,516	14.27%
미아동	미아1차래미안	306	24	2006-11	17	65,628	2.75%	39,465	6.54%
미아동	미아동부센트레빌	480	24	2006-04	18	76,033	1.30%	48,895	24.56%
미아동	두산위브트레지움	1370	26	2011-10	13	68,468	-3.38%	39,874	5.53%
수유동	예도팔라티움	120	6	2020-02	4	17,688	-3.84%	15,932	0.35%

Insight

관악구 5분위 단지

동	단지명	세대수	평형	입주월	년차	매매(증감률)		전세(증감률)	
봉천동	e편한세상서울대입구1차_1~4단지	1531	34	2019-06	5	120,670	15.86%	73,887	9.97%
봉천동	성현동아	2090	30	2000-05	24	91,265	12.39%	55,802	10.07%
봉천동	관악푸르지오	2104	32	2004-08	20	99,541	11.74%	59,436	15.47%
신림동	신림푸르지오1차	1456	24	2005-06	19	81,114	11.54%	50,769	10.73%
봉천동	e편한세상서울대입구2차_5단지	519	33	2020-04	4	117,652	7.38%	72,351	14.72%
봉천동	관악현대아파트	2134	29	1992-04	32	84,992	4.85%	49,322	9.64%
신림동	동부	592	24	1993-07	31	72,949	4.73%	44,142	4.95%
봉천동	관악현대아파트	2134	26	1992-04	32	77,173	1.78%	43,093	13.44%
봉천동	금강아미움	107	25	2010-04	14	83,584	1.63%	57,130	16.53%
봉천동	관악동부센트레빌	487	32	2004-05	20	96,703	0.70%	61,430	18.69%
신림동	힐스테이트뉴포레	1143	25	2022-08	2	110,574	0.00%	59,202	0.00%
봉천동	e편한세상서울대입구2차_5단지	519	24	2020-04	4	97,077	0.00%	60,214	-3.85%
봉천동	관악드림타운	5387	23	2003-09	21	75,286	-0.40%	47,983	24.73%
봉천동	관악동부센트레빌	487	24	2004-05	20	83,171	-1.22%	51,270	13.21%
봉천동	벽산블루밍3차	281	23	2004-12	19	75,727	-2.00%	52,756	10.56%
봉천동	낙성대현대홈타운	297	33	2002-02	22	103,230	-2.80%	69,574	3.17%
봉천동	관악파크푸르지오	363	24	2014-09	10	78,750	-3.17%	48,644	9.06%
봉천동	두산	2002	32	2000-12	23	99,035	-3.96%	58,584	11.83%
봉천동	브라운스톤관악	148	23	2005-04	19	72,200	-4.13%	41,650	-18.99%
봉천동	낙성대현대2차	122	24	1998-11	25	72,231	-8.74%	45,511	6.37%
신림동	신림현대	1634	14	1993-05	31	45,406	-9.79%	29,069	15.37%
봉천동	서울대입구아이원	374	23	2006-11	17	80,418	-11.92%	51,873	10.04%

4분위 투자 지역: 대장의 뒤를 이어라

이미 많이 오른 대장 단지에 진입하기 어렵다면, 시세가 상승할 다음 타자를 선택하는 것도 좋은 전략이다. 5분위 아파트들의 시세가 충분히 오른 만큼, 이제 4분위로 상승세가 퍼져나갈 가능성이 높기 때문이다.

부트2025: 부자되는 트렌드

금천구 4분위 단지

동	단지명	세대수	평형	입주월	년차	매매(증감률)		전세(증감률)	
독산동	금천롯데캐슬골드파크1차	1743	35	2016-11	7	116,625	20.45%	73,060	27.46%
시흥동	남서울힐스테이트	1764	35	2014-08	10	90,500	9.17%	57,282	18.21%
독산동	진도3차	245	22	1999-12	24	50,982	8.74%	35,721	18.51%
독산동	금천롯데캐슬골드파크1차	1743	25	2016-11	7	90,146	8.17%	60,152	30.17%
독산동	금천롯데캐슬골드파크3차	1236	36	2018-10	6	118,680	7.47%	70,754	15.23%
독산동	금천현대	996	22	2002-09	22	53,871	6.32%	36,412	24.38%
독산동	e편한세상독산더타워	859	26	2019-11	4	72,113	-0.08%	50,312	26.74%
독산동	독산동한양수자인	246	26	2011-09	13	70,124	-1.42%	48,750	16.84%
가산동	두산	1495	23	1998-03	26	61,617	-1.63%	38,792	16.03%
독산동	금천롯데캐슬골드파크2차	470	35	2017-09	7	105,463	-1.92%	70,316	13.91%
시흥동	럭키남서울	986	25	1981-12	42	78,941	-2.50%	29,687	9.20%
가산동	두산	1495	30	1998-03	26	70,869	-3.86%	50,473	15.66%
가산동	두산	1495	36	1998-03	26	90,512	-4.37%	47,329	8.55%
독산동	금천롯데캐슬골드파크1차	1743	30	2016-11	7	97,378	-4.75%	59,624	15.78%
독산동	신도브래뉴	341	24	2002-10	22	56,660	-5.30%	35,416	-5.66%
시흥동	남서울건영2차	619	29	1989-10	35	67,702	-6.97%	39,987	-3.31%
독산동	금천롯데캐슬골드파크1차	1743	30	2016-11	7	101,841	-8.38%	62,044	13.71%
시흥동	럭키남서울	986	25	1981-12	42	73,200	-9.65%	29,706	11.51%
시흥동	무지개	639	32	1980-12	43	87,648	-9.72%	15,676	8.39%
시흥동	럭키남서울	986	20	1981-12	42	56,119	-10.95%	23,788	2.55%

중구 4분위 단지

동	단지명	평형	입주월	년차	매매(증감률)		전세(증감률)	
만리동2가	서울역센트럴자이	34	2017-08	7	172,309	5.64%	77,649	7.77%
신당동	남산타운	24	2002-05	22	105,387	14.16%	53,117	14.81%
신당동	약수하이츠	26	1999-07	25	105,284	7.17%	56,542	-1.12%
신당동	약수하이츠	23	1999-07	25	96,372	6.02%	52,773	20.52%
중림동	삼성사이버빌리지	31	2001-07	23	128,283	3.08%	71,058	16.42%
신당동	삼성	22	1999-12	24	96,171	2.95%	52,764	16.66%
신당동	삼성	22	1999-12	24	96,155	2.95%	52,756	16.65%
순화동	덕수궁롯데캐슬	23	2016-08	8	94,143	2.46%	59,951	-4.83%
신당동	약수하이츠	30	1999-07	25	129,015	0.79%	68,532	12.48%
만리동2가	서울역한라비발디센트럴	34	2018-09	6	148,519	-1.47%	81,737	15.68%
만리동1가	LIG서울역리가	34	2012-01	12	133,537	-6.97%	72,929	12.29%

Insight

강서구 4분위 단지

동	단지명	세대수	평형	입주월	년차	매매(증감률)		전세(증감률)	
마곡동	마곡엠밸리7단지	1004	33	2014-06	10	166,441	13.24%	79,532	20.11%
마곡동	마곡13단지힐스테이트마스터	1194	35	2017-04	7	146,331	26.67%	79,977	38.69%
염창동	동아	778	30	1998-06	26	101,085	12.71%	59,780	22.10%
등촌동	등촌주공10단지	566	23	1995-10	29	76,945	12.31%	41,362	23.88%
방화동	동성	686	22	1993-12	30	69,513	11.86%	39,918	22.56%
염창동	동아	778	24	1998-06	26	74,662	11.62%	35,897	0.73%
화곡동	화곡푸르지오	2176	32	2002-10	22	104,197	11.14%	61,926	24.16%
내발산동	마곡수명산파크4단지	919	24	2008-02	16	83,864	10.55%	50,572	17.97%
염창동	현대1차	498	29	1994-04	30	89,747	9.92%	49,637	18.47%
가양동	가양성지2단지	1624	21	1992-11	31	70,895	8.50%	32,403	19.23%
화곡동	우장산롯데캐슬	1164	33	2003-09	21	110,859	8.06%	58,071	2.71%
염창동	관음삼성	350	23	1997-08	27	81,175	7.53%	43,808	-1.07%
등촌동	등촌주공7,8단지	1590	16	1994-11	29	54,988	7.04%	26,992	14.47%
가양동	가양우성	414	29	1990-10	34	92,489	6.69%	61,918	33.06%
등촌동	등촌서광	430	22	1999-04	25	75,332	6.49%	45,800	18.50%
염창동	강변코아루	130	33	2007-05	17	108,627	6.42%	61,771	7.40%
화곡동	우장산아이파크e편한세상	2517	38	2008-01	16	135,554	6.17%	72,977	5.76%
염창동	태진한솔	356	30	1994-10	30	91,694	5.39%	61,335	5.55%
등촌동	등촌주공1,2단지	2174	16	1994-11	29	51,746	4.59%	25,817	13.17%
염창동	강변한솔솔파크	455	33	2005-09	19	108,264	4.46%	59,796	24.36%
가양동	가양성지2단지	1624	17	1992-11	31	60,493	4.19%	25,430	24.72%
내발산동	마곡수명산파크2단지	629	33	2007-07	17	108,085	3.89%	61,140	29.54%
염창동	태영송화	277	30	1999-11	24	104,877	3.01%	51,225	-5.21%
가양동	한보구암마을	359	21	1999-02	25	69,762	2.43%	39,481	13.38%
가양동	동신대아아파트	660	35	1993-06	31	117,518	1.31%	56,937	13.55%
염창동	금호타운	289	22	1999-04	25	77,522	0.74%	48,156	19.20%
방화동	마곡센트레빌	143	25	2021-09	3	84,398	0.00%	59,428	3.52%
가양동	가양우성	414	26	1990-10	34	87,892	-0.62%	51,292	26.54%
등촌동	등촌주공10단지	566	16	1995-10	29	56,078	-1.04%	29,331	19.80%
등촌동	등촌월드메르디앙	145	23	2002-11	21	71,688	-1.50%	43,907	14.31%
가양동	가양성지2단지	1624	15	1992-11	31	50,367	-1.68%	20,860	16.37%
등촌동	등촌대림	680	32	1995-07	29	105,744	-2.13%	65,156	17.22%
염창동	강변월드메르디앙	164	34	2010-03	14	108,981	-2.47%	64,649	17.00%
염창동	염창동아3차	570	31	1999-01	25	98,097	-3.21%	62,118	17.50%
염창동	삼정그린코아	206	32	2001-05	23	107,362	-3.40%	55,288	-1.11%
마곡동	신안	253	23	1993-12	30	71,452	-3.54%	38,634	15.12%
가양동	가양도시개발9-2단지	1005	16	1993-02	31	55,762	-5.00%	25,184	13.57%

부트2025:부자되는 트렌드

동작구 4분위 단지

동	단지명	세대수	평형	입주월	년차	매매(증감률)		전세(증감률)	
흑석동	아크로리버하임	1073	34	2012-12	12	251,667	25.87%	110,542	23.82%
사당동	신동아4차	912	32	1993-12	30	125,501	12.39%	66,767	21.48%
본동	삼성래미안	477	24	2004-10	20	105,099	11.76%	56,345	14.22%
상도동	상도삼성래미안2차	431	23	2003-10	21	92,223	10.30%	53,630	11.74%
대방동	대방2단지주공아파트	798	20	1995-04	29	83,063	9.51%	43,227	17.31%
상도동	상도더샵	1122	32	2007-09	17	129,719	9.45%	72,017	19.03%
대방동	대방경남아너스빌	163	31	2006-03	18	126,659	8.79%	69,524	-3.41%
사당동	극동	1550	23	1993-12	30	100,616	8.44%	48,564	16.69%
사당동	사당우성3단지	855	23	1993-12	30	97,539	7.62%	52,544	25.96%
사당동	이수역리가	452	33	2013-09	11	137,333	6.27%	77,281	19.97%
사당동	사당우성2단지	1080	32	1993-12	30	124,879	5.03%	58,272	6.98%
노량진동	우성	901	24	1997-12	26	92,132	4.85%	48,511	27.47%
상도동	LIG건영	1376	13	1997-09	27	57,292	3.42%	31,269	6.68%
대방동	대방대림	1628	31	1993-11	30	137,858	2.18%	78,247	25.29%
신대방동	보라매자이더포레스트	959	36	2021-10	3	145,425	0.00%	82,300	-8.72%
본동	본동신동아	765	17	1993-06	31	70,179	-0.32%	35,164	13.45%
상도동	상도래미안1차	517	24	2004-12	19	98,360	-2.87%	58,246	19.44%
대방동	대방e-편한세상1차	609	32	2003-06	21	134,392	-3.36%	72,903	10.05%
사당동	삼성래미안	896	23	2003-02	21	91,659	-5.27%	60,951	18.55%
사당동	대림	1152	25	1990-08	34	95,652	-6.03%	43,722	12.60%
노량진동	쌍용예가	299	24	2010-08	14	103,088	-6.17%	64,259	27.26%
본동	유원강변	306	29	2000-08	24	130,740	-7.35%	73,393	32.57%
사당동	신동아4차	912	17	1993-12	30	76,769	-7.84%	45,302	29.42%

종로구 4분위 단지

동	단지명	세대수	평형	입주월	년차	매매(증감률)		전세(증감률)	
홍파동	경희궁자이2단지	1148	34	2017-02	7	218,420	22.68%	121,487	22.30%
무악동	무악현대	1514	24	2000-10	24	91,150	11.75%	56,355	34.48%
사직동	광화문풍림스페이스본_1단지,2단지	1030	34	2008-07	16	154,512	11.62%	87,184	0.12%
숭인동	종로청계힐스테이트	288	25	2009-03	15	82,959	10.89%	53,807	10.17%
무악동	경희궁롯데캐슬	195	35	2019-06	5	157,442	9.25%	108,893	23.35%
숭인동	롯데캐슬천지인	639	32	2004-09	20	106,425	6.19%	69,402	4.48%
창신동	두산	528	24	1999-04	25	86,530	-1.08%	45,442	8.20%
교북동	경희궁자이4단지	300	17	2017-06	7	86,011	-3.37%	53,781	10.28%
숭인동	종로센트레빌	416	25	2008-11	15	82,776	-4.50%	50,245	4.44%
창신동	두산	528	31	1999-04	25	99,752	-7.01%	53,603	-3.96%
무악동	인왕산아이파크	810	34	2008-07	16	132,536	-7.78%	76,486	23.26%
무악동	무악현대	1514	39	2000-10	24	132,033	-8.49%	90,081	30.07%
명륜2가	아남1	436	31	1995-12	28	107,023	-10.42%	73,756	11.14%
명륜2가	아남1	436	31	1995-12	28	105,283	-11.78%	73,985	10.53%

Insight

은평구 4분위 단지

동	단지명	세대수	평형	입주월	년차	매매(증감률)		전세(증감률)	
증산동	DMC센트럴자이	1388	34	2023-01	1	153,586	0.00%	82,111	23.61%
응암동	백련산해모로	760	31	2020-06	4	89,168	12.08%	57,163	5.66%
진관동	은평뉴타운 구파발10단지_금호어울림	334	32	2010-11	13	89,217	11.94%	59,107	14.97%
진관동	은평뉴타운 상림마을롯데캐슬821동~830동	551	33	2008-05	16	94,661	11.49%	57,347	13.21%
응암동	백련산파크자이	678	21	2021-04	3	66,017	10.58%	46,366	38.80%
불광동	북한산래미안	782	34	2010-08	14	93,108	7.11%	59,586	21.78%
진관동	은평뉴타운 폭포동힐스테이트4-2단지	571	38	2010-06	14	108,787	6.75%	66,055	8.75%
응암동	백련산SK뷰아이파크	1305	34	2020-05	4	101,283	6.54%	66,006	31.65%
응암동	백련산파크자이	678	33	2021-04	3	95,712	6.20%	60,040	13.34%
응암동	백련산힐스테이트2차	1148	25	2011-12	12	73,074	5.04%	49,121	45.30%
응암동	백련산해모로	760	35	2020-06	4	97,344	4.26%	60,321	15.48%
응암동	백련산힐스테이트4차	963	35	2018-02	6	95,908	1.48%	59,065	18.02%
진관동	은평뉴타운솔하임	548	20	2017-09	7	56,084	0.60%	43,155	19.38%
응암동	e편한세상백련산	358	23	2022-07	2	71,509	0.00%	53,856	19.37%
진관동	은평뉴타운 박석고개힐스테이트13단지	162	38	2008-12	15	108,830	-0.16%	61,776	4.69%
진관동	은평뉴타운 구파발9단지_삼성래미안	486	32	2010-07	14	90,253	-0.52%	63,860	22.77%
진관동	은평뉴타운기자촌11단지	426	24	2015-01	9	66,188	-0.65%	46,121	21.04%
응암동	백련산힐스테이트1차	1106	26	2011-12	12	71,189	-0.77%	48,942	36.04%
신사동	응암역효성해링턴플레이스	380	25	2019-03	5	72,266	-1.49%	45,303	12.67%
증산동	우방	429	30	2000-03	24	91,940	-2.47%	55,790	10.09%
진관동	은평뉴타운 우물골5단지_두산위브	387	25	2009-12	14	74,863	-4.55%	48,898	14.72%
진관동	은평뉴타운 상림마을푸르지오622동~629동	318	23	2008-05	16	68,006	-6.23%	47,666	19.23%
증산동	우방	429	25	2000-03	24	68,676	-6.37%	47,119	32.39%
불광동	미성	1340	25	1988-10	36	68,544	-9.83%	29,663	6.74%
수색동	청구	196	30	2000-03	24	85,857	-10.24%	63,991	25.53%
불광동	북한산현대홈타운	662	25	2004-05	20	70,151	-14.93%	47,738	22.35%
진관동	제각말푸르지오5-3단지	189	39	2010-09	14	106,485	-23.79%	58,076	7.61%

성북구 4분위 단지

동	단지명	세대수	평	입주	연차	매매가	매매변동	전세가	전세변동
길음동	래미안길음센터피스	2352	35	2019-11	4	148,653	17.63%	98,652	34.19%
보문동6가	보문파크뷰자이	1186	25	2017-01	7	97,338	5.62%	58,964	10.54%
종암동	종암SK	1783	23	1999-04	25	65,010	5.09%	41,380	15.54%
종암동	아이파크종암	513	25	2004-09	20	77,673	5.06%	42,803	1.94%
길음동	길음뉴타운4단지e편한세상	1605	24	2005-04	19	76,614	4.83%	47,621	14.74%
정릉동	정릉2차e-편한세상	527	24	2009-06	15	73,222	4.63%	49,331	25.42%
길음동	길음뉴타운3단지푸르지오	434	23	2005-04	19	70,998	4.49%	44,509	32.16%
길음동	길음뉴타운5단지래미안	560	25	2006-06	18	82,339	3.49%	51,309	13.42%
정릉동	정릉무르지오	403	24	2005-11	18	68,409	2.98%	41,108	1.93%
하월곡동	래미안월곡	1372	24	2006-07	18	74,596	1.84%	46,346	25.14%
종암동	종암아이파크2차	782	23	2005-09	19	75,096	1.70%	44,400	6.24%
정릉동	정릉꿈에그린	349	25	2015-04	9	69,679	1.55%	39,730	-4.16%
삼선동3가	삼선에스케이뷰	430	33	2012-04	12	119,117	1.17%	75,001	25.34%
돈암동	길음역금호어울림	490	24	2016-03	8	78,942	0.53%	50,662	11.50%
돈암동	이수브라운스톤돈암	1074	25	2004-12	19	71,467	0.30%	50,618	22.95%
길음동	길음뉴타운7단지두산위브	449	34	2010-07	14	104,175	0.01%	64,893	14.66%
안암동1가	래미안안암	528	24	2005-06	19	74,902	-0.07%	46,910	0.84%
삼선동4가	코오롱	437	29	1999-11	24	83,044	-0.14%	58,094	23.60%
길음동	길음뉴타운2단지푸르지오	1634	23	2005-04	19	67,854	-0.78%	51,206	36.20%
종암동	래미안라센트	837	25	2011-01	13	90,732	-1.38%	57,095	18.61%
길음동	길음뉴타운11단지롯데캐슬골든힐스	399	25	2019-05	5	80,418	-1.74%	50,369	15.00%
종암동	종암아이파크2차	782	32	2005-09	19	90,711	-2.51%	51,527	7.56%
돈암동	돈암힐스테이트	200	23	2007-04	17	70,591	-2.51%	47,567	15.94%
동소문동7가	한신플러스	409	30	2004-07	20	86,728	-2.59%	53,507	9.85%
보문동3가	보문현대I-PARK	431	33	2003-08	21	99,544	-3.25%	60,799	3.05%
보문동3가	보문현대I-PARK	431	33	2003-08	21	99,226	-3.25%	60,628	3.09%
삼선동2가	삼선현대힐스테이트	377	22	2009-12	14	70,050	-4.71%	48,624	21.94%
동소문동7가	한신플러스	409	23	2004-07	20	69,751	-4.88%	41,415	-1.60%
삼선동2가	삼선푸르지오	864	23	2008-03	16	74,711	-7.08%	47,555	11.79%
돈암동	돈암현대	619	15	1991-06	33	47,890	-7.88%	28,838	24.36%
돈암동	돈암코오롱하늘채	629	24	2016-12	7	82,202	-8.25%	50,900	1.48%
동소문동7가	브라운스톤동선	194	26	2010-11	13	75,847	-12.32%	53,608	-8.00%

Insight

동대문구 4분위 단지

동	단지명	세대수	평형	입주월	년차	매매(증감률)		전세(증감률)	
용두동	래미안엘리니티	1048	35	2022-08	2	145,839	0.00%	81,999	21.38%
전농동	전농SK	1830	31	2000-07	24	89,822	9.66%	52,379	19.21%
장안동	래미안장안	558	33	2003-04	21	99,624	9.30%	65,887	21.79%
전농동	전농동신성미소지움	385	23	2005-10	19	87,284	8.36%	46,099	24.79%
장안동	장안힐스테이트	859	33	2007-08	17	108,094	8.32%	66,354	12.03%
답십리동	래미안엘파이아파트	472	24	2011-06	13	74,954	8.14%	49,599	20.74%
용두동	신동아	772	18	1994-10	30	60,372	5.75%	33,450	12.63%
장안동	장안힐스테이트	859	24	2007-08	17	85,815	5.58%	50,141	14.84%
제기동	한신	1330	24	2004-05	20	72,766	4.95%	42,947	13.45%
답십리동	답십리대우	319	25	2002-04	22	74,628	4.89%	43,399	11.51%
제기동	안암골벽산	640	23	2003-06	21	69,701	3.79%	45,057	1.76%
용두동	신동아	772	24	1994-10	30	68,551	3.67%	38,625	9.21%
답십리동	답십리청솔우성	1542	22	2000-03	24	72,983	3.56%	41,884	17.98%
답십리동	답십리청솔우성	1542	22	2000-03	24	73,149	3.53%	41,964	18.39%
장안동	래미안장안2차	1786	25	2007-06	17	83,274	3.31%	51,933	20.12%
이문동	중앙하이츠빌	302	23	2002-05	22	66,981	3.18%	37,717	3.29%
답십리동	청계한신휴플러스	725	29	2010-08	14	105,666	2.72%	62,879	15.11%
이문동	래미안이문2차	648	32	2004-04	20	92,171	1.85%	54,551	-3.86%
장안동	래미안장안	558	26	2003-04	21	82,495	0.39%	49,905	7.28%
이문동	래미안이문2차	648	24	2004-04	20	82,455	-0.28%	51,966	13.36%
전농동	전농동삼성래미안	463	24	2000-05	24	73,487	-0.95%	40,183	4.55%
전농동	래미안아름숲	719	26	2012-07	12	86,284	-1.42%	50,269	13.35%
장안동	동대문더퍼스트데시앙	469	31	2019-10	5	90,563	-1.54%	–	0.00%
제기동	현대	261	24	1999-11	24	70,247	-1.76%	37,669	-2.58%
답십리동	청계한신휴플러스	725	33	2010-08	14	114,321	-2.08%	64,086	10.81%
용두동	롯데캐슬피렌체	435	32	2009-02	15	95,887	-3.05%	61,918	13.71%
제기동	경동미주	228	25	1977-06	47	73,213	-4.06%	22,143	-0.01%
휘경동	휘경해모로프레스티지	299	25	2020-02	4	81,793	-5.01%	57,133	14.35%
장안동	동대문더퍼스트데시앙	469	25	2019-10	5	77,391	-5.13%	52,718	11.94%
용두동	신동아	772	26	1994-10	30	84,008	-5.69%	–	0.00%
휘경동	브라운스톤휘경	451	25	2013-10	11	75,704	-6.14%	47,705	0.32%
장안동	동대문더퍼스트데시앙	469	33	2019-10	5	97,704	-6.90%	61,077	9.01%
장안동	동대문더퍼스트데시앙	469	33	2019-10	5	97,724	-6.91%	61,274	9.32%
답십리동	한신휴플러스그린파크	141	32	2010-09	14	95,590	-8.74%	59,997	17.98%
청량리동	홍릉동부	371	23	2001-09	23	71,849	-9.45%	39,765	12.63%
전농동	전농동신성미소지움	385	30	2005-10	19	95,182	-10.63%	48,167	5.53%
답십리동	신답극동	225	22	1987-08	37	67,012	-13.83%	19,852	0.00%
휘경동	동일스위트리버	445	24	2007-05	17	69,255	-13.88%	46,003	9.19%

부트2025 : 부자되는 트렌드

3분위 투자 지역: 상승의 온기에 올라타라

이미 구 전체가 상승세를 타고 있다면, 실수요자들이 마음이 급해져 매수에 뛰어들 가능성이 높아진다. 대부분 상급지에 위치한 지역들이기 때문에, 상승의 온기가 충분히 퍼져 나갈 것이다.

서초구 3분위 단지

동	단지명	세대수	평형	입주월	년차	매매(증감률)		전세(증감률)	
반포동	래미안원베일리	2990	35	2023-08	1	513,222	0.00%	184,279	0.00%
반포동	아크로리버파크	1612	35	2016-08	8	460,781	28.30%	182,038	18.81%
반포동	한신서래	414	39	1987-12	36	247,035	10.83%	107,441	12.28%
방배동	방배현대홈타운1차	644	26	1999-11	24	162,787	10.60%	73,612	13.42%
서초동	래미안서초스위트	392	38	2009-04	15	256,110	8.72%	127,513	4.63%
서초동	래미안서초스위트	392	38	2009-04	15	254,805	8.33%	127,863	5.26%
잠원동	신반포19차	240	30	1982-12	41	222,590	8.04%	66,721	21.81%
잠원동	잠원현대훼밀리	113	22	1997-08	27	156,563	7.74%	63,727	10.28%
서초동	신동아1차	893	29	1978-12	45	208,215	7.68%	38,678	-1.64%
서초동	래미안서초스위트	392	34	2009-04	15	230,373	7.31%	116,460	16.64%
방배동	방배서리풀e편한세상	496	26	2010-02	14	184,412	7.28%	91,373	22.25%
방배동	대우효령	364	29	1992-11	31	174,551	7.27%	80,808	11.65%
방배동	방배현대홈타운2차	384	30	2001-08	23	214,758	6.56%	110,857	8.54%
잠원동	신반포12차	323	29	1982-04	42	208,199	6.14%	52,623	11.91%
서초동	서초삼성래미안	299	30	2001-05	23	184,106	5.81%	86,001	-0.20%
서초동	서초롯데캐슬프레지던트	280	34	2014-11	9	228,650	5.79%	112,727	-1.64%
서초동	우성아파트	408	29	1998-05	26	191,139	5.77%	89,897	14.11%
잠원동	한신로얄	208	27	1992-06	32	200,810	5.59%	74,846	11.08%
서초동	우성아파트	408	31	1998-05	26	201,623	5.04%	92,853	4.64%
서초동	서초교대e편한세상	435	34	2010-05	14	240,027	4.98%	128,278	21.82%
양재동	우성	995	25	1991-11	32	146,415	4.75%	64,387	25.55%
방배동	방배아트자이	353	33	2018-10	6	229,772	4.58%	115,143	15.57%
방배동	방배서리풀e편한세상	496	33	2010-02	14	243,832	4.46%	131,094	10.63%
방배동	방배임광1,2차	413	33	1985-11	38	191,008	4.45%	85,889	28.20%
서초동	서초현대	299	20	1999-11	24	123,299	3.19%	65,888	19.94%
서초동	신동아1차	893	33	1978-12	45	245,937	2.91%	36,377	2.57%
잠원동	잠원훼미리	288	29	1992-11	31	190,928	0.31%	63,367	4.47%
서초동	현대아파트	412	29	1989-12	34	174,674	-0.53%	66,036	7.77%
방배동	방배현대홈타운1차	644	33	1999-11	24	205,552	-0.85%	103,781	13.02%
서초동	아남	166	26	1989-11	34	160,801	-1.36%	53,343	6.92%
잠원동	잠원현대	238	30	1993-04	31	210,180	-1.63%	82,107	6.64%
잠원동	한신타운	110	28	1989-06	35	192,590	-1.87%	73,619	13.75%
잠원동	강변	356	29	1987-07	37	207,607	-5.43%	88,144	17.67%
잠원동	신화	166	22	1997-10	27	136,375	-8.76%	70,798	28.12%
잠원동	잠원중앙하이츠B	126	29	1998-12	25	174,117	-13.44%	70,852	-4.24%
서초동	진흥	613	33	1979-08	45	214,852	-15.72%	70,798	21.80%

Insight

양천구 3분위 단지

동	단지명	세대수	평형	입주월	년차	매매(증감률)		전세(증감률)	
목동	목동신시가지7단지	2550	34	1986-10	38	253,416	12.17%	107,288	10.15%
신월동	목동센트럴아이파크위브	3045	23	2020-05	4	76,038	11.99%	43,571	26.42%
신정동	목동삼성	420	39	1996-09	28	160,036	9.57%	89,052	17.18%
신정동	세양청마루	326	33	2006-07	18	97,837	8.05%	54,269	1.85%
신정동	청구	279	30	1992-10	32	93,327	7.68%	61,872	7.19%
목동	목동대원칸타빌2단지,3단지	511	32	2003-06	21	126,242	6.96%	75,844	16.13%
목동	롯데캐슬마에스트로	410	25	2019-04	5	101,767	6.52%	63,059	10.42%
신월동	롯데캐슬	930	24	2014-02	10	82,885	5.94%	50,268	31.89%
신정동	현대	217	31	1995-07	29	100,515	5.33%	62,559	23.16%
목동	롯데캐슬마에스트로	410	33	2019-04	5	122,257	5.27%	74,240	10.88%
목동	목동성원	155	23	2000-06	24	88,295	3.50%	57,691	13.79%
목동	극동늘푸른	206	25	1998-10	26	83,546	2.57%	49,746	13.97%
목동	금호아파트	103	31	1995-11	28	95,831	2.15%	57,564	10.75%
목동	현대I-PARK	171	31	2003-06	21	124,736	0.41%	87,846	25.39%
신정동	유원목동	156	29	1990-12	33	119,829	0.02%	75,153	18.35%
신정동	호반써밋목동	407	32	2022-03	2	132,897	0.00%	77,098	18.66%
신정동	신트리3단지	537	31	2000-10	24	95,215	-0.58%	55,283	8.04%
신정동	목동우성2차	1140	30	2000-03	24	91,000	-0.84%	51,293	20.70%
신정동	목동삼성	420	30	1996-09	28	123,843	-1.54%	68,165	10.78%
신정동	목동현대3차	972	35	1997-07	27	143,647	-1.96%	81,083	8.47%
신정동	경남아너스빌	292	33	2004-06	20	119,064	-2.03%	84,716	19.24%
신정동	대림	210	29	1992-11	31	97,746	-3.14%	60,821	20.81%
신정동	목동현대3차	972	39	1997-07	27	160,384	-4.09%	80,052	1.66%
신정동	쌍용	270	28	1992-11	31	94,778	-4.40%	64,585	27.52%
신정동	쌍용	270	28	1992-11	31	94,755	-4.40%	64,498	28.06%
목동	목동성원	155	31	2000-06	24	114,888	-4.78%	70,721	10.83%
신정동	명지해드는터	205	33	2003-11	20	121,207	-4.86%	88,703	30.83%
목동	2차아이파크	111	32	2004-08	20	116,431	-5.45%	77,319	21.25%
신정동	목동2차삼성래미안	353	30	2001-11	22	115,142	-6.19%	67,269	8.68%
목동	삼익	277	24	1997-06	27	95,134	-6.30%	54,694	8.77%
목동	대원칸타빌1차	154	32	2001-09	23	131,130	-6.32%	80,243	16.92%
신정동	신트리1단지	997	24	1999-05	25	70,919	-6.87%	36,667	16.39%
신정동	목동2차삼성래미안	353	23	2001-11	22	90,064	-7.02%	46,837	12.41%
신정동	목동2차삼성래미안	353	22	2001-11	22	89,493	-7.02%	46,529	12.38%
신정동	신트리1단지	997	20	1999-05	25	61,053	-7.25%	33,041	10.52%
목동	롯데캐슬위너	1067	32	2005-06	19	118,866	-7.39%	70,287	5.52%
목동	목동금호베스트빌	495	22	2002-03	22	71,378	-7.53%	40,230	9.53%
목동	극동늘푸른	206	30	1998-10	26	91,882	-22.54%	64,349	10.66%

영등포구 3분위 단지

동	단지명	세대수	평형	입주월	년차	매매(증감률)		전세(증감률)	
여의도동	시범	1578	36	1971-12	52	264,543	24.90%	59,844	8.72%
당산동5가	성원	205	24	1997-10	27	88,325	6.42%	49,311	4.55%
당산동	강변래미안	801	23	2002-06	22	101,900	6.39%	54,532	3.68%
양평동3가	양평현대6차	770	22	2000-12	23	93,447	5.69%	52,817	23.38%
당산동5가	성원	205	30	1997-10	27	104,548	5.50%	61,620	5.45%
양평동1가	영등포중흥S클래스	308	35	2021-03	3	130,991	5.45%	80,096	-8.41%
영등포동	영등포푸르지오	2462	31	2002-05	22	113,107	5.31%	61,753	22.99%
신길동	신길우성1차	688	29	1986-09	38	103,138	5.00%	40,860	7.70%
당산동	래미안당산1차	348	39	1995-05	29	140,466	4.87%	72,223	11.54%
양평동3가	거성파스텔	532	23	1999-05	25	86,402	4.80%	52,416	14.72%
양평동3가	양평삼성래미안	388	30	1998-07	26	104,066	4.07%	57,998	12.95%
양평동2가	양평삼성래미안	388	21	1998-07	26	81,428	3.97%	47,840	21.38%
당산동3가	한양	338	25	1986-02	38	99,756	3.90%	49,812	3.52%
당산동4가	당산현대3차	509	31	1988-12	35	118,135	3.33%	61,147	15.75%
양평동5가	양평한신	1215	31	1996-04	28	111,956	2.81%	61,094	16.81%
신길동	신길삼성래미안	1213	22	2001-06	23	78,071	2.68%	43,825	9.12%
신길동	신길우성1차	688	24	1986-09	38	83,449	2.48%	34,441	-0.03%
양평동3가	현대2차	312	28	1990-08	34	104,197	2.33%	57,858	2.42%
영등포동	두산위브	271	23	2004-10	20	79,460	2.20%	51,133	24.17%
신길동	신길우성3차	477	21	1989-04	35	72,111	1.58%	33,496	10.37%
당산동4가	당산현대5차	976	39	2000-03	24	142,268	1.57%	88,842	7.93%
대림동	e편한세상영등포아넬포레	859	26	2020-07	4	101,779	1.03%	57,182	22.12%
당산동1가	진로	461	23	1997-08	27	88,528	0.28%	50,974	23.06%
양평동4가	삼호한숲	216	24	2000-02	24	84,838	0.03%	51,912	18.37%
신길동	더샵파크프레스티지	799	25	2022-11	1	102,982	0.00%	60,227	14.76%
신길동	힐스테이트클래시안	1476	19	2020-12	3	83,111	0.00%	45,790	13.13%
문래동3가	한신	367	29	1988-07	36	102,090	-0.02%	57,113	15.78%
영등포동8가	삼환	520	30	1999-05	25	111,032	-0.30%	74,323	21.89%
양평동3가	양평현대6차	770	30	2000-12	23	106,549	-0.58%	54,855	4.34%
영등포동7가	경남	600	23	1998-11	25	88,758	-0.78%	50,731	13.23%
양평동5가	동보	184	22	1998-10	26	80,970	-0.85%	48,972	17.03%
문래동3가	문래건영	141	23	1998-04	26	77,228	-0.88%	49,980	18.72%
문래동4가	문래동삼환	382	23	2001-09	23	80,767	-0.98%	46,123	16.38%
당산동3가	당산계룡리슈빌3단지	149	21	2014-11	9	77,124	-1.26%	52,132	16.43%
양평동1가	영등포중흥S클래스	308	24	2021-03	3	102,490	-2.65%	66,689	22.04%
당산동4가	금호	292	32	2002-09	22	117,717	-3.01%	76,751	24.76%
양평동4가	삼호한숲	216	24	2000-02	24	82,560	-3.39%	53,002	26.05%
당산동3가	삼익	176	23	1979-05	45	81,577	-3.49%	39,271	15.23%
신길동	신길자이	198	25	2011-06	13	87,252	-3.50%	50,945	17.22%
양평동3가	삼천리	179	30	2000-06	24	106,405	-3.61%	60,730	4.00%
신길동	삼환	1173	23	1997-05	27	86,602	-3.81%	50,652	23.14%
문래동6가	베어스타운	304	22	1997-05	27	79,227	-4.46%	50,041	13.81%

Insight

마포구 3분위 단지

동	단지명	세대수	평형	입주월	년차	매매(증감률)		전세(증감률)	
용강동	래미안마포리버웰	563	34	2015-02	9	233,816	32.70%	104,131	12.11%
마포동	쌍용	339	31	2000-08	24	119,528	11.44%	53,776	0.62%
도화동	도화현대1차	1021	27	1996-09	28	108,907	8.72%	55,154	32.54%
공덕동	래미안공덕4차	597	31	2005-11	18	147,983	8.34%	84,722	33.26%
창전동	해모로	447	31	2007-12	16	139,349	8.19%	74,851	20.14%
망원동	휴먼빌	210	24	2004-07	20	87,723	8.15%	52,590	14.73%
마포동	쌍용	339	24	2000-08	24	96,070	7.33%	46,032	7.53%
연남동	코오롱하늘채	466	30	2003-06	21	115,299	7.19%	50,468	-19.08%
성산동	월드컵아이파크1차	320	24	2009-03	15	90,130	6.44%	53,438	9.35%
창전동	창전동현대홈타운	243	32	2005-08	19	131,581	3.93%	76,938	31.34%
신수동	신촌삼익	391	22	1997-04	27	100,129	3.81%	52,445	7.96%
신공덕동	펜트라우스	588	33	2011-05	13	147,540	3.57%	86,814	9.82%
아현동	서서울삼성	208	20	1998-10	26	74,246	2.73%	40,767	-1.48%
도화동	현대홈타운	913	22	2000-03	24	101,403	1.34%	54,556	29.81%
도화동	도화현대	196	30	1998-09	26	115,233	1.23%	62,180	2.33%
도화동	도화현대	196	23	1998-09	26	94,307	0.87%	48,921	12.90%
창전동	창전동현대홈타운	243	24	2005-08	19	117,814	-0.07%	68,756	8.40%
공덕동	마포현대	480	29	1988-05	36	113,246	-0.08%	58,809	23.45%
도화동	도화현대1차	1021	30	1996-09	28	115,058	-1.15%	59,325	22.18%
창전동	서강쌍용예가	635	33	2007-11	16	138,457	-1.78%	76,481	15.77%
도화동	우성	1222	32	1991-03	33	127,966	-2.01%	53,017	20.54%
도화동	우성	1222	28	1991-03	33	111,574	-2.61%	51,559	27.65%
공덕동	공덕현대	183	29	1989-08	35	107,563	-2.64%	50,781	4.16%
도화동	도화현대1차	1021	21	1996-09	28	90,095	-3.15%	51,235	28.13%
도화동	한화오벨리스크	1288	23	2004-10	20	89,457	-3.75%	59,648	14.14%
공덕동	한화꿈에그린	192	33	2004-08	20	134,539	-4.02%	79,402	17.76%
현석동	강변힐스테이트	510	32	2004-02	20	137,268	-4.14%	73,789	9.38%
연남동	코오롱하늘채	466	22	2003-06	21	91,775	-5.71%	56,371	13.20%
도화동	우성	1222	23	1991-03	33	84,382	-9.25%	55,940	51.77%
공덕동	마포현대	480	23	1988-05	36	85,814	-17.08%	47,116	28.53%

송파구 3분위 단지

동	단지명	세대수	평형	입주월	년차	매매(증감률)		전세(증감률)	
잠실동	잠실주공5단지	3930	34	1978-04	46	310,094	25.97%	49,514	2.38%
풍납동	현대리버빌1지구	557	30	1999-11	24	120,724	7.38%	57,731	-10.65%
장지동	송파파인타운8단지	700	25	2008-10	16	109,728	6.99%	62,882	15.75%
풍납동	풍납현대	708	29	1995-11	28	125,612	5.37%	58,615	7.48%
장지동	송파파인타운6단지	564	32	2008-08	16	129,684	3.73%	62,599	7.93%
문정동	건영	545	27	1996-10	28	112,006	2.87%	50,556	12.80%
장지동	위례아이파크2차	495	36	2016-05	8	156,700	2.84%	83,638	11.59%
장지동	송파파인타운5단지	455	33	2008-08	16	137,396	2.65%	72,136	16.61%
가락동	가락가락쌍용스윗닷홈2차	492	30	1999-10	25	120,686	2.40%	59,714	-4.26%
장지동	위례꿈에그린	1810	35	2013-11	10	154,925	2.07%	75,859	22.09%
문정동	건영	545	29	1996-10	28	118,419	1.47%	48,569	1.39%
장지동	송파파인타운12단지	149	34	2011-01	13	135,720	1.23%	74,337	10.75%
장지동	송파파인타운9단지	796	26	2007-12	16	107,666	-0.73%	62,721	13.65%
장지동	위례꿈에그린	1810	31	2013-11	10	127,713	-1.85%	71,562	16.66%
가락동	프라자	672	29	1985-07	39	127,731	-3.64%	30,739	-30.17%
송파동	현대	243	24	1997-05	27	96,467	-4.88%	47,528	-4.89%
가락동	가락미륭	435	21	1986-11	37	90,780	-4.94%	34,089	1.57%
풍납동	동아한가람	782	21	1995-06	29	93,171	-5.50%	51,242	11.54%
가락동	가락미륭	435	26	1986-11	37	108,746	-8.46%	37,268	-12.75%
풍납동	풍납현대	708	25	1995-11	28	100,680	-12.46%	48,687	-3.51%
송파동	호수임광	227	20	1995-10	29	87,477	-14.58%	49,044	12.70%

광진구 3분위 단지

동	단지명	세대수	평형	입주월	년차	매매(증감률)		전세(증감률)	
광장동	광장힐스테이트	453	35	2012-03	12	198,478	7.38%	116,304	10.72%
자양동	한강성원	140	22	1997-08	27	98,637	8.50%	62,893	40.12%
자양동	우성2차	405	20	1989-07	35	86,441	4.80%	39,496	5.14%
구의동	래미안구의파크스위트	854	34	2018-09	6	149,118	4.68%	92,244	22.40%
광장동	금호베스트빌	242	30	2001-06	23	122,997	2.67%	74,003	12.89%
자양동	한강우성	355	30	1993-12	30	132,104	1.44%	73,562	23.96%
광장동	현대8단지	536	27	1995-03	29	110,077	1.42%	57,546	13.20%
자양동	대동	314	23	1999-03	25	96,444	-0.13%	54,873	15.78%
자양동	자양2차현대	235	30	1995-04	29	119,752	-1.02%	76,199	23.06%
자양동	우성1차	656	27	1988-09	36	114,445	-3.13%	54,808	12.94%
자양동	한강현대	204	29	1993-11	30	122,540	-4.49%	65,183	28.02%
광장동	청구	654	30	1996-07	28	131,876	-6.05%	70,788	8.08%
자양동	우성1차	656	22	1988-09	36	96,741	-6.56%	44,608	24.03%
광장동	삼성광장2차	195	26	1989-02	35	104,340	-7.73%	52,178	1.89%
자양동	로얄동아	322	22	1999-09	25	88,520	-8.00%	55,099	9.42%
구의동	래미안구의파크스위트	854	31	2018-09	6	130,611	-8.72%	83,062	14.89%
자양동	자양삼성	375	30	1999-04	25	128,728	-9.17%	70,042	14.76%
광장동	금호베스트빌	242	23	2001-06	23	93,953	-12.17%	60,030	18.68%
광장동	삼성광장2차	195	22	1989-02	35	90,920	-13.89%	44,197	7.90%

강동구 3분위 단지

동	단지명	세대수	평형	입주월	년차	매매(증감률)		전세(증감률)	
고덕동	고덕그라시움	4932	35	2019-09	5	198,527	40.57%	83,931	21.34%
길동	강동LG자이	596	33	2003-11	20	119,141	12.13%	57,129	-4.10%
고덕동	아남	807	29	1996-03	28	106,443	10.94%	50,225	4.87%
둔촌동	둔촌푸르지오	800	34	2010-03	14	126,242	8.95%	61,102	5.39%
둔촌동	둔촌푸르지오	800	34	2010-03	14	126,212	8.95%	61,110	6.01%
암사동	현대홈타운	568	34	2004-08	20	125,925	5.40%	65,033	25.56%
성내동	성안마을청구	349	23	2002-07	22	84,100	4.17%	47,723	11.59%
성내동	코오롱1차	257	30	1999-05	25	107,567	3.44%	61,229	8.12%
길동	길동우성	811	21	1994-10	30	70,880	3.25%	36,206	3.06%
명일동	삼익가든	768	28	1984-10	40	93,337	0.95%	37,969	-2.18%
천호동	천호우성	479	22	1985-02	39	70,141	0.86%	26,876	-0.76%
길동	삼익파크맨션	1092	19	1982-09	42	69,840	0.65%	21,004	-10.07%
명일동	삼익가든	768	28	1984-10	40	88,922	0.36%	36,355	-7.20%
암사동	삼성광나루	490	22	2002-11	21	87,420	0.08%	49,060	16.67%
성내동	성내e-편한세상1차	203	32	2003-11	20	102,072	-0.45%	58,312	7.01%
길동	삼익파크맨션	1092	31	1982-09	42	108,801	-1.16%	40,363	-3.37%
고덕동	아남	807	27	1996-03	28	95,657	-2.59%	48,208	11.55%
명일동	현대_명일	226	22	1988-10	36	69,762	-3.73%	43,770	23.90%
명일동	삼익가든	768	24	1984-10	40	81,643	-5.04%	32,842	4.80%
길동	삼익파크맨션	1092	26	1982-09	42	84,461	-6.22%	33,670	-0.84%
천호동	삼성	642	23	1997-05	27	76,701	-6.49%	44,744	9.36%
둔촌동	프라자	354	39	1984-12	39	129,171	-6.98%	48,971	-3.69%
천호동	현대	156	23	1990-05	34	82,910	-7.19%	39,291	7.29%
암사동	한강현대	417	26	1999-05	25	90,235	-8.29%	57,799	9.37%
천호동	천호태영	654	23	1999-11	24	80,686	-9.30%	50,749	21.66%
길동	삼익파크맨션	1092	24	1982-09	42	88,698	-9.48%	36,228	21.09%
천호동	강변그대가리버뷰	225	34	2007-02	17	111,914	-9.54%	63,734	10.91%
성내동	성내현대	277	24	1987-12	36	81,262	-9.65%	40,423	13.91%
상일동	중앙하이츠	410	28	1992-05	32	91,339	-10.04%	44,534	5.95%
천호동	강변그대가리버뷰	225	35	2007-02	17	111,608	-11.00%	63,749	10.91%
길동	삼익파크맨션	1092	20	1982-09	42	78,730	-13.00%	27,059	0.66%
길동	삼익파크맨션	1092	20	1982-09	42	78,220	-13.00%	26,871	0.61%
상일동	중앙하이츠	410	23	1992-05	32	77,659	-13.52%	38,201	-1.84%
고덕동	아남	807	25	1996-03	28	83,106	-17.47%	46,683	16.41%

서대문구 3분위 단지

동	단지명	세대수	평형	입주월	년차	매매	(증감률)	전세	(증감률)
북아현동	e편한세상신촌	2010	35	2017-03	7	170,699	19.49%	92,420	25.04%
충정로3가	충정리시온	348	18	2004-09	20	56,466	11.51%	38,720	6.74%
연희동	대우푸르지오	562	30	2002-07	22	93,169	10.56%	66,073	15.64%
남가좌동	래미안남가좌2차	503	25	2005-10	19	92,466	10.17%	54,568	24.22%
북가좌동	북가좌삼호	616	27	1996-02	28	78,065	9.62%	43,522	-2.78%
대현동	신촌럭키	854	23	1999-02	25	80,350	7.58%	40,436	8.13%
충정로3가	충정리시온	348	16	2004-09	20	48,367	3.80%	36,688	6.63%
남가좌동	래미안남가좌2차	503	34	2005-10	19	106,130	3.51%	64,416	11.10%
연희동	대우푸르지오	562	24	2002-07	22	80,911	2.48%	40,490	-6.36%
북가좌동	연희한양	660	20	1987-08	37	70,901	2.05%	39,502	17.52%
북가좌동	DMC아이파크	362	26	2009-03	15	85,012	-3.12%	54,124	25.00%
충정로3가	우리유앤미	108	33	2008-05	16	99,620	-4.45%	65,640	14.26%
북가좌동	연희한양	660	26	1987-08	37	80,324	-5.31%	43,238	13.60%
북가좌동	연희한양	660	32	1987-08	37	91,128	-9.92%	52,635	20.22%

2분위 투자 지역: 덜 오른 틈새를 찾아라

가치가 높다고 하면 두 말 할 필요 없는 2개의 구가 남아 있다. 이 구들의 틈새를 찾아 투자할 수 있다면, 상승은 시간문제일 뿐이다. 아파트 시세뿐만 아니라 땅 한 평의 가치도 꾸준히 상승할 것이므로, 느긋하게 실거주하며 기다리는 것이 좋다.

용산구 2분위 단지

동	단지명	세대수	평형	입주월	년차	매매(증감률)		전세(증감률)	
이촌동	한강맨숀	660	35	1971-03	53	394,269	5.78%	44,496	11.97%
한강로1가	용산파크자이	1305	37	2005-12	18	165,512	4.30%	94,531	16.21%
한강로2가	벽산메가트리움	976	33	2005-05	19	167,250	4.18%	81,093	20.68%
도원동	삼성래미안	1458	30	2001-08	23	138,998	3.95%	65,774	20.71%
원효로4가	강변삼성스위트	300	31	1999-12	24	138,891	2.83%	70,817	-1.96%
한강로2가	용산파크e-편한세상	146	31	2007-06	17	151,445	1.07%	78,365	20.36%
이촌동	동아그린	499	31	1999-05	25	145,249	1.02%	57,632	11.80%
한남동	한남아이파크애비뉴	280	19	2017-03	7	90,775	0.52%	60,738	9.61%
원효로1가	용산더프라임	559	35	2014-02	10	161,508	0.42%	86,154	-2.38%
효창동	용산KCC스위첸	199	34	2018-09	6	157,921	-0.74%	91,667	22.57%
용문동	브라운스톤	195	24	2011-07	13	108,236	-0.94%	62,865	32.28%
보광동	리버빌	242	23	2000-10	24	100,610	-1.96%	63,044	45.20%
문배동	CJ나인파크	390	33	2007-07	17	146,487	-4.44%	71,429	10.75%
문배동	아크로타워	288	31	2007-01	17	133,138	-4.45%	74,764	14.62%
서빙고동	금호베스트빌	172	33	2002-10	22	154,816	-5.72%	71,071	13.64%
한남동	한남동리첸시아	393	29	2004-04	20	136,826	-6.95%	74,777	4.72%
이촌동	동원베네스트	103	32	2005-11	18	146,403	-9.02%	65,315	29.92%
한남동	한남동리첸시아	393	15	2004-04	20	67,705	-9.21%	48,165	-0.78%
원효로4가	강변삼성스위트	300	22	1999-12	24	104,158	-18.39%	53,600	14.02%
이촌동	강변	146	20	1971-01	53	86,975	-19.05%	22,684	22.56%

동	단지명	세대수	평형	입주월	년차	매매(증감률)		전세(증감률)	
압구정동	현대4차	170	38	1977-07	47	609,437	21.54%	129,950	29.91%
역삼동	대림역삼	129	24	1997-10	27	146,292	5.86%	76,221	15.99%
수서동	동익	330	28	1993-11	30	164,366	5.00%	64,683	3.31%
도곡동	삼익	247	34	1983-06	41	187,061	3.65%	67,571	-1.62%
도곡동	도곡현대	210	31	1994-12	29	164,168	3.59%	74,501	2.18%
수서동	강남데시앙포레	787	25	2014-08	10	149,069	3.59%	73,656	14.67%
역삼동	금호어울림	183	31	2003-12	20	164,293	3.20%	86,565	8.88%
청담동	삼성청담공원아파트	391	32	1999-08	25	177,129	2.91%	94,989	7.56%
일원동	수서	2933	26	1992-11	31	133,207	2.34%	49,838	1.10%
수서동	까치마을	1404	17	1993-09	31	100,185	1.28%	36,996	12.05%
수서동	삼익	644	21	1992-10	32	124,264	0.68%	45,629	10.57%
도곡동	대림	197	29	1992-11	31	178,288	0.54%	87,036	19.62%
수서동	삼익	644	26	1992-10	32	141,902	-0.89%	53,650	14.02%
논현동	논현신동아파밀리에	645	16	1997-07	27	88,537	-1.14%	37,816	5.43%
도곡동	현대그린	171	29	2006-10	18	166,283	-1.78%	81,358	3.95%
청담동	삼성청담	217	26	1999-10	25	154,465	-1.93%	78,610	20.46%
논현동	동부센트레빌	160	32	2003-12	20	177,741	-2.62%	88,670	-6.61%
도곡동	도곡우성	390	29	1986-10	38	190,970	-2.69%	70,502	1.52%
청담동	삼성청담공원아파트	391	25	1999-08	25	156,532	-2.85%	68,295	-2.27%
세곡동	세곡푸르지오	912	25	2012-08	12	128,990	-3.07%	64,318	21.05%
수서동	수서한아름	498	34	1993-11	30	175,892	-3.38%	81,327	-3.51%
청담동	휴먼스타빌	191	15	2005-10	19	84,636	-6.07%	37,881	-18.22%
논현동	두산위브2단지	136	33	2004-06	20	170,524	-6.26%	87,848	-1.31%
논현동	논현신동아파밀리에	645	39	1997-07	27	206,587	-6.32%	117,073	30.27%
도곡동	경남	348	30	2005-06	19	196,646	-6.81%	89,206	1.38%
역삼동	대림역삼	129	34	1997-10	27	190,193	-8.46%	88,317	3.65%
청담동	현대아파트	214	29	1988-05	36	172,629	-8.70%	71,802	9.37%
역삼동	역삼2차아이파크	150	32	2008-12	15	211,528	-10.69%	118,781	19.10%

강남구 2분위 단지

성동구 2분위 단지

동	단지명	세대수	평형	입주월	년차	매매(증감률)		전세(증감률)	
성수동	트리마제	688	38	2017-05	7	385,756	19.44%	212,781	3.76%
행당동	신동아	636	23	1995-05	29	85,720	13.34%	43,718	22.09%
하왕십리동	청계벽산	1332	25	1996-06	28	98,643	12.73%	55,932	20.08%
행당동	행당브라운스톤	208	23	2005-09	19	103,170	11.26%	64,624	28.40%
마장동	대성유니드	248	23	2004-11	19	92,601	10.22%	55,248	25.50%
하왕십리동	청계벽산	1332	30	1996-06	28	105,125	9.67%	64,561	16.65%
행당동	행당브라운스톤	208	31	2005-09	19	120,934	9.51%	73,120	20.33%
응봉동	대림2차	410	23	1989-09	35	92,794	9.45%	43,072	20.45%
행당동	서울숲행당푸르지오	457	34	2011-05	13	133,964	7.25%	75,760	11.97%
금호동3가	두산	1267	23	1994-09	30	96,169	6.84%	49,640	15.63%
응봉동	서울숲리버그린동아	375	30	2003-06	21	135,990	5.51%	69,597	15.29%
하왕십리동	왕십리KCC스위첸	272	25	2016-04	8	106,388	5.02%	64,279	4.78%
마장동	삼성	430	25	1996-12	27	88,913	4.87%	52,532	20.33%
금호동4가	롯데	249	33	2003-01	21	128,693	4.67%	80,049	26.71%
금호동1가	금호삼성래미안	582	29	2001-10	23	133,511	2.53%	70,966	5.48%
성수동2가	우방2차	221	22	1999-12	24	93,261	2.20%	42,991	1.87%
성수동2가	우방2차	221	32	1999-12	24	117,080	0.96%	60,076	4.44%
금호동3가	금호1차푸르지오	336	31	2005-05	19	120,930	0.66%	74,016	26.56%
하왕십리동	왕십리KCC스위첸	272	33	2016-04	8	120,161	-1.53%	71,336	5.88%
마장동	신성미소지움	286	23	2004-06	20	84,921	-1.60%	44,934	2.37%
금호동1가	벽산	2918	30	2001-12	22	123,599	-1.76%	62,161	15.50%
하왕십리동	한신무학	480	21	1989-03	35	81,140	-1.88%	51,231	2.30%
성수동1가	동아그린	331	31	1999-06	25	122,847	-2.31%	62,059	1.55%
성수동1가	서울숲한양현대	168	30	1999-01	25	132,169	-2.44%	74,412	13.47%
하왕십리동	한진해모로	362	22	2001-06	23	78,213	-2.77%	50,127	5.50%
응봉동	서울숲리버그린동아	375	39	2003-06	21	156,147	-2.88%	95,543	5.54%
성수동1가	대우2차	283	23	1999-07	25	90,139	-3.04%	53,944	17.74%
금호동3가	금호한신	323	24	2005-07	19	97,783	-3.49%	54,463	10.68%
응봉동	금호현대	644	23	1990-09	34	86,368	-3.54%	43,355	24.71%
성수동2가	현대-PARK	656	32	2003-08	21	143,885	-4.72%	78,633	14.17%
옥수동	극동	900	31	1986-12	37	125,658	-5.30%	61,322	27.58%
금호동3가	두산	1267	29	1994-09	30	104,821	-6.01%	56,935	11.12%
옥수동	극동	900	28	1986-12	37	106,640	-6.15%	50,425	20.93%
마장동	세림	811	26	1986-12	37	90,963	-6.48%	35,869	-1.95%
성수동2가	신성미소지움	146	30	2001-12	22	138,470	-6.58%	58,126	-2.65%
옥수동	극동그린	583	23	1997-10	27	105,935	-6.58%	53,123	7.86%
행당동	두산위브	351	25	2009-12	14	115,297	-7.29%	68,099	20.19%
마장동	세림	811	17	1986-12	37	70,522	-7.90%	29,565	22.08%
성수동2가	금호타운2차	141	23	1997-08	27	96,405	-8.85%	55,724	10.44%
성수동1가	현대그린	219	20	1994-02	30	96,211	-8.90%	53,434	9.74%
금호동1가	금호삼성래미안	582	39	2001-10	23	140,297	-9.30%	76,285	-4.57%
옥수동	극동	900	24	1986-12	37	97,479	-9.37%	41,845	14.96%
성수동1가	대우2차	283	30	1999-07	25	127,872	-10.50%	70,592	15.48%

제3장

재건축·재개발 투자 트렌드

by 오래임장

1·10 대책과 8·8 대책

2024년 부동산의 핫 이슈는 공사비 상승이다. 공사비 갈등으로 시공사 선정이 불발되거나, 공사가 중단되는 등, 재개발·재건축 사업은 잇따라 '삐걱' 소리를 내고 있다.

2024년 서울의 평균 공사비는 이제 평당 850만원으로, 34평 아파트를 지으려면 최소 5억 원 이상 든다. 이런 건축원가 상승은 사업성을 떨어뜨렸고, 공사비 부담이 커지면서 시공자를 찾기가 힘들어지고 있다. 그 결과, 재개발·재건축 사업은 계속해서 어려움을 겪고 있으며, 수도권 신규 주택 공급 부족 문제는 더욱 심화하고 있다. 이는 1기 신도시의 재건축에도 동일한 영향을 미치고 있다.

이를 해결하기 위해 정부는 2024년 '1 · 10 대책'과 '8 · 8 대책'을 발표했다. 1 · 10 대책은 주택 공급 확대, 재건축 규제 완화, 건설 경기 활성화를 목표로 하며, 특히 재건축 패스트트랙 도입과 노후도 요건 완화가 핵심 내용이다. 8 · 8 대책은 정비사업 활성화와 3기 신도시 공급 등을 통해 약 42만 7,000호의 신규 주택을 공급할 계획을 담고 있다.

2024년 정부의 정비사업 활성화 방안

이는 크게 3가지로 나눠볼 수 있다.

첫째로, 재개발 · 재건축 사업 가능 요건 개선이다.

현재 재개발사업의 경우 노후도 요건을 3분의 2 이상(67%)을 충족해야 한다. 특히 주거환경개선사업이나 재개발사업에서 공유토지의 경우 공유자 전체가 동의해야 하기 때문에 사업추진이 어려웠다. 이를 개선하기 위해 개정안에서는 재개발 노후도 요건을 60%로 완화하고, 재정비촉진지구와 모아타운의 경우 50%로 완화했다.

구역 지정 요건을 충족하기 위해서는 필수적으로 면적 1만㎡ 이상과 노후 동수 60% 이상을 충족해야 한다. 선택 요건으로는 과소필지 40% 이상, 주택접도율 40% 이하, 호수밀도 1헥타르당 60호 이상, 노후 연면적

60% 이상 중 하나를 만족해야 한다.

여기서 주택접도율이란 건축법상 도로에 해당하는 폭 4m 이상의 도로에 접도길이 4m 이상 접한 대지의 건축물 비율을 말한다. 이는 정비기반시설의 부족 여부를 판단하기 위한 지표로 설정한 것인데, 문제는 현행 조례에 따라 필수요건을 충족했음에도 4m 이상 도로에 맞닿은 대지가 60%를 초과하는 경우 기반시설이 양호하다고 판단해 재개발을 허용하지 않았다는 것이다.

이에 개정안에서는 소방차 진출입로 확보나 불법 주정차 문제 등 최근의 여건 변화를 반영해 재개발사업이 가능한 지역이 확대될 수 있도록 주택접도율의 도폭 기준을 6m 이상으로 완화했다. 이렇게 노후도 및 접도율 규정 완화로 재개발 가능 검토 면적은 484만㎡에서 1,190만㎡로 약 2.5배 증가할 것으로 예상된다. 이는 정책 시행령 개정만 필요한 부분이기에 이미 개정이 끝났다.

두 번째는 계획통합처리다.

이는 2024년 정부가 발표한 부동산 대책 중 하나로 정비사업의 속도를 높이기 위한 중요한 조치다. 이 제도는 사업 추진 과정에서 필요한 절차를 간소화하여 사업의 효율성을 높이려는 목적을 가지고 있다. 재건축 패스트트랙은 2024년 부동산 대책의 핵심 내용 중 하나로, 재건축 절차를 간소화하고 사업 기간을 단축하기 위해 도입된 제도다.

현재 재건축 사업의 첫 번째 관문은 안전진단이다. 그러나 기존에는 노후 건축물이라 하더라도 안전진단에서 D등급 이하를 받지 않으면 재건축사업에 착수할 수 없었다.

하지만 이 법안이 통과되면, 준공 30년 이상 된 아파트는 안전진단 절차 없이 재건축 추진위원회 설립, 정비계획 수립, 조합설립을 동시에 진행할 수 있게 된다.

즉, 안전진단 실시 시기를 '사업계획 입안 전'에서 '사업계획인가 전'으로 미룬 것이 핵심이다. 이 법안은 2024년 9월 26일 국회 국토교통위원회를 통과했고, 법안이 본회의를 통과해 공포되면 재건축사업 기간은 최대 3년 단축될 것이다.

또한, 기존 「도시정비법」을 개정하는 대신, 별도로 「재건축·재개발촉진법」을 제정해 정비사업의 속도와 효율성을 높이는 데 초점을 맞추고 있다. 주요 내용은 기존에 분리돼 있던 사업시행인가와 관리처분계획을 동시에 처리할 수 있도록 절차를 단순화하고, 사업 기간을 단축시키는 것이다. 이 법안은 국회 통과를 앞두고 있다. 1·10 대책에서 도입된 재건축 패스트트랙(안전진단 완화)과 함께, 재건축·재개발 촉진법이 통과되면 6년을 단축할 수 있을 것이다.

특례법 제정안과 함께 제출된 도시정비법 개정안에는 재건축사업의 조합설립 동의 요건을 전체 구분소유자 75%에서 70%로 낮추는 내용이 담겨 있다. 또한 동별 동의 요건은 기존의 50%에서 33.3%로 완화돼 사업

부트2025: 부자되는 트렌드

착수 요건도 낮아졌다.

이때 상가는 전체를 1개 동으로 간주하기 때문에. 조합을 설립하려면 이 상가 전체 소유자의 50% 이상의 동의가 필요하다. 이는 상가 비중이 높은 사업장이나 통합재건축을 추진하는 1기 신도시 등 노후 계획도시에서 발생할 수 있는 갈등을 사전에 방지하고 사업을 신속히 추진할 수 있도록 하는 의도가 엿보인다.

셋째, 용적률 완화와 임대주택 비율 축소를 통한 사업성 강화다.

1·10 대책과 달리 8·8 대책은 사업성 재건에 대한 방안이 나온다. 이에 따르면 재건축·재개발사업의 용적률 기준을 완화하여 현행 규제보다 10% 추가로 상향할 수 있다. 또한 공공 및 민간 재건축사업에서 의무적으로 공급해야 하는 임대주택 비율은 축소된다. 이렇게 되면 일반분양 물량이 많아져서 사업성 향상에 중요한 영향을 준다. 그리고 재건축사업 속도 저하의 원인으로 꼽히는 초과이익환수제(재초환)를 폐지하는 방안을 추진하고 있다. 참고로 이는 재건축으로 발생하는 초과 이익에 대해 일정 비율을 환수하는 제도다.

2024년 재개발·재건축시장은 정부의 적극적인 정책 변화와 공사비 상승 등 상반된 요인들이 맞물린 시기였다. 정부는 주택 공급 확대와 시장 안정화를 목표로 다양한 대책을 발표했으나, 공사비 상승 및 입주물량 감소 등 시장의 불확실성이 여전히 존재한다. 그러나 재건축 패스트트랙과

재건축 · 재개발촉진법 등 정책이 본격적으로 실행되면 사업성 개선으로 정비사업의 속도가 더욱 빨라질 것으로 기대한다.

전세가 롤업

: 전세계약갱신청구권 만료와 금리 인하

2024년 하반기 수도권 부동산시장은 여러 요인에 의해 중요한 전환점을 맞이할 것으로 예상한다. 지난 1~3분기 동안 서울의 강남 3구와 용산구 아파트 가격은 가장 먼저 상승세를 보였으며, 그 뒤를 이어 성동구, 마포구, 강동구 5분위 아파트 가격도 전고점을 넘었다. 반면 경기도와 인천, 그리고 지방에서는 보합 또는 가격 하락이 지속돼 지역 간 차별화가 더욱 뚜렷해지고 있다. 이에 따라 2024년 하반기는 이미 가격이 상승한 서울보다는 상대적으로 상승폭이 작은 수도권 지역에서 반등이 기대된다.

수도권 부동산 가격 반등의 중요한 요소는 전세가의 변화다. 2020년 7월에 시행된 임대차 2법은 계약갱신청구권과 전월세상한제를 포함하며, 세입자는 이를 통해 기존 계약기간을 총 4년까지 연장할 수 있었다. 따라서 갱신 시 전월세 인상률은 최대 5%로 제한되지만, 해당 계약이 만료됨에 따라 수도권 부동산시장에 중대한 변화가 예상된다. 2024년 7월 첫 만기 시점에 도달한 전월세 수는 1만 3,169가구로 올 하반기까지 합치면 총 6만 4,309가구에 이른다. 계약갱신청구권이 만료되면, 기존 전세금을 유지하기 어려운 임차인들은 갱신 시점에서 전세금 재협상이 필요하며 이때 전세금 상승 가능성이 크다. 이러한 수요 증가가 전세시장의 공급 부족과 결합해 전세가 상승을 초래할 수 있으며 이는 매매가격 상승으로도 이어질 수 있다.

금리 인하도 이러한 변화에 중대한 영향을 미칠 수 있다. 최근 미국의 인플레이션이 둔화하며 제롬 파월 연준 의장은 지난 잭슨홀 심포지엄에서 "정책 조정의 시기가 도래했다"고 언급하며 금리 인하 가능성을 강하게 시사했다. 미국의 기준금리는 2023년 7월 이후 5.5%로 동결된 상태로 유지되고 있지만 연준은 이달 본격적으로 정책금리 인하를 단행할 것으로 예상한다. 이에 발맞춰 국내 은행들도 예금 상품의 금리 인하를 준비하고 있다. 현재 한국 기준금리는 2023년 2월부터 동결돼 3.5%를 유지하고 있다.

인플레이션, 금리 인하, 그리고 전세가 사이에는 밀접한 상관관계가 존재한다. 이들 요소는 서로 영향을 주고받으며 경제 전반, 특히 부동산 시장에서 중요한 역할을 한다.

먼저, 금리 인하와 인플레이션의 관계를 살펴볼 필요가 있다. 금리 인하는 경제를 자극하기 위한 중앙은행의 주요 정책 도구 중 하나다. 금리가 인하되면 은행 대출금리가 낮아져 개인과 기업이 자금을 빌리기 쉬워진다. 이는 소비와 투자를 촉진하여 경제 활동을 활발하게 만든다. 경제 활동이 활성화되면 수요가 증가하고, 그 결과 상품과 서비스의 가격이 상승할 수 있다. 이는 바로 인플레이션으로 나타난다.

이처럼 금리 인하는 경제 성장을 촉진하는 동시에, 인플레이션을 자극하는 요인으로 작용한다. 그러나 이것이 과도할 경우 중앙은행은 이를 억제하기 위해 금리를 다시 인상하는 전략을 택할 수 있다. 따라서 금리 인하가 초래하는 경제적 효과는 인플레이션과 밀접하게 연결돼 있으며 두 요소는 상호 보완적이면서도 상충하는 관계다.

다음으로, 금리 인하가 전세가에 미치는 영향을 알아보겠다. 금리가 낮아지면 대출 이자율도 낮아지므로 주택 구매를 위한 자금 조달이 용이해진다. 이는 전세 수요를 자극할 수 있다. 예를 들어, 금리가 낮아지면 사람들이 대출을 통해 실거주할 주택을 구매할 가능성이 커지며 이에 따라 전세 공급이 줄어들 수 있다. 이에 전세 세입자들도 주택 구매를 고려하게 돼, 전세시장에서 매매시장으로 이동할 가능성이 높아진다. 이는 전세가의 상승 압력을 더욱 높일 수 있는 요인으로 작용한다. 또한 금리 인하로 인해 부동산을 투자 대상으로 삼는 사람들이 늘어날 경우 임대시장에서 전세가격이 상승할 가능성도 있다. 이는 투자자들이 전세 세입자를 대상으로 한 수익률을 극대화하기 위해 전세금을 인상할 수 있기 때문이다.

마지막으로, 인플레이션과 전세가의 관계도 중요하게 다루어야 한다. 인플레이션이 발생하면 물가가 전반적으로 상승하는데, 전세가격도 예외는 아니다. 생활비와 주거비가 함께 상승하면서 임대인들은 이를 반영하여 전세가를 높인다. 더불어, 인플레이션으로 인해 전세가격이 상승하면 전세가율(주택 매매가 대비 전세가 비율)이 높아진다. 전세가 상승이 심화하면, 일부 임차인들은 전세 계약을 갱신하기보다는 매매로 전환할 가능성이 커진다. 이는 아파트 매매 가격의 상승을 가속할 수 있으며, 특히 수도권에서 이러한 현상이 더욱 두드러질 것이다. 이처럼 금리 인하는 경제와 부동산시장을 활성화하면서 인플레이션과 전세가 상승을 촉발할 수 있다.

또한, 최근 수도권에서 발생한 빌라 전세 사기는 아파트 전세 수요 증가의 중요한 요인으로 작용하고 있다. 빌라 전세 사기 사건이 빈번해지면서 임차인들 사이에서는 불안감이 커졌고, 상대적으로 안정적인 아파트 전세를 선호하는 경향이 더욱 두드러지고 있다. 국토부에 따르면, 전세 사기 피해자는 총 1만 2,928명에 이르며, 이 중 63.7%가 수도권 거주자다. '빌라 전세 포비아' 현상이 확산하면서 임차인들은 전세가율이 상대적으로 낮은 아파트 전세를 선호하게 됐고, 수도권 아파트 전세 매물이 소진되는 속도가 가속될 것이다.

입주 물량 감소 문제도 심각하다. 서울의 평균 연간 입주 물량은 4만 채지만 올해는 2만 8,664채에 그치고, 2025년에는 3만 1,365채로 줄어들 것으로 보인다. 경기도는 더욱 급감하여 올해 입주 물량이 11만 6,595

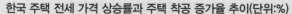

한국 주택 전세 가격 상승률과 주택 착공 증가율 추이(단위:%)

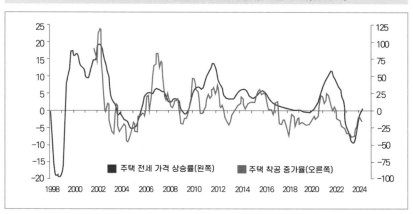

■ 주택 전세 가격 상승률(왼쪽)　　■ 주택 착공 증가율(오른쪽)

(출처 : 한국은행, KB부동산, 프리즘투자자문)

채에서 2025년에는 7만 가구로 줄어들 것으로 예상한다. 이처럼 서울과 수도권의 신규 주택 공급 감소는 전세시장의 공급 부족을 가중해 전세가 상승 및 매매 수요로의 전환을 유도하고 있다. 하지만 상대적으로 공급이 많은 지방에서는 이러한 효과가 나타나지 않고 있다.

결론적으로, 전세계약갱신청구권의 만료와 금리 인하는 부동산시장의 중요한 전환점이다. 수도권에서의 전세가 상승은 매매시장을 자극하여 가격 상승으로 이어질 가능성이 크며, 이는 향후 부동산시장 동향을 예측하는 데 중요한 시사점을 제공한다.

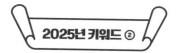

공사비 인상

부동산시장은 주기적으로 등락을 거듭했지만, 장기적 관점에서 지속적으로 상승했다. 가격 상승의 주요 원인은 일자리가 풍부한 도시로의 인구집중화, 전세가 상승, 개발 규제, 그리고 건설비 상승 등이 복합적으로 작용한다. 특히 서울은 2022년 매매지수 하락 후 다른 지역에 비해 빠른 반등과 가파른 상승세를 보이며 전고점을 넘은 단지들이 속출하고 있다. 경제적, 사회적 중심지인 서울 주거 공간에 대한 수요 급증은 똘똘한 1주택으로 이어져 서울과 지역별 양극화가 심해졌으며 이에 따라 공급 부족 현상이 심화하고 있다.

지난해 주택 공급 실적은 인허가를 기준으로 38만 9,000가구로, 이는 2005년부터 2022년까지의 연평균 대비 약 74.2%에 해당한다. 이 중 준공된 주택은 31만 6,000가구로, 연평균 대비 73.9% 수준이지만 착공된 주택 수는 20만 9,000가구에 그쳐, 연평균의 절반에도 미치지 못하는 47.3%로 나타났다. 그중 수도권 전체의 공급 계획은 26만 가구였으나, 실제로는 18만 가구가 공급돼 목표의 69.4%에 그쳤다. 특히 서울의 상황은 더욱 심각했는데, 지난해 공급이 계획된 8만 가구 중 2만 6,000가구만이 인허가를 받았으며, 착공된 주택수는 2만 1,000가구로 목표치의 약 32.5%에 불과하다. 이러한 지표들은 서울의 주택 공급이 매우 제한적임을 보여주며, 이는 향후 주택시장의 공급 부족 문제를 더욱 악화시킬 가능성이 높다.

공급이 수요를 따라잡지 못하면 아파트 가격은 추가로 상승할 것으로 보이며, 이러한 추세는 2025년 지역별·분위별 갭을 메우며 지속할 것으로 예상된다. 주택시장의 불안정이 더욱 심화하는 상황에서 주거 환경을 개선하고 아파트 가격 상승을 억제하기 위한 중요한 해결책으로 정비사업이 떠오르고 있다.

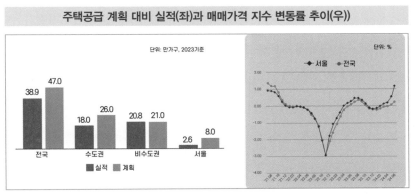

주택공급 계획 대비 실적(좌)과 매매가격 지수 변동률 추이(우))

(자료: 국토연구원)

정비사업 활성화는 공급 부족 문제를 완화하고, 장기적으로 안정적인 주거 환경을 조성하는 데 중요한 역할을 할 것이다. 노후화된 아파트 단지와 기반 시설은 재건축을 통해 현대화하여 안전한 주거 공간을 제공할 것이며, 주민들의 생활 품질을 개선하고 지역 경제 활성화에 긍정적인 효과를 가져올 것이다. 또한 최신 건축 기술과 에너지 효율성을 도입해 환경적 혜택도 기대할 수 있으며, 이는 지속 가능한 도시 발전에 기여할 것이다. 그러므로 우리는 재건축시장의 기회를 주목해야 한다.

그러나 과거와 달리 최근 몇 년간 정비사업 공사비는 급격히 상승하고 있다. 이는 주택시장에 중대한 영향을 미쳤으며, 특히 대도시 이하 중소형 도시와 사업성이 떨어지는 아파트 단지는 그 여파가 더욱 두드러졌다.

2000년대 초반, 평균 공사비는 3.3㎡당 약 200만 원대였다. 예를 들어, 서울 강남구 대림아파트 재건축 단지에서는 3.3㎡당 공사비가 약 230만 원에 불과했다. 이 시기 공사비가 낮은 이유는 건축 자재비와 인건비가 현재에 비해 상대적으로 저렴했기 때문이다. 당시 시장 상황은 안정적이었다. 주택 수요는 계속 증가했지만, 공사비는 비교적 안정세를 유지했다.

그러나 2010년에 접어들면서 공사비는 큰 폭으로 상승하기 시작했다. 2010년대 초반 평균 공사비는 3.3㎡당 약 400만 원대에 이르렀고, 서울 강남구 개포동의 개포주공2단지에서는 3.3㎡당 약 455만 원의 공사비가 소요됐다. 이는 원자재 가격 상승과 인건비 증가가 복합적으로 작용한 결과다. 2015년에는 공사비가 더욱 상승해, 평균 3.3㎡당 약 500만 원대로 증가했다. 서울 강남구 개포동의 개포주공1단지의 경우, 공사비가 3.3㎡ 당 약 527만 원에 이르렀다. 이 시기 공사비 상승은 많은 재건축 단지에서 공사가 진행되면서 더욱 두드러졌다.

2022년에는 공사비가 더욱 가파르게 상승해, 평균 3.3㎡당 약 606만 5,000원에 달했다. 송파구 가락상아1차는 3.3㎡당 705만 원, 서초구 방배신동아에서는 3.3㎡당 732만 원이다. 2023년에는 공사비가 평균 3.3㎡당 670만 원 이상으로 치솟았다. 특히 서초구 방배삼익아파트와 잠실진주아파트는 공사비 상승의 대표적인 사례로, 두 단지의 공사비는 각각 약 754만 원과 811만 원에 달한다. 방배삼익아파트에서도 비슷한 상황이 발생하여, 2020년 DL이앤씨와 시공사 계약 체결 당시 공사비를 3.3㎡당 546만 원에서 2023년 4월 621만 원으로 한 차례 인상했다. 그러나 최근 DL이앤씨가 810만 원을 제시하며 조합과 갈등을 겪었고 최종적으로 공사비를 754만 원에 합의했다. 이렇게 다양한 경제적 요인으로 계약 이후에도 공사비가 조정되는 사례가 빈번하게 발생한 점도 주목할 만하다.

공사비가 수직 상승하는 현상은 2024년에 들어서며 두드러지고 있다. 강남구 도곡동의 도곡개포한신은 3.3㎡당 920만 원으로 책정됐으며, 이는 최근 공사비 인상 추세를 반영하고 있다. 특히 초기 시공사 선정 과정이 순탄치 못했던 서울 서초구 잠원동 신반포27차는 최초 공사비가 908만 원으로 공고됐지만, 유찰돼 3.3㎡당 958만 원으로 증액 후 시공사를 SK에코플랜트로 선정했다. 더욱이 반포 한강변 재건축이지만 일반분양 없이 1

대 1 재건축을 추진하는 신반포18차 337동(동별 재건축)은 공사비가 958만 원으로 인상됐다. 이때 전용 111㎡를 보유한 조합원이 97㎡로 면적 3평을 줄일지라도 분담금이 무려 12억 원이 넘는다. 신반포22차는 2017년 현대엔지니어링을 시공사로 선정하고, 공사비를 3.3㎡당 569만 원으로 도급계약을 체결했다. 하지만 착공을 앞둔 지난 4월(2배)가 넘는 1,300만 원으로 계약을 변경했다.

이렇게 예상하지 못한 비용 증가를 반영한 공사비 조정 사례는 앞으로도 계속 발생할 가능성이 크다. 3.3㎡당 공사비가 1,000만 원일 경우 국민평형으로 불리는 전용 84㎡ 아파트를 건축하는 데 드는 순수 건축비는 약 5억 5,000만 원이다. 이는 주택시장에 대한 부담을 더욱 가중시키고, 공급 부족 문제를 심화시키는 주요 요인으로 작용할 전망이다. 공사비 상승은 재건축 단지의 비용 증가뿐만 아니라, 주택 가격 상승으로 이어져 시장 전반에 영향을 미치고 있다. 이러한 경향은 향후에도 지속할 가능성이 높다.

2024년은 건설경기 악화와 공사비 증가로 재건축 사업의 양극화가 심화하고 있다. 특히, 대도시 이하의 중소형 단지들은 시공사 선정에 난항을 겪거나, 계약을 체결하더라도 공사비 급등으로 수익성이 약화돼 재건축 추진이 어려운 실정이다.

이러한 상황에서 투자를 고려할 때, 대단지나 일반분양 물량이 많은 사업성 높은 단지를 선별하는 것이 중요하다. 특히, 주변 시세와 분양가격이 높은 좋은 입지의 단지에 집중해야 한다. 이러한 단지들은 사업성이 높아 재건축 성공 가능성이 크기 때문에 투자 가치가 높다고 할 수 있다. 그러나 좋은 입지의 단지들은 대체로 투기과열지구에 속해 있는 경우가 많아 단순한 투자 목적보다는 실거주를 기반으로 한 투자가 필요하다. 이를 통해 규제를 피하면서도 장기적으로 안정적인 수익을 기대할 수 있다.

결론적으로, 재건축 사업의 양극화가 심화하는 상황에서는 철저한 분석과 신중한 선택이 필수적이다. 특히 좋은 입지의 단지를 실거주와 함께 고려하는 전략이 필요하다. 또한, 한강을 따라 개발되는 아파트지구 및 1기 신도시 개발에 대한 전략적인 투자 계획을 세우는 것이 중요하다. 이러한 지역들은 입지적 장점과 개발 가능성을 동시에 갖추고 있어, 장기적 관점에서 높은 수익을 기대할 수 있는 유망한 투자 기회를 제공할 것이다.

올해 서울 아파트시장에서 준공 20년 이하 아파트는 지난 3월 반등에

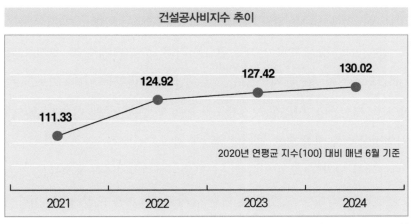

건설공사비지수 추이

111.33 (2021)
124.92 (2022)
127.42 (2023)
130.02 (2024)

2020년 연평균 지수(100) 대비 매년 6월 기준

(자료 : 한국건설기술연구원)

성공했지만, 준공 20년을 초과한 구축아파트는 같은 기간 동안 −0.08%의 하락세를 기록하며 부진을 면치 못했다. 이렇게 재건축 아파트의 인기가 예전 같지 않았던 이유는 급등한 자재비와 인건비로 인한 공사비 상승, 이에 따른 조합원 분담금 증가가 주 요인으로 작용했다. 또한, 초과이익환수금과 지속되는 고금리도 재건축 사업에 대한 기대감을 크게 낮췄다.

이러한 문제를 해결하기 위해 서울시는 재건축 관련 규제 완화에 적극 나섰다. 지난 5월, 서울시는 '2030 서울특별시 도시·주거환경정비기본계획'을 발표하며, 재건축 사업의 활성화를 위해 '사업성 보정계수' 도입과 '용적률 규제 완화'를 핵심으로 하는 다양한 방안을 제시했다.

강남과 강북의 분양가가 다르기 때문에, 동일한 용적률로는 지역별로 사업성에 차이가 생긴다. 이를 보완하기 위해 적용되는 것이 사업성 보정계수다. 이는 서울시 평균 공시지가를 재개발·재건축이 진행되는 구역의 평균 공시지가로 나눈 값으로, 지가가 낮은 지역에는 최대 2.0까지 적용할 수 있다. 이를 통해 허용 용적률 범위를 기존 10~20%에서 20~40%로 확대하고, 재건축 과밀단지의 경우 기부채납 없이 현황용적률을 확보할 수 있도록 개선했다. 사업성 보정계수가 높아지면 분양주택 비율이 증가해 사업성이 더욱 커진다.

용적률 규제도 크게 완화됐다. 제1종일반주거지역의 용적률은 기존 150%에서 200%까지 상향됐고, 높이 규제도 필로티를 포함해 4층 이하에서 6층 이하로 완화됐다. 제2종일반주거지역의 용적률도 기존보다 10%

포인트 높아져 기준 용적률 대비 허용 용적률이 20%로 높아졌다. 준공업 지역은 법정 최대 용적률인 400%까지 허용됐다. 그밖에 재건축 관련 공공 기여 비율을 10%로 고정해 사업성 하락을 방지하고, 개발 사각지대에도 공공 지원과 인센티브를 확대해 재건축을 촉진한다. 이에 재건축시장의 활성화가 예상된다.

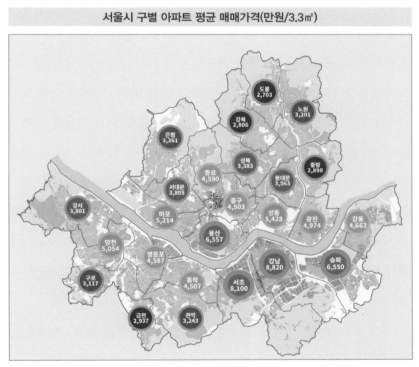

서울시 구별 아파트 평균 매매가격(만원/3.3㎡)

도봉 2,703
노원 3,201
강북 2,806
은평 3,361
성북 3,383
중랑 2,898
종로 4,590
서대문 3,805
동대문 3,563
중구 4,503
강서 3,801
마포 5,214
성동 5,428
광진 4,974
강동 4,663
양천 5,054
용산 6,557
영등포 4,587
강남 8,820
송파 6,550
구로 3,117
동작 4,507
서초 8,100
금천 2,937
관악 3,243

(자료: KB국민은행 주택가격 동향)

재건축·재개발 투자 트렌드 by 오래임장

아파트 14개 지구 (한강변을 따라 14만 9,684세대)

1970년대 서울의 급증하는 인구를 수용하기 위해 아파트지구 11곳이 처음 지정됐고, 이후 18개 지구로 확대돼 221개 단지에 약 15만 가구가 공급됐다. 이러한 아파트지구는 여의도, 이촌, 원효, 서빙고, 이수, 반포, 서초, 압구정, 아시아선수촌, 잠실, 가락 등 주요 한강변에 있다.

'아파트지구'는 과거 초등학교를 중심으로 인구, 면적, 공공시설 등의 규모를 결정하는 '근린주구이론'을 토대로 한다. 이 이론은 지역 주민의 생활 편의를 고려하여 주거지, 상업지, 공공시설 등이 조화를 이루는 자족적 커뮤니티를 형성하는 것을 목표로 한다. 또, 각 근린주구가 자체적으로 필요한 서비스를 제공하고, 주민들이 일상생활을 영위할 수 있도록 설계됐다. 그러나 이러한 접근 방식은 용지 중심의 토지 이용과 자족적 주거단지 조성으로 주변 지역과의 단절을 초래할 수 있으며, 재건축 추진 시 「도시 및 주거환경 정비법」과의 부정합 등 여러 한계가 제기돼 왔다.

이러한 문제를 해결하려고 2003년에는 아파트지구가 용도지구 분류에서 삭제됐고, 아파트지구 내 재건축 정비계획 수립 과정에서 도시관리계획 부문이 '지구단위계획'으로 전환돼, 용적률, 높이, 용도 등을 유연하게 적용할 수 있게 됐다.

현재 서울시에는 강남구 압구정동, 서초구 반포동, 여의도 여의도동, 송파구 잠실동 등 총 18개 아파트지구가 있다. 서울시 면적의 2%에 걸쳐

서울시내 아파트지구 현황 (2024년 말 기준)

지구명	면적(m²)	지정년도	지구 명	면적(m²)	지정년도
가락	117,715	1979	여의도	550,734	1976
반포	2,694,626	1976	원효	27,117	1976
서빙고	816,003	1976	이수	81,633	1976
서초	1,187,273	1976	이촌	44,910	1976
아시아선수촌	183,195	1983	잠실	2,347,112	1976
암사 · 명일	539,894	1979	청담 · 도곡	1,064,794	1976
압구정	1,151,188	1976	화곡	384,517	1976

조성된 아파트지구는 한강변의 주요 입지에 위치하기에 재건축 연한이 돌아오는 아파트지구에 주목해야 한다.

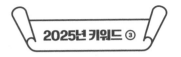

압구정 재건축

압구정동은 1970년대 말 영동지구 개발의 하나로 아파트지구로 지정됐다. 영동지구 개발은 강남구 일대 개발을 촉진하기 위해 대규모 주택 공급을 목표로 하고 계획됐다. 그러나 1976년 준공된 현대1·2차 등을 중심으로 대형 면적의 고급 아파트 분양이 성공했고, 재계와 정·관계, 연예계 인사들까지 모여들며 압구정은 국내 최고 부촌으로 거듭났다.

압구정 아파트지구는 개발 초기 단순히 주택 공급에 초점을 맞추었으나, 점차 주민의 필요에 맞춘 생활 인프라가 조성됐다. 아파트지구 내에 초등학교와 중·고등학교 같은 교육 시설, 상업시설, 공원 등 다양한 편의 시설이 함께 개발됐다. 이는 주민들이 자족적인 생활을 영위할 수 있는 기반을 마련했고 지역 사회의 유대감을 강화했다.

이러한 생활환경은 다른 지역과의 차별성을 부여하며, 압구정은 단순한 주거지가 아닌 지역 주민들이 필요로 하는 모든 생활 인프라를 갖춘 자족적 공간으로 변모하게 됐다. 이는 강남구가 경제와 문화의 중심지로 자리 잡는 데 중요한 역할을 했다.

그러나 시간이 지나면서 건물의 노후화가 심각한 문제로 대두됐고, 이를 해결하기 위해 서울시는 압구정 특별계획구역을 확정했다. 압구정 재건축은 1976년 준공된 현대1·2차 등을 중심으로 한 현대, 한양, 미성아파트 등이 포함돼 있다. 압구정동은 일찍이 재건축 연한을 충족했지만, 35층 규제와 기부채납 15% 등 여러 사항으로 재건축 사업 추진이 더뎠다. 하지만 '6·17 대책'의 일환인 '재건축 2년 실거주 의무' 규제를 피하려고, 조합 설립이 서둘러 진행됐다. 또한 2021년 재보궐선거로 당선된 오세훈 서울시장이 한강변 50층 재건축 사업을 시작하며 서울시 지구단위계획에 따라 총 24개 단지를 6개 특별계획구역으로 나누어 재건축이 진행되고 있다. 각 구역은 1구역(미성1·2차), 2구역(현대9·11·12차), 3구역(현대1~7차, 현대10·13·14차, 대림빌라트), 4구역(현대8차, 한양3·4·6차), 5구역(한양1·2차), 6구역(한양5·7·8차) 등으로 구성됐다.

이 중 압구정 2·3·4·5구역(면적 70만 6,561㎡)은 한강의 매력과 가치를 담은 주거 공간 조성을 목표로 서울시 신속통합기획 재건축에 합류했다. 서울시가 공개한 기획 초안에 따르면, 이들 구역은 준주거지역으로 용도를 상향하고 200~500%의 용적률을 적용하여 50층 내외의 초고층 아파트

압구정 특별계획구역 현황

구역명	위치	면적(m²)	비고
특별계획구역 ①	압구정동 414 일원	86,671.8	미성1 · 2차
특별계획구역 ②	압구정동 434 일원	189,555.5	현대9 · 11 · 12차
특별계획구역 ③	압구정동 369-1 일원	397,815.7	현대1~7 · 10 · 13 · 14차 현대빌라트, 대림빌라트
특별계획구역 ④	압구정동 481 일원	118,859.6	현대8차, 한양3 · 4 · 6차
특별계획구역 ⑤	압구정동 490 일원	78,989.6	한양1 · 2차
특별계획구역 ⑥	압구정동 513 일원	60,179.6	한양5 · 7 · 8차
특별계획구역 ⑦	압구정동 429 일원	10,473.1	현대백화점
특별계획구역 ⑧	압구정동 494 일원	20,362.9	갤러리아백화점
특별계획구역 ⑨	압구정동 518 일원	2,986.2	기아자동차

건축이 가능해진다. 특히 경관, 보행, 녹지, 교통체계 등이 일관성을 지니며 공공성과 지속 가능성을 중시하는 방향으로 설계됐다.

압구정 특별계획구역 재건축 사업은 강남권 아파트 재건축의 중요한 이정표가 될 전망이다. 성공적으로 개발된다면 다른 아파트 단지의 재건축에도 긍정적인 영향을 미치고, 서울 전역의 재건축시장 활성화에 기여할 것이다.

압구정3구역, 왕좌의 귀환 구현대

압구정3구역은 압구정동의 중심부에 위치한 대규모 재건축 단지로 압구정 일대에서 가장 큰 규모를 자랑한다. 이 구역은 한강 조망이 가능하며 유치원부터 초·중·고가 단지 중앙에 자리하고 있어 교육환경이 뛰어나다. 압구정3구역에는 현대1~7차 및 10·13·14차, 대림빌라트 등이 포함되는데, 1~3차는 현대건설이 맡았고 4~14차는 HDC현대산업개발이 시공했다. 총 53개 동 3,934세대 중 30평형은 35%에 불과하며 대부분이 40평 이상 중대형 평형으로 구성돼 있어 높은 사업성이 기대된다. 그러나 다양한 단지가 모여 있기에 3구역 안에서도 차수 간 입지와 용도지구, 용적률 차이가 크다. 이에 종상향이 필요한 차수가 있으며 단지내상가가 많기에 재건축 속도 저하가 우려된다는 의견도 있다. 또한 평균 용적률이

244%로 압구정 6개 구역 중 가장 높은 점이 아쉽다.

압구정3구역은 성수대교와 동호대교 사이에 위치하며, 남쪽으로는 지하철 3호선 압구정역이 가까워 교통이 매우 편리하다. 서울시는 압구정역 인근의 제3종일반주거지역을 준주거지역으로 상향해 용적률을 200~500%까지 적용하는 방안을 제안했다. 이는 기존보다 높은 밀도의 최대 50층 내외 초고층 아파트로 개발할 수 있음을 의미한다. 압구정3구역은 교통, 교육, 쇼핑, 문화 등 다양한 면에서 강남구 내 최상의 입지 조건을 갖추고 있다.

그러나 서울시와 조합원 간에는 재건축 기획안을 두고 의견 차이가 크다. 특히 순부담률(기부채납 비율)과 공공보행교 설치를 둘러싸고 갈등이 있다. 신속통합기획안에서 제시된 기부채납 비율은 17.3%로, 이는 서울시 기준인 13%와 비교해 과도하다는 지적이 있다.

또한, 단지 중앙을 관통하는 공공보행교는 조합원의 프라이버시를 침해할 수 있다는 우려가 제기됐다. 이에 조합은 제3종일반주거지역 확대, 순부담률 축소, 공공보행교 재검토 등을 요구하고 있다. 최근 조합은 기부채납을 줄이기 위해 준주거지역의 면적을 3분의 1로 줄인 정비계획 변경안을 제시했으며, 이 계획이 승인되면 제3종일반주거지역이 기존 22만여㎡에서 24만여㎡로 확대돼 조합원들의 평형 면적을 늘릴 수 있다. 그러나 이 경우 세대수가 기존 5,800세대에서 5,000세대로 줄어들어 일반분양 및 임대 세대수가 감소할 전망이다.

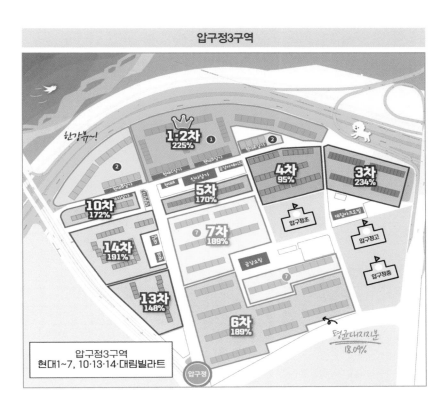

압구정3구역

현대1~7, 10·13·14·대림빌라트

한강뷰~!

1·2차 225%

4차 95%

3차 234%

5차 170%

10차 172%

7차 189%

압구정초

압구정고

14차 191%

압구정중

13차 148%

6차 189%

평균대지지분 18.09%

압구정3구역
현대1~7, 10·13·14·대림빌라트

압구정

	용도지구	용적률	층수	세대수	증가율
현황	제1종, 제2종(7층 이하), 제2종, 제3종일반주거지역	244%	15층	3,946세대	147%
기획	제3종일반주거지역 준주거지역	평균 323% (제3종 300% 이하)	50층 내외	5,800세대	

　　압구정3구역 내에서는 한강조망권을 보유한 현대1·2차와 가장 넓은 대지지분을 보유한 역세권의 현대6·7차 간 입장 차이가 크다. 현재 조합 임원의 대부분이 1·2차 한강변 소유주들로 구성돼 있어 역세권 준주거지

동		평형	대지지분	지분 평당가
현대1·2차	10·11·12·13동	64.56평	26.28평	3.15억
	20·21·22·23동	54.06평	21.97평	2.78평
	24·25동	52.93평	21.97평	2.95억
	31·32·33동	43.33평	17.57평	2.78억
현대3차	61·62·63·64동	32.94평	12.77평	2.82억
현대4차	51·52·53·54·55·56동	43.69평	36.50평	1.67억
현대5차	71·72동	34.56평	17.64평	–
현대6·7차	73·74·81·83·84·87동	47.75평	22.84평	2.47억
	75·77·78·82·86동	52.96평	24.20평	2.80억
	76동	80.37평	37.75평	3.04억
	79·80·85동	64.99평	30.42평	2.10억
현대10차	201동	50.26평	25.11평	2.60억
	202동	35.55평	17.66평	2.37억
현대13차	208·209·210·211동	36.32평	21.85평	2.05억
현대14차	203·204·205·206동	31.76평	17.54평	2.39억
대림아크로빌(65동)		85.00평	36.58평	3.14억
		81.00평	35.00평	–
대림빌라트		75.93평	25.48평	–
		92.87평	30.94평	–
현대빌라트		72.90평	25.86평	2.55억
		86.82평	30.86평	–

역에서 발생하는 분양수익은 배분하고 감정평가에 따른 '독립채산제'를 주장하는 '제자리 재건축'에 힘이 쏠리고 있다. 독립채산제는 각 구역이 재건축을 통해 얻은 이익과 비용을 자체적으로 처리하는 방식으로, 위치와 입지 조건에 따라 부담과 수익이 달라질 수 있다. 한강변에 위치한 단지들은 조망권과 입지에 따른 가치 상승이 예상되며, 역세권 준주거지역 단지들

은 더 높은 용적률과 개발 가능성을 가지고 있다. 이러한 상황에서 독립채산제를 채택하면 특정 단지가 더 큰 혜택을 보는 것을 방지할 수 있지만, 조합 내 이해관계 충돌이 더욱 심화할 수도 있다.

희림컨소시엄의 설계안에 따르면, 강변 2열에서도 1열의 동과 동 사이로 한강 조망이 가능하도록 배치돼, 조합원 모두가 한강뷰를 누릴 수 있게 된다. 이에 따라 강변 입지인 1·2·3차 조합원에게 1열을 배정한 후에도 약 1,000세대가 남아 다른 차수의 조합원에게 배정될 수 있다. 따라서 현재의 입지를 반영한 제자리 재건축이 이루어지지만, 현대6·7차도 1열로 배정받을 가능성이 있다.

158쪽의 표는 압구정3구역 아파트 단지들을 대지지분당 평당가 순위에 따라 분석한 것으로, 실거래가와 매물 정보를 바탕으로 정리했다. 지분당 평당가 1위는 한강변에 위치한 현대1·2차로, 64.56평의 넓은 면적과 한강조망권을 갖추고 있다. 최고의 입지를 자랑하는 만큼 압구정 내에서 가장 높은 대지지분당 평당가를 기록하고 있다. 2위는 인기 연예인 유재석과 강호동이 거주하는 것으로 알려진 대림아크로빌이다. 대림산업은 현대그룹 독신자 사원 숙소로 사용되던 65동을 사들여, 기존 8평짜리 455세대를 철거 후 80평대 56세대로 리모델링했다. 구현대 중 유일하게 지하주차장이 있다.

5위에 오른 현대3차는 33평 단일평형으로 성수대교 옆 비선호지역에 위치하지만, 온전히 한강뷰를 누리며 압구정 아파트지구 내 소형 평형의 시세를 이끄는 단지로 주목받고 있다. 그러나 3·4차는 제2종일반주거지역으로 재건축 시 종상향이 필요하고, 대지권이 없는 잔존 지분 소유자라면 조합에서 지분 취득 방안을 모색해야 한다.

현대6·7차는 압구정동의 랜드마크 단지로 중앙에 위치한다. 가장 작은 평수인 47.75평이 위치한 동은 73·74·81·83·84·87동이다. 이 중 전망은 좋으나 길가의 소음이 심한 동은 81·84·87동이며, 가장 선호되는

지분당 평당가 순위

순위	단지명	평수	평수	가격
1	현대1·2차	64.56평	26.28평	3.15억
2	대림아크로빌(65동)	85.00평	36.58평	3.14억
3	현대6·7차	80.37평	37.75평	3.04억
4	현대1·2차	52.93평	21.97평	2.95억
5	현대3차	32.94평	12.77평	2.82억
6	현대6·7차	52.96평	24.20평	2.80억
7	현대1·2차	54.06평	21.97평	2.78평
8	현대1·2차	43.33평	17.57평	2.78억
9	현대10차	50.26평	25.11평	2.60억
10	현대빌라트	72.90평	25.86평	2.55억
11	현대6·7차	47.75평	22.84평	2.47억
12	현대14차	31.76평	17.54평	2.39억
12	현대10차	35.55평	17.66평	2.37억
14	현대6·7차	64.99평	30.42평	2.10억
15	현대13차	36.32평	21.85평	2.05억
16	현대4차	43.69평	36.50평	1.67억

동은 신사시장을 등지고 위치한 73·74동이다.

분양 면적이 같은 경우에도 대지지분과 평당가는 중요한 기준이 된다. 예를 들어, 현대1·2차 65평과 현대6·7차 65평 중 어느 단지가 더 유리할까? 현대1·2차 65평의 대지지분은 26.28평이지만, 현대7차 65평의 대지지분은 30.42평으로 더 크다. 또한 79·80동은 압구정역과 가깝고, 85동은 금강센터와 인접해 전통적으로 선호된다. 76동의 분양 면적은 80평으로, 현대7차에서 가장 큰 대지지분 37.75평을 보유하고 있다. 이 동은 단지 정중앙에 위치해 랜드마크 동으로 꼽힌다. 현대6·7차도 환지 당시 468번지 외 3필지의 대지권표시변경등기 누락으로 신탁등기 후 일괄신청이 필요하다.

눈에 띄는 평당가도 있다. 지분당 평당가 16위인 현대4차는 6개 동, 170세대로 이루어진 5층 저층 아파트다. 대지지분이 43.69평으로 다른 단지에 비해 월등히 높지만, 용도지구가 제2종일반주거지역으로 지정돼 있어 추후 감정평가와 조합원분양신청 시 분쟁의 소지가 있다. 그러나 용도지역과 관계없이 대지지분으로 권리를 매긴다면, 재건축 과정에서 가장 큰 혜택을 받을 단지가 될 수도 있다. 동 간 거리가 넓고 주차장 사용이 편리한 현대5차는 초등학교가 가까워 어린 자녀가 있는 가정에서 선호도가 크다. 단점은 엘리베이터가 없다.

현대3·4차는 종전의 5필지가 주민 동의 없이 9필지로 환지됐다. 이에 4필지의 대지권표시변경등기가 필요한데, 그러려면 현대3·4차 조합원 모두의 동의가 필요하다.

현대10차는 201동(50평)과 202동(35평) 두 동으로 다른 단지보다 대지 지분이 크다. 그동안은 생활시설이 멀고 단지 내 도로에 싸인 비선호 차수였으나, 제자리 재건축을 한다면 한강 조망을 먼저 선점할 수 있다. 그러나 현재 436번지는 환지등기 누락으로 미등기 상태이기에 부동산표시경정등기 또는 소유권보존등기 작업이 필요하다. 압구정3구역은 대형 평형이 많기에 대부분의 30평대는 복도식이다. 그러나 현대14차는 30평대 중 유일하게 계단식이며 서비스 면적인 발코니가 커서 동일 평형보다 실사용 면적이 넓다.

이러한 분석을 통해 압구정동 내 각 단지의 특성과 위치에 따른 평당 가격의 차이를 이해할 수 있으며, 향후 재건축 과정에서 전망과 예상되는 문제점들도 파악할 수 있다.

압구정3구역에서 발표한 개략적인 추정 분담금 자료에 따르면, 현재 30평형대를 보유한 조합원이 재건축 후 동일 평형을 분양받기 위해서는 약 3억 300만 원의 추가 분담금을 내야 한다. 반면, 40평형 소유자가 동일 평형으로 이동할 경우 추가 분담금은 6,000만 원이며, 더 작은 34평형을 분양받으면 약 4억 원을 환급받을 수 있다. 그러나 가장 큰 평형인 76동 80평형을 소유한 경우, 조금 더 작은 평형인 76평형을 분양받아도 약 9억 8,000만 원의 추가 분담금을 내야 할 수도 있다.

압구정3구역 34평형의 추정 조합원분양가는 약 26억 원이며, 일반분양가는 ㎡당 약 7,850만 원이다.

압구정2구역, 누가 선두에 서는가!

압구정2구역(신현대9·11·12차)은 압구정 특별계획구역 내 6개 구역 중 유일한 단일 아파트 단지로, 강남 지역에서도 재건축 사업 속도가 가장 빠른

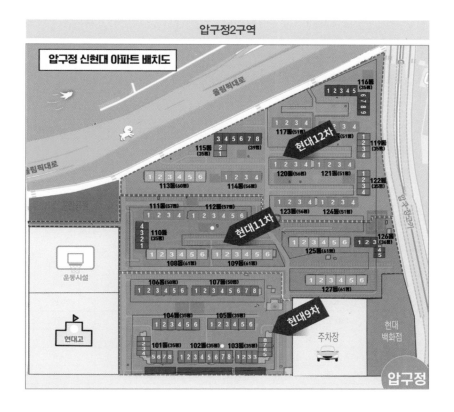

곳으로 평가받고 있다. 이 구역은 신속통합기획을 통해 재건축 절차가 원활하게 진행되고 있으며, 비례율과 예상 분담금 등의 세부 사항이 이미 구체적으로 논의되고 있다.

압구정2구역은 강남구청에서 정비계획안을 공람한 최초의 구역으로 지난해에는 DA건축과 프랑스의 유명 건축가 도미니크 페로를 설계사로 선정해 사업에 속도를 내고 있다. 최근 강남구는 압구정동 428번지 공영주차장 부지 개발을 위해 용역을 착수했으며, 이 부지에 강남의 위상에 걸맞은 최적의 시설을 도입할 계획이다. 이 부지가 개발되면 압구정2구역 주민들은 도보권 내에서 새로운 시설을 이용할 수 있게 돼, 지역의 주거 환경 개선과 생활 편의성이 크게 향상될 것이다.

	용도지구	용적률	층수	세대수	증가율
현황	제3종일반주거지역	174%	13층	1,924 세대	142%
기획	제3종일반주거지역	3종 300% 이하	70층 내외	2,606 세대	

동		평형	대지지분	지분 평당가
현대 9·11·12차	101~105·110·115(1~4호)·116·119·122·126동	35~36평	18.2~19평	2.45억
	115동 (5~8호)	39평	20.25평	2.07억
	106·107동	50평	26.70평	2.21억
	117·118·121·124동	51평	26.25평	2.55억
	114·120·123동	56평	28.76평	2.32억
	111·112동	57평	28.80평	2.10억
	113동	60평	30.88평	2.42억
	108·109·125·127동	61평	30.84평	2.47억

압구정동은 대규모 재건축이 이루어지는 특별구역으로, 각 구역의 이주 시기 조율이 필요하다. 이는 조합원들의 편의성을 도모하고 인근 지역의 주거 안정성을 유지하기 위한 조치다. 압구정2구역의 재건축 속도가 가장 빠르기 때문에 이 지역에서 가장 먼저 신축 아파트가 될 가능성이 높다. 대규모 정비사업 구역에서 재건축 진행 속도를 우선으로 하지 않으면 이주가 2년 정도 지연될 수 있다. 이는 사업비에 대한 이자 부담으로 이어져 조합원에게 추가적인 경제적 부담을 가중할 수 있다.

이와 같은 문제는 과천 재건축 사례에서 잘 드러난다. 과천주공3단지(슈르)는 빠른 속도로 재건축이 진행됐지만, 과천주공10단지는 사업이 지연되면서 약 20년 이상 차이가 발생했다. 이러한 사례는 재건축 사업의 추진 속도가 얼마나 중요한지 잘 보여준다. 빠른 사업 속도는 조합원들의 추가 비용 부담을 줄이고, 시장 변동에 따른 리스크를 최소화할 수 있는 길이다.

압구정2구역은 재건축 후 초고층인 70층으로 계획돼 있으며, 가구 수는 현재보다 682가구 늘어난 총 2,606가구로 증가할 예정이다. 세대수 구성은 조합원분양 1,970세대, 일반분양 317세대 그리고 임대주택 319세대로 예상한다. 현재 주로 중대형 평형으로 이루어져 있기에 재건축 이후에는 85㎡ 초과 가구 수가 전체의 64.1%를 차지할 것으로 예상한다. 공사비를 평당 1,000만 원, 일반분양가는 3.3㎡당 8,000만 원으로 추산한다면 예상 비례율은 61.23%다. 이때 조합원분양가는 일반분양가의 95% 수준으로 추산된다.

다만 비례율이 61.23%로 예상된 점은 사업적인 측면에서 약점으로 작용할 수 있다. 비례율은 재건축·재개발을 통해 발생하는 이윤과 종전자산 가치의 비율을 의미한다. 이것이 100% 이하로 떨어지면 사업성이 낮아지며, 조합원 분담금이 증가한다. 또한 서울시가 지난해 신속통합기획을 선정할 당시에는 설계가 50층 안팎으로 계획됐으나, 조합이 초고층인 70층을 고수하면서 분담금 상승에 대한 우려가 제기됐다. 조합이 추정한 분담금은 35평에서 동일 평형으로 이동한다면 약 2억 원이다.

압구정4구역, 언덕 위 부촌

압구정4구역은 언주로 동쪽에 위치하며 현대8차와 한양3·4·6차 아파트로 구성된 1,341가구 규모의 단지다. 이 구역은 압구정 재건축 6개 구역 중 세 번째로 큰 규모를 자랑하며 신속통합기획에 참여해 재건축이 추진되고 있다. 또한, 압구정 재건축구역 중 최초로 조합설립 인가를 받은 구역이기도 하다.

압구정4구역은 압구정 전체 아파트지구 면적의 약 10%를 차지하며, 현대8차, 한양3·4·6차 외에도 5필지의 국공유지가 포함돼 있다. 지난 7월, 2년 만에 서울시 신속통합자문회의를 통과하여 재건축 계획이 기존

12개 동에서 8개 동으로 수정됐다.

주요 쟁점 중 하나로 서울시가 한강변에 저층(20층) 2개 동을 분리 배치하라는 요구였으나, 조율된 결과 성수현대 자리에 40, 69, 60층의 초고층 아파트를 배치하고, 한강변에 20, 40, 39, 48층의 아파트를 배치하며 한양3차 공공용지에는 29층 1개 동이 배치되는 것으로 결정됐다. 69층 이하 높이 290m로 설계돼 완공 후 시그니엘 다음으로 높은 서울 초고층 주거단지가 될 것이다.

초기에 4구역과 5구역을 포함해 통합 브랜드 대단지로 조성하자는 제안이 있었으나 무산됐다. 그래도 이번 심의를 통해 건폐율을 11.02%로 낮춰 쾌적한 단지를 조성할 수 있는 계획이 마련됐다.

	용도지구	용적률	층수	세대수	증가율
현황	제1종, 제3종일반주거지역	181%	13층	1,341 세대	133%
기획	제1종, 제3종일반주거지역	300% 이하	70층 내외	1,790 세대	

동		평형	대지지분	지분 평당가
현대8차	91 · 94 · 95동	35평	19.12평	2.13억
	92 · 93동	54평	28.4평	2.00억
한양3차	33 · 35 · 36동	39평	17.71평	2.34억
	31 · 32동	55평	25.49평	1.96억
한양4차	41 · 45동	33평	15.11평	2.58억
	42 · 43동	69평	36.08평	2.02억
한양6차	61동	35평	19.12평	2.03억
	62동	53평	27.7평	2.09억

압구정4구역은 30평형이 833세대로 전체의 62%를 차지하며, 40평형 이상 중대형은 508세대로 38%를 차지하고 있어 다른 구역에 비해 30평형 비중이 큰 것이 특징이다. 이에 설계를 맡은 DA건축은 최소 분양 평형인 37평형의 서비스 면적을 크게는 21평 제공해 실사용 면적을 최대 59평으로 늘렸으며, 후면 동의 단차를 높여 언덕처럼 조성해 전면 동에 비해 한강 조망이 어려운 단지들도 조망권을 확보할 수 있도록 했다.

　　재건축 사업은 주택 전체 세대수의 60% 이상을 국민주택규모(85㎡ 이하)로 건설해야 하지만, 특정 조건이 충족된다면 이 규정을 적용받지 않는다. 따라서 새로 건설되는 압구정4구역은 전용면적 합이 기존 대비 축소되거나 최대 130% 이내에서 증가할 수 있으며, 일반분양 주택은 85㎡ 이하로 194세대가 배정된다. 세대수는 1,722세대 중 60㎡ 이하 229세대(13.3%), 60~85㎡ 이하 386세대(22.4%), 85㎡ 초과 1,107세대(64.3%)로 전체 가구의 60%가 전용면적 85㎡ 초과 대형 면적으로 구성된다.

　　정비계획상 추정 비례율은 66.57%이며 공사비를 3.3㎡당 1,000만 원으로 계산 시, 현대8차 전용면적 107.64㎡ 소유자가 84㎡를 분양받을 때 추정분담금은 4억 70만 원이고, 105㎡를 분양받으면 10억 6,705만 원을 부담할 것으로 예상된다.

압구정5구역, 와이드 한강

압구정5구역은 소형 평형 위주의 한양1차와 대형 평형 위주의 한양2차로 구성돼 있다. 현대아파트와 달리 한양아파트는 소형 평형인 20, 27평이 있으므로, 압구정 재건축 투자에 상대적으로 가볍게 접근할 수 있다. 압구정5구역은 대지지분을 적게 보유한 소형 평형이 많아, 재건축 후 세대수 증가가 제한되며 임대 비율도 낮아지는 효과를 기대할 수 있다. 증가된 공공주택과 분양주택은 모두 전용면적 57㎡로 구성되며, 공공주택 140세대와 일반분양 29세대가 추가돼 총 169세대가 늘어난다. 이로 인해 최고 69층, 총 1,401세대로 계획된다.

한양1·2차 아파트는 한강과 가장 가깝게 있어 조합원 모두가 한강 전면 조망을 누릴 수 있다. 이 강점을 극대화하기 위해 설계를 맡은 해안건축은 1층 높이를 24m(아파트 10층 높이)로 설계하여, 저층부에 배치되는 소형 평형 세대도 한강 조망을 즐길 수 있게 했다. 한강뷰 프리미엄을 고려했을 때, 다른 구역에 비해 상대적으로 적은 금액으로 이러한 혜택을 누릴 수 있는 압구정5구역은 매우 매력적인 투자처로 주목할 만하다.

압구정5구역 내 가장 큰 평형은 21동에 위치한 89평 2세대로, 이 세대는 한강변에 일렬로 배치된 펜트하우스를 받을 가능성이 높다. 그다음으로 큰 평형은 한양2차의 59평으로, 144세대가 이에 해당하며 이는 전체 세대수의 11.68%를 차지한다. 그래서 압구정3구역 및 다른 구역에 비해

압구정5구역

서울의 스카이 라인이 바뀐다.

- **77층** 성수 전략정비구역4지구
- **70층** 압구정 2·3·5구역 / 잠실 주공5단지
- **69층** 압구정 4구역 / 잠실 장미1·2·3차
- **65층** 여의도 시범
- **60층** 여의도 목화
- **59층** 용산 한강맨션
- **58층** 여의도 진주
- **56층** 여의도 한양
- **50층** 성수 전략정비구역2지구

- 01 타워팰리스 **69층**
- 01 목동 하이페리온 **69층**
- 03 청량리 롯데 캐슬 **65층**
- 04 성수 트리마제 **46층**
- 05 용산 첼리투스 **56층**
- 06 성수 아크로 포레스트 **49층**

	용도지구	용적률	층수	세대수	증가율
현황	제3종일반주거지역	183%	13층	1,232 세대	125%
기획	제3종일반주거지역	300% 이하	70층 내외	1,540 세대	

동		평형	대지지분	지분 평당가
현대8차 한양3차	3·9동	20평	9.1평	2.71억
	1·2·6·11동	27평	11.01평	3.01억
	3·5·7·10동	32평	14.01평	2.35억
	8·9동	37평	16평	2.43억
	3동	51평	21평	–
한양2차	21·26동	49평	24.41평	2.25억
	22·23·25동	59평	29.54평	–

적은 평형으로도 펜트하우스에 도전할 수 있다.

강남에서 최초로 건축된 압구정 한양아파트는 단지내상가를 한곳에 모아 한양쇼핑센터를 세웠다. 이곳은 한화건설이 갤러리아 백화점으로 재건축했으며, 압구정5구역은 다른 구역과 달리 상가가 없어 상가 소유주와의 갈등 없이 재건축 사업 속도를 낼 수 있다.

일반분양가를 분양가상한제 적용 시 3.3㎡당 8,000만 원으로 계산하며 예상 비례율은 69.06%로 산정됐다. 이를 적용하면 한양1차 전용면적 83.04㎡ 소유자가 84㎡를 분양받을 때 추정분담금은 3억 4,600만 원이며, 106㎡를 분양받으면 9억 6,360만 원을 부담할 것으로 예상된다.

압구정 1구역과 6구역

압구정2·4·5구역은 정비계획 고시 이후 이르면 내년 시공사 선정에 돌입하며 정비사업에 속도가 붙고 있다. 반면, 압구정1구역(미성1·2차)과 6구역(한양5·7·8차)은 신속통합기획에서 제외된 데다 아파트 소유자들의 견해 차이가 커, 분리재건축을 추진하려는 움직임도 있다. 그러나 2023년 하반기, 압구정 일대가 지구단위계획구역으로 지정되며 규제가 완화됐고, 이들 단지도 법적상한용적률 300%를 적용받아 50층 내외로 재건축이 가능해졌다.

압구정1구역

압구정 1구역

미성1차 322가구 153%

미성2차 911가구 233%

신사중

	미성1차	미성2차
준공년도	1982년 11월	1987년 12월
세대수	322세대	911세대
평형구성	32평 49평 58평	28평 41평 49평
용적률	153%	233%
평균대지지분	23평	15평

　　미성1·2차는 압구정1구역으로 묶여 있지만, 단지 간 갈등으로 분리재건축을 추진하자는 의견이 있다. 미성2차는 세대수와 규모는 크지만, 높은 용적률과 작은 대지지분으로 사업성이 낮다. 특히 미성2차 28평의 대지지분은 10.95평으로 용적률 300%로 재건축 시 34평을 받기 위한 대지

지분 13평에도 미치지 못한다. 이에 평형을 줄여 20평형을 분양받거나 추가분담금을 많이 내야 한다. 그러나 압구정3구역의 사례처럼 대로변 연접부를 준주거지나 상업용지로 종상향하거나 디자인 특화 건축물로 용적률 인센티브를 적용받으면 용적률 상한이 360%로 올라 사업성을 확보할 수 있다.

미성1차는 322세대의 소규모 단지이지만 구현대4차를 제외하면 압구정동에서 가장 낮은 용적률(158%)을 자랑한다. 대지지분도 넓어서 1동 58평(대지지분 32.1평), 2동 49평(27.3평), 3동 33평(18.6평)으로 사업성이 좋다. 하지만 한강변 15층 층고 제한 및 재건축 후 현대고 북쪽 부지에 예정된 신설초와 인접하여 일조권 침해문제가 발생할 수 있다.

즉 단독재건축으로는 사업성이 낮기에 미성1차의 용적률과 대지지분, 미성2차의 세대수와 압구정로 인접부의 종상향을 조율해서 큰 규모의 통합재건축을 해야 한다. 그러나 압구정 지구단위계획안에 따라 통합재건축을 하게 되면 단지 중앙에 위치한 상가들은 모두 미성2차의 압구정대로변으로 이전해야 하고, 상가소유주들은 아파트 분양권을 요구해서 협상에 걸림돌이 되고 있다. 현재는 통합재건축 외 단독재건축을 추진하는 1차 협의회와 아파트 분양권을 요구하는 상가협의회의 의견이 강경하게 대립하며 합의점을 찾지 못하고 있다.

압구정6구역은 한양5·7·8차 672세대로 구성돼 있다. 각각 1979년(343가구), 1981년(239가구), 1984년(90가구)에 준공된 단지로 압구정 재건축

압구정6구역

	한양5차	한양7차	한양8차
준공년도	1979년 11월	1981년 4월	1984년 6월
세대수	343세대	239세대	90세대
평형구성	32평~50평 4개 동	2개 동	1개 동
용적률	192%	320%	195%
평균대지지분	18.2평	20.7평	36.1평

6개 구역 중 가장 속도가 느리며 단지 간 견해차가 크다. 한강변에 위치한 한양8차는 대형 평수로 구성된 단동으로 90가구지만 대지지분이 36.1평으로 높다. 반면, 한양5차와 7차는 평균 대지지분이 20평 이하로 차이가

크다. 그중 한양5차의 세대수는 343가구로 가장 많기에 통합재건축 추진이 어렵다. 또한, 한양7차는 유일하게 조합설립을 마쳤기 때문에, 토지 분할 후 분리재건축을 할 가능성도 있다.

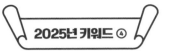

여의도 재건축

여의도는 한강을 끼고 있는 서울 도심 3대 업무지구 중 하나로, 특히 금융 및 법률기관이 밀집해 있어 한국의 맨해튼으로 불린다. 1976년 8월 21일, 여의도가 아파트지구로 지정되며 여의도공원을 기준으로 우측인 동여의도에 4주구가 들어섰다. 그러나 준공 후 40년이 지나도록 노후 아파트 재건축사업은 속도를 내지 못했고, 재건축 연한을 넘기면서 '아파트 부촌'으로서의 명성도 점차 퇴색해갔다.

최근 서울시는 1976년 「아파트지구개발기본계획」 이후 46년 만에 여의도 아파트지구를 여의도 지구단위계획구역으로 전환하고, 아파트지구 내 12개 단지를 9개 특별계획구역으로 지정하여 용도 및 규제를 완화했다. 이는 여의도를 국제적인 디지털 금융 중심지로 육성하기 위해, 노후

아파트와 금융 중심지를 재정비하고 발전시키려는 도시계획의 일환이다.

특별계획구역으로 지정된 여의도의 노후 아파트는 재건축 시 최고 70층, 최대 용적률 800%까지 상향할 수 있다. 그러나 한강변에 위치한 건물은 주변 경관과의 조화를 위해 15~20층으로 제한된다. 현재 제3종일반주거지역으로 지정된 구역들은 일제히 상향 조정돼 용적률이 확대되며, 일부 구역은 준주거지역이나 일반상업지역으로 변경돼 고밀도 개발이 가능해진다. 이를 통해 높이 규제가 대폭 완화되고, 정비사업의 사업성이 향상되는 것은 물론, 규제로 지연되던 인허가 절차도 속도가 붙을 것으로 기대된다.

목화·삼부(1구역), 한양(3구역), 삼익(5구역), 은하(6구역), 광장(8·9구역), 미성(9구역)은 일반상업지역으로 변경돼 최대 용적률 800%를 적용받아 주거, 상업, 공공 기능이 복합적으로 개발된다. 학교와 인접한 장미·화랑·대교아파트(2구역)와 시범아파트(4구역)는 일조권을 고려하여 역세권 준주거지역으로 종상향돼, 최대 용적률 500%가 적용된다.

기존에는 지구단위계획이 확정되지 않아 신속통합기획을 추진 중인 시범아파트와 한양아파트를 제외한 다른 단지들의 사업이 더디게 진행됐다. 그러나 여의도 지구단위계획이 확정되면서 신속통합기획 및 신탁방식과 맞물려 아파트 재건축 사업에 긍정적인 흐름이 이어지고 있다.

또한, 여의도금융중심지 지구단위계획에 4개 단지의 도시계획이 반영되면서 서울·공작·수정·진주아파트 재건축사업도 탄력받고 있다. 이는 일반상업지역 아파트의 용적률 체계를 반영한 것으로, 해당 단지들은 일반상업지역에 위치하여 용적률 800%, 최고 70층(200m) 높이의 아파트가 지어질 전망이다.

일반상업지역에 속한 아파트의 용적률은 기부채납 없이도 최소 400%에서 시작해 인센티브를 받으면 최대 800%까지 적용될 수 있다. 그러나 용적률 증가분의 절반을 기부채납으로 부담해야 하므로, 오히려 사업성이 악화될 가능성이 있다. 이에 수정아파트와 진주아파트는 각각 49층 466가구(용적률 478%)와 58층 563가구(용적률 469%)로, 400%대의 용적률로 재건축을 추진 중이다. 영등포구는 오는 12월 결정고시 되는 지구단위계획을 정비계획에 반영해 서울시에 입안을 요청할 계획이다.

여의도 재건축 중 가장 속도가 빠른 공작아파트는 일반상업지역에 위치해 종상향을 위한 기부채납이 불필요하지만, 도시정비법에 따라 '주택'으로 분류되기에 용적률이 400%로 제한된다. 이에 인센티브를 적용해 최대 용적률 489.99%, 49층 570세대로 재건축이 추진된다. 지구단위계획 결정도에 따르면, 상가는 재건축 대상에서 제외되며, 서울도시가스공사가 소유한 99㎡가 포함된다. 공작아파트는 KB부동산신탁을 사업시행자로 선정했으며, 시공은 대우건설이 맡아 '써밋더블랙에디션'으로 설계됐고, 공사비는 1,070만 원이다. 최근 한양아파트의 재건축정비계획변경안에 따르면, 전용면적 84㎡ 소유자는 동일 평형으로 분양받을 때 9,131만 원에서 최대 1억 4,298만 원을 환급받을 수 있다. 반면, 공작아파트의 정비계획안에 따르면 전용면적 92㎡ 소유자가 동일 평형으로 분양받으면 3억 1,100만 원의 환급이 예상되지만, 환급 대신 단지 고급화를 선택했다.

한편, 일반상업지역에서 재건축되는 단지에 새로운 호재가 생겼다. 지난 4월, 서울특별시 도시계획조례 일부개정조례안이 서울시의회를 통과했다. 이에 따라 상업지역 내 주거복합건물의 비주거 비율이 20%에서 10%로 완화되면서, 주택 공급이 늘어나 사업성이 높아질 전망이다. 이에 일반상업지역에서 재건축되는 공작·수정·진주아파트를 비롯해, 제3종일반주거지역에서 일반상업지역으로 용도지역을 상향하여 재건축을 진행하는 목화·삼부(1구역), 한양(3구역), 삼익(5구역), 은하(6구역), 광장(8·9구역), 미성(9구역) 단지들도 이 혜택을 누릴 것으로 기대된다.

서울아파트는 2개 동, 192세대 소규모이지만 여의도 재건축 대장단지로 불린다. 전 세대가 50평 이상 대형 평형으로 구성됐으며, 양측 끝라인 48세대는 72평형, 가운데 144세대는 50평형이다. 1976년에 준공된 이 아파트는 우리나라에서 최초로 10억, 20억을 돌파한 대한민국 최고 부촌 아파트로, 50평형은 지난 5월 48억에 거래됐고, 72평형은 2022년 7월, 55억 5,000만 원에 거래된 이후 매물이 없다.

재미있는 사례로 2018년, 여러 회사가 연합해 서울아파트 대지 전체를 일괄 구매하려 했는데, 보상액을 평당 1억 5,000만 원으로 책정해, 50평은 36억, 72평은 51억을 제시했다. 당시 시세로는 50평형이 20억, 72평형이 30억 초반대였던 것을 감안하면 상당히 높은 금액이었으나, 주민 다

여의도 지구단위계획

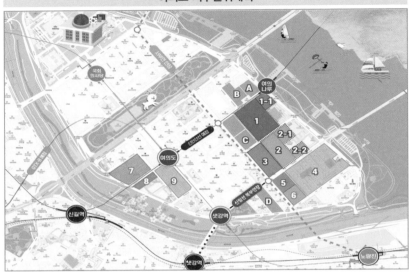

NO.	명칭	세대수	대지지분	용적률	상한용적률	진행단계	추진방법
1구역	삼부	866	21.9평	187%	최고 800%	추진위원회승인인	조합방식
	목화	312	11.2평	215%	최고 800%	조합설립인가	조합방식
2구역	대교	576	16.6평	205%	400%	조합설립인가	조합방식
	장미	196	20.5평	225%	400%	안전진단통과	미정
	화랑	160	17.8평	219%	400%	안전진단통과	미정
3구역	한양	588	17.9평	252%	최고 800%	사업시행자지정	KB부동산신탁
4구역	시범	1584	19.3평	172%	400%	사업시행자지정	한국자산신탁
5구역	삼익	360	15.6평	256%	최고 800%	사업시행자지정	한국토지신탁
6구역	은하	360	15.6평	256%	최고 800%	사업시행자지정	하나자산신탁
7구역	광장3~11	576	22.6평	199%	최고 800%	조합설립인가	한국자산신탁
8구역	광장1·2	168	18.3평	243%	최고 800%	추진위원회승인	조합방식
9구역	미성	577	21.5평	188%	최고 800%	추진위원회승인	조합방식
A	서울	192	26.7평	210%	800%	안전진단통과	–
B	공작	373	13.3평	267%	800%	사업시행자지정	KB부동산신탁
C	수정	329	14.3평	291%	800%	안전진단통과	한국자산신탁
D	진주	376	10.6평	195%	800%	안전진단통과	조합방식

수의 반대에 부딪혀 통매각이 무산됐다. 소유주들은 준공 후 가치가 더 커질 것으로 보고 매도 의사가 없었다.

서울아파트가 이렇게 비싼 이유는 한강변에 위치하거나 중대형 평형 단지이기 때문만이 아니라, 건축법으로 재건축이 가능하기 때문이다. 일반상업지역에 속한 아파트가 도시 및 주거환경정비법(도정법)이 아닌 건축법으로 재건축을 추진하려면 토지 면적이 1만㎡ 이하나 가구 수가 200가구 미만이어야 한다.

서울아파트는 192가구로 이 조건을 충족하기에, 공작아파트(373가구), 수정아파트(329가구), 진주아파트(376가구)와 달리 건축법을 적용해 일반 개발을 할 수 있다. 일반 개발은 조합설립 과정 없이 소유주와 시행사가 공동사업단을 구성해 건축허가를 받아 빠르게 진행할 수 있다. 또한 기부채납 없이도 용적률이 600%부터 시작되며, 인센티브 조건을 충족하면 최대 880%까지 받을 수 있어 사업성이 매우 높다. 더불어 도시정비법상 용적률 상향을 위해 임대주택을 공급해야 하는 규제에서 자유롭고, 재건축초과이익환수법도 적용받지 않는다.

지난해 서울아파트 소유자는 최고 75층으로 재건축하는 내용을 담은 지구단위계획수립안을 주민 제안 방식으로 영등포구에 제출했다.

1-1구역 목화아파트

여의도 목화아파트와 삼부아파트는 통합재건축을 시도했으나, 한강 조망에 대한 의견이 조율되지 않아 각각 단독재건축으로 전환됐다. 1977년에 준공된 목화아파트는 2개 동, 최고 12층, 312가구 규모로 초역세권에 위치해 있으며, 한강 조망을 영구적으로 누릴 수 있다. 2021년 정밀안

여의도 목화아파트

1-1구역	목화아파트 (1975.09)						
평형	대지지분	가구 수	층수	현용적률	최대용적률	용도지역	
15평	13.3평	48	12층	215%	800%	제3종 ⇩ 일반상업 종상향	
20평	18.5평	60					
27평	24.9평	204					

목화아파트는 93%의 동의율로 여의도 '최초'로 조합설립인가를 받았으며, 서울시 신속통합기획 자문방식 협의안에 대해 조합원 87.1%가 20일 만에 동의할 만큼 재건축 추진 의지가 강하다. 초기에는 용적률 300%를 적용해 최고 35층 아파트로 재건축을 계획했으나, 여의도아파트지구 지구단위계획안 발표로 용적률이 완화돼, 600%를 적용해 최대 55층, 393세대로 재건축 계획이 수정됐다. 조합은 신속통합기획 자문방식(패스트트랙)을 통해 재건축사업의 속도를 높이려 하고 있다.

신속통합기획은 오세훈 서울시장의 대표적인 재건축 규제 완화책으로, 기획설계 절차를 생략하고 자문을 통해 정비계획 입안을 서울시와 함께 진행해 각종 인허가 절차를 간소화한다. 또한, 용도지역 상향 및 용적률 완화 등의 인센티브도 기대할 수 있다. 조합은 지난 7월 31일 재건축정비계획(안)을 신속통합기획 자문 안건으로 제출했고, 10월 4일 정비계획입안(변경)제안서를 접수했다.

1구역 삼부아파트

1975년에 지어진 삼부아파트는 여의도의 대표적인 재건축 단지 중 하나로, 시범아파트에 이어 두 번째로 규모가 크다. 서울시는 처음에 여의도지구단위계획에 따라 삼부아파트와 인근 목화아파트를 통합재건축하여,

여의도 삼부아파트

1-1구역	삼부아파트 (1975.10)					
평형	대지지분	가구 수	층수	현용적률	최대용적률	용도지역
27평	15.1평	240	15층	187%	800%	제3종 ⇩ 일반상업 종상향
28평	16.4평	120				
38평	21.6평	90				
40평	22.2평	176				
50평	25.8평	120				
60평	31평	120				

한강변에 위치한 목화아파트 부지를 공공기여분으로 받아 수변 문화공원을 조성할 계획이었다. 그러나 목화아파트 소유주들이 한강조망권 포기를 반대하면서 각각 단독 개발을 한다.

이후 시범아파트와 한양아파트가 신속통합기획을 통해 재건축을 추진한 데 이어, 삼부아파트도 2023년 1월 신속통합기획에 따른 정비계획안을 제출하며 본격적으로 재건축사업을 시작했다. 현재 삼부아파트는 10개 동, 866세대로 구성됐으며, 전용면적 89㎡에서 198㎡의 중대형 평형 위주로 이루어져 있다. 12~15층 높이의 10개 동으로 이루어진 이 단지는 평균 대지지분이 21.9평으로, 사업성이 우수하다.

삼부아파트는 진주아파트와 함께 일반상업지와 제3종일반주거지역이 혼재된 지역에 위치해 있다. 2·3·5동은 일반상업지역에 속하고, 나머지 동은 제3종일반주거지역에 포함돼 있어 상업지역 주민들과 의견 차이가 있었으나, 지구단위계획에서 종 상향이 이루어지며 재건축사업에 속도가 붙었다. 또한 단지내상가는 법인 소유로 돼 있어, 재건축 과정에서 의사결정이 간결해 문제가 되지 않는다.

삼부아파트는 약 6만 2,634㎡ 부지에 용적률 550% 이하, 최고 60층, 1,658가구 규모의 초고층 아파트로 탈바꿈할 계획이다. 2023년 삼부아파트는 설계용역입찰공고를 내고 설계자 선정을 추진했으나, 서울시의 방침에 따라 정비계획 수립 후 설계자 및 시공사를 선정해야 하므로 중단됐다. 현재 삼부아파트는 조합추진위원회 단계에 있으며, 조합설립을 위한 동의율 75% 확보를 목표로 하고 있다.

2구역 대교아파트

1975년 준공된 여의도 대교아파트는 지하철 5호선 여의나루역과 인접한 역세권 단지로, 9호선과 신림선 샛강역도 이용할 수 있다. 앞으로 도보 5분 거리에 신림선 북부 연장과 서부선 성모병원역이 개통될 예정으로, 교통 호재도 기대되는 곳이다. 면적이 3만 3,418㎡에 달하며, 1~5동으로 구성된 4개 동 아파트다. 1동은 계단식 50평형, 2동은 복도식 43평형이다. 3동과 5동은 복도식 30평형이며, 전체 세대의 62.5%를 차지하고 있다. 평균 대지지분은 16.65평으로 사업성이 높은 편이다. 한강 조망이 가능하며, 여의도한강공원과 인접해 쾌적한 환경을 제공하며, 여의도초·중·고가 가까워 학군도 우수하다.

서울시는 당초 대교아파트를 인근 장미·화랑아파트와 통합개발할 것을 권장했으나, 대교아파트가 개별 재건축 요건을 충족하면서 독자적으로 추진하게 됐다. 이에 따라, 별도 필지에 위치한 단지내상가는 특별계획구역으로 분리됐다(아파트41, 상가 41-1, 41-2).

2024년 9월 26일, 서울시는 「여의도대교아파트 재건축정비계획」을 확정 고시했다. 이에 따르면, 대교아파트는 기존 최고 12층, 576가구에서

여의도 대교아파트

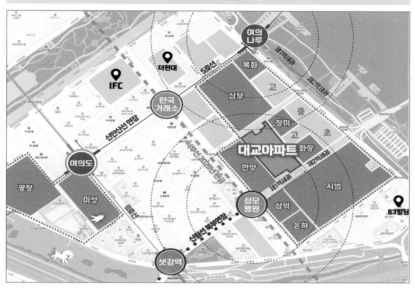

2구역	대교아파트 (1975.09)						
평형	대지지분	가구 수	층수	현용적률	최대용적률	용도지역	
26평	24.5평	360	12층	205%	500%	제3종 ⇩ 일반상업 종상향	
37평	34.4평	120					

최고 49층, 912가구(임대 144세대 포함)로 재건축된다. 대교아파트는 학교와 인접해 있어 일조권을 보장하기 위해 용도지역이 제3종일반주거지역에서 준주거지역으로 변경됐으며, 용적률은 기존 149.93%에서 최대 469%까지 상향됐다. 전체 세대수는 576세대에서 336세대가 증가하게 된다. 세대

구성을 보면, 전용면적 60㎡ 이하가 154세대(임대 74세대 포함), 60~85㎡ 이하가 406세대(임대 70세대 포함), 85㎡ 초과가 352세대로, 전체 가구 중 40%가 85㎡ 이상의 대형 평형으로 계획됐다. 조합원 물량은 555세대(보류지 포함), 일반분양은 213세대가 될 예정이다.

대교아파트는 신속통합기획 패스트트랙 1호 단지로, 사업 추진 속도가 빠르다. 2023년 2월 추진위원회 승인을 받은 후 11개월 만인 2024년 1월에 동의율 87.57%를 달성하며 조합설립인가를 받았다. 추정 비례율은 88.89%로, 공사비가 3.3㎡당 850만 원 기준일 때 총 수입추정액은 1조 8,406억 원, 총 지출추정액은 7,890억 원, 종전 자산추정액은 1조 1,828억 원으로 산출됐다. 조합원분양가는 3.3㎡당 5,371만 원으로, 59㎡는 약 15억 원, 84㎡는 약 20억 원으로 예상된다. 일반분양가는 3.3㎡당 6,400만 원으로, 59㎡는 약 16.7억 원, 84㎡는 약 22.2억 원에 이를 것으로 보인다.

대교아파트 조합은 2023년 8월 환경영향평가서 초안을 접수하고, 10월 2일까지 주민 공람을 진행한다. 현재 시공사 선정 총회와 통합 심의 접수가 병행 중이며, 시공사 선정은 2024년 하반기로 예상된다. 삼성물산과 롯데건설이 적극적인 수주 의지를 보이고 있다.

2-1구역 장미아파트

한강조망권은 법적으로 보호받기 어렵기 때문에 한강 조망이 가능한 단지의 가치는 매우 높다. 1978년에 준공된 여의도 장미아파트는 1만 3,250㎡의 부지에 지상 14층, 2개 동으로 이루어져 있으며, 총 196가구를 보유하고 있다. 모든 세대가 중대형 평형으로, 142㎡가 112세대, 169㎡가 56세대, 208㎡가 28세대로 이루어져 있다. 특이하게도 2개 동 중 A동은 계단식 구조이고, B동은 복도식으로 돼 있다.

최근 남측에 위치한 대교아파트가 한강조망권을 두고 소송을 제기할 수 있다는 이야기가 있었으나, 한강조망권은 법적 보호를 받을 수 없으므로 이러한 걱정은 줄었다. 그러나 대교아파트가 고층으로 재건축될 경우, 14층 높이의 장미아파트 일부 세대가 일조권을 침해받을 수 있다. 만약 일조량이 법적 기준 이하로 감소하면, 생활 간섭 피해에 대한 손해배상을 청구할 수 있다.

여의도 지구단위계획에 따르면, 장미아파트는 대교 · 화랑아파트

2-1구역	장미아파트 (1978.03)					
평형	대지지분	가구 수	층수	현용적률	최대용적률	용도지역
38평	17.8평	112	14층	225%	500%	제3종 ⇩ 일반상업 종상향
52평	21.28평	56				
64평	226.1평	28				

와 함께 학교의 일조권 보장을 위해 준주거지역으로 종상향돼 용적률이 500%로 완화된다. 현재 장미아파트는 사업시행 방식을 결정하기 전 단계에 있으며, 지난 8월 한국자산신탁과 KB부동산신탁이 설명회를 개최했다.

2-2구역 화랑아파트

화랑아파트는 대교·장미아파트와 함께 통합재건축 논의가 있었으나, 한강조망권을 둘러싼 주민 간 견해 차이로 논의가 무산됐다. 지난해 말 대교아파트는 조합설립을 완료하며 재건축 정비사업에 박차를 가했지만, 화랑아파트는 사업성이 부족해 재건축이 정체된 상태다. 화랑아파트는 여의도 아파트지구단위계획에 따라 준주거지역으로 분류돼 최대 400%의 용적률을 적용받을 수 있다.

2024년 6월 19일, 화랑아파트는 소규모 재건축 설명회를 개최하고 단

2-2구역	화랑아파트 (1977.10)					
평형	대지지분	가구 수	층수	현용적률	최대용적률	용도지역
33평	14.9평	40				제3종
36평	16.3평	80	10층	219%	500%	⇊ 일반상업
51평	23.6평	40				종상향

독재건축을 위한 조합설립을 추진할 계획이다. 1977년에 준공된 화랑아파트는 총 160가구 규모로, 가구 수가 적지만 한강 조망이 가능하고 한강으로의 접근이 용이하다. 특히, 주차 공간이 부족한 재건축 단지에 비해 화랑아파트는 세대수가 적어 세대당 3대의 차량을 주차할 수 있는 장점이 있다.

소규모 재건축은 200가구 이하, 사업 면적 1만㎡, 노후·불량 건축물 비중이 3분의 2 미만인 단지가 추진할 수 있는 정비사업으로, 추진위원회 단계를 생략하고 바로 조합을 설립할 수 있어 다양한 규제 완화 혜택을 받을 수 있다. 주민들은 2개 동, 최고 46층, 264가구 규모로의 정비계획안을 마련할 계획이다.

3구역 한양아파트

1975년에 준공된 여의도 한양아파트는 3만 6,363㎡ 부지에 최고 12층, 8개 동, 총 588가구 규모이며, 중대형 평형 위주로 구성돼 있다. 세부적으로 105㎡는 132세대, 109㎡는 96세대, 149㎡는 216세대, 192㎡는 144세대다. 2017년 6월 안전진단을 통과한 재건축사업은 2018년 여의도 통합개발계획으로 일시중단됐으나, 2021년 12월 신속통합기획에 선정, 2022년 KB부동산신탁을 시행사로 선정하면서 다시 속도를 내기 시작했

한양아파트

신규 아파트			기존 아파트				
타입	일반분양가	조합원분양가	구분	A동	B·C동	D·E동	F·G·H동
			권리가액	18억7000만	19억700만	24억800만	27억1000만
59㎡ (26평형)	15억7400만	12억5900만		6억1000만	6억4800만	11억4900만	14억5100만
84A㎡ (36평형)	22억600만	17억6400만		1억500만	1억4200만	6억4300만	9억4500만
84B㎡ (37평형)	22억2300만	17억7800만		9100만	1억2900만	6억2900만	9억3100만
110A㎡ (48평형)	28억8500만	23억800만		4억3800만	4억	9900만	4억3100만
110B㎡ (47평형)	28억3200만	22억6600만	추정 분담금	3억9500만	3억5800만	1억4200만	4억4400만
119㎡ (51평형)	31억	24억8000만		6억1000만	5억7200만	7200만	2억2900만
139㎡ (58평형)	35억2800만	28억2200만		9억5200만	9억1400만	4억1400만	1억1100만
149㎡ (63평형)	37억8800만	30억3100만		11억6100만	11억2300만	6억2200만	3억2000만
221㎡ (92평형)	55억7900만	44억6300만		25억9300만	25억5500만	20억5400만	17억5200만

※ 노란색 표시는 환급금 / ※ 자료출처: 여의도한양아파트 재건축정비계획 결정안

3구역	한양아파트 (1975.10)					
평형	대지지분	가구 수	층수	현용적률	최대용적률	용도지역
35평	27.5평	228				제3종
50평	45.1평	216	12층	252%	800%	⇩ 일반상업
65평	59.2평	144				종상향

다. 한양아파트는 제3종일반주거지역에서 일반상업지역으로 종상향된 첫 사례로, 최고 56층 높이의 주상복합 단지로 재탄생할 예정이다.

KB부동산신탁은 시공자 선정을 진행하던 중 서울시로부터 중단·시정지시를 받았는데, 이는 시공사 선정 입찰공모지침서에 롯데슈퍼 부지가 포함됐으나, 부지 소유주인 롯데쇼핑의 동의를 받지 않은 이유에서였다. 이후 KB신탁은 롯데쇼핑과 협의하여 해당 부지 1,482㎡를 898억 원에 매입하기로 했다. 이 매입가는 용도지역 상향을 감안한 미래가치를 반영한 것이다.

여의도 한양아파트 재건축은 여의도 초고층 재건축 프로젝트의 첫 사례가 될 가능성이 높아, 건설업계와 조합원들의 이목이 집중되고 있다. 시공사 경쟁에서는 현대건설의 '디에이치' 브랜드가 선정됐으며, 공사비는 평당 880만 원, 대안설계 시 평당 824만 원으로 확정됐다. 재건축 후 단지명은 '디에이치여의도퍼스트'로 결정됐으며, 현대건설은 사업성을 극대화하기 위해 상가를 지하로 이전하고, 지상 층에는 복층과 테라스 구조의 고급 오피스텔을 계획하여 분양 수익을 극대화해 가구당 평균 3억 6,000만 원의 환급금을 제시했다.

또한, 물가 변동과 관계없이 공사비를 확정하고, 동일 평형 입주 시 100% 환급, 신탁방식 최초로 사업비 100%를 현대건설이 금융 조달하는 조건을 제시했다. 재건축 후 한양아파트는 건폐율 60% 이하, 용적률 599.72% 이하, 최고 높이 200m 이하를 적용받아 최고 56층 아파트 992

가구와 오피스텔 96실이 들어설 예정이다. 현대건설은 이번 수주를 통해 여의도정비사업의 중요한 거점을 확보했다는 평가를 받고 있다.

2023년 5월 정비계획결정안 공람 당시 비례율은 98.58%였고, 공사비는 평당 750만 원, 조합원분양가는 3.3㎡당 4,800만 원, 일반분양가는 6,000만 원으로 책정됐다. 그러나 2024년 3월 정비구역 지정 시 비례율이 94.45%로 하락했으며, 공사비가 평당 880만 원으로 상승해 분양가 변동이 예상된다.

한양아파트 A동(105㎡·34평)의 추정권리가액은 18억 7,000만 원, B·C동(109㎡·35평)은 19억 700만 원, D·E동(149㎡·48평)은 24억 800만 원, F·G·H동(193㎡·63평)은 27억 1,000만 원이다. 정비계획변경안에 따르면, A~C동의 84㎡ 복도식 아파트 소유주는 동일 면적의 새 아파트로 입주 시 9,131만 원에서 1억 4,298만 원을 환급받을 수 있다. D·E동의 110㎡ 계단식 아파트 소유주는 9,997만 원에서 1억 4,242만 원을 돌려받을 수 있다.

한양아파트는 또 다른 '1호 재건축' 타이틀을 가지고 있다. 바로 '1호 역품아'로, 2029년 개통 예정인 서부선 '한양아파트역' 출입구가 단지 내에 설치될 예정이다. 이는 재개발·재건축 단지 중 최초로 역 출입구가 단지에 포함되는 사례다.

2024년 8월 5일, 한양아파트의 환경영향평가 초안서가 접수됐는데, 기존 해안건축 설계안에서 주동 1개가 줄어 아파트 3개 동, 오피스텔 1개 동으로 계획됐다. 건폐율도 40%로 조정되며, 더 쾌적한 환경을 제공할 예정이다. 또한, 대교아파트와 접한 구역은 각각 10m씩 기부채납하여 두 단지가 재건축되면 20m 도로를 설치하기로 지구단위계획에 반영됐다. 한양아파트는 2025년 사업시행인가를 목표로 빠르게 사업을 추진하고 있다.

4구역 시범아파트

1971년 준공된 시범아파트는 여의도에서 가장 오래된 단지로, 대한민국 최초의 단지형 고층아파트다. 높이는 12층으로, 당시 한국에서 지어진 아파트 중 가장 높았다. 시범아파트는 기둥식 구조로 층간 소음이 적다. 엘리베이터를 상업시설이 아닌 주거시설에 혁신적으로 도입한 첫 사례로, 엘리베이터걸이 대기하고 있었다. 심지어 단지내상가에는 에스컬레이터도 설치됐으며, 실내외 수영장도 있어서 큰 이슈가 됐다. 이에 가장 큰 158㎡(40평형)는 571만 원, 소형인 59㎡는 212만 원 선에 분양했지만, 입주 시작 후 두 달 만에 158㎡의 가격이 1,000만 원을 넘어섰다.

대부분의 아파트들은 실제 주거로 사용하는 공간을 전용면적으로 부르고, 복도, 엘리베이터, 주차장 등을 포함한 분양면적을 공급면적이라고 한다. 그러나 시범아파트는 특이하게도 공급면적과 전용면적의 크기가 같아 전용률이 100%다. 물론 옛날 구조이고 베란다 면적이 넓어 체감면

시범아파트

4구역	시범아파트 (1971.12)					
평형	대지지분	가구 수	층수	현용적률	최대용적률	용도지역
18평	10.89평	216	13층	172%	500%	제3종 ⇩ 일반상업 종상향
24평	14.16평	372				
36평	21.12평	360				
48평	28.06평	336				

적은 크지 않다.

2008년부터 재건축을 추진하려 했으나 주민 반대로 무산됐고, 2017년 5월 안전진단에서 D등급을 받아 신탁방식으로 재건축을 추진하게 됐다. 그러나 2018년 여의도통합개발로 사업이 중단됐으며, 2021년 여의도 아파트지구의 지구단위계획 전환 발표를 계기로 재건축이 다시 추진됐다. 2022년, 서울시는 최고 65층, 2,500세대로 재건축하는 신속통합기획안을 확정했고, 용적률은 제3종일반주거 300%에서 준주거 400%로 상향됐다. 기본 계획대로 65층으로 건립되면 바로 옆 63빌딩(249.6m)보다 조금 낮은 높이가 되며, 서울시내 재건축 단지 중 가장 높은 건축물이 될 것이다. 학교 주변에는 공원과 중저층 건물을 배치해 일조권을 확보하고, 현재 원효대교 진입램프와 도로로 인해 단절된 시범아파트 단지와 한강공원을 연결하는 입체보행교도 설치될 예정이다.

그러나 서울시는 용적률 상향에 따른 65층 건축 혜택에 대한 공공기여로 데이케어센터 설치를 요구했다. '노치원'이라고 불리는 이 데이케어센터는 학교처럼 매일 집을 오가는 복지시설로, 요양사들이 방문요양과 간호를 위해 가정에 파견되기도 한다. 보통 낮에만 운영되기 때문에 넓은 면적이 필요하지 않아, 서울시는 용적률 상향을 조건으로 재건축이 진행되는 여의도 사업장에 대해 '건축물 인센티브 계수' 혜택을 약속했다. 건축물로 기부채납 시 인센티브 계수를 기존 0.7에서 1로 상향 조정해주는 것이다.

한국자산신탁은 임대주택을 최소화하기 위해 데이케어센터 수용을 결정했으나 주민들의 반대가 심했다. 반면, 데이케어센터를 수용한 대교아파트는 신속통합기획 패스트트랙 1호 단지로 지정돼 빠르게 사업을 추진 중이다.

최근 서울시는 재건축 신속통합기획에 「단계별 처리기한제」를 도입한다고 발표했다. 각 단계별 기한 내에 다음 사업 단계로 진행하지 못하면 신속통합기획 절차가 취소되고, 일반 재건축 사업으로 전환된다. 또한, 공공성이 없다고 판단될 경우 종상향 등 신속통합기획으로 받은 혜택도 취소된다.

여의도시범아파트는 이 단계별 처리기한제의 첫 타겟이 됐다. 데이케어센터 설치를 둘러싼 갈등이 있었지만, 결국 사업이 신속히 진행돼야 한다는 공감대가 형성됐다. 그래서 조합원 다수가 데이케어센터 설치를 수용했으며, 사업이 재개됐다. 한국자산신탁은 데이케어센터를 반영한 정비계획 결정고시를 신청했으며, 빠르면 10월 내 공람이 시작될 예정이다.

여의도시범아파트는 55만㎡ 부지에 용적률 351%가 적용돼, 최고 65층 높이의 25개 동으로 재건축될 예정이다. 추정 비례율 100.44%를 적용한 종전 자산 평가 금액은 60㎡가 14억 3,980만 원, 79㎡는 17억 7,627만 원, 118㎡는 22억 9,561만 원, 156㎡는 29억 1,943만 원이다.

재건축될 2,488세대 중 임대 300세대를 제외하면 분양 세대는 2,188세대이며, 이 중 84㎡ 이상 분양 세대가 2,004세대이므로 조합원 1,584명 모두가 84타입 이상을 분양받을 수 있다. 또한, 85㎡ 이상의 대형 평형 세대가 991세대이기 때문에 79㎡ 소유자도 300세대 정도는 대형 평형을 분양받을 수 있다. 예상 조합원분양가는 일반분양가 3.3㎡당 6,400만 원의 90%로 책정됐다. 가장 작은 60㎡ 소유자가 84㎡를 분양받기 위해서는 6

억 5,000만 원을 추가 납부해야 하며, 가장 세대수가 많은 79㎡ 소유자가 84㎡를 분양받기 위해서는 3억 2,000만 원을 추가로 납부해야 한다.

5구역 삼익아파트

1974년 준공된 여의도삼익아파트는 전용면적 122~123㎡로, 총 4개 동 360가구로 구성돼 있다. 삼익아파트는 40평형 단일 평수의 계단식 구조로, 주차 공간 확보가 잘돼 있어 재건축을 추진하는 단지 중에서도 주차 편의성이 높은 편이다. 샛강역(9호선·신림선)까지 도보로 이동 가능하며, 신림선 북부 연장 및 서부선 '성모병원역'이 개통되면 초역세권으로 거주 여건이 더욱 개선될 예정이다. 또한, 학원이 많은 우정상가 및 홍우빌딩과 가까워 아이들이 학원을 다니기에도 좋은 위치다.

삼익아파트 40평의 대지지분은 15.6평으로, 시범아파트의 24평이나 삼부아파트의 27평과 비슷하다. 실제로 거주하는 세대 중에는 가정부 방을 확장하여 사용하는 경우가 많아, 보통 방 3개와 화장실 2개의 구조로 사용된다. 삼익아파트의 작은 대지지분은 사업성에 영향을 미쳐, 쌍둥이 단지라 불리는 은하아파트와의 통합재건축이 논의되기도 했다. 두 단지는 나란히 위치해 있으며, 4개 동, 최고 12층, 총 360세대로 구성되고, 1974년에 준공된 점과 대지지분도 비슷하다. 그러나 여의도 아파트지구

지구단위계획 발표에 따라, 제3종일반주거지가 상업지로 종상향되면서 각각 신탁사를 선정해 재건축을 진행 중이다.

이 같은 분위기에 힘입어 신탁방식으로 사업을 추진하기로 결정한 여의도삼익아파트는 한국토지신탁과 신탁방식 도시정비사업 추진을 위한 업무협약(MOU)을 체결했다. 한국토지신탁은 사업시행자 지정동의 절차를 시작한 지 한 달 만에 전체 토지 등 소유자의 85% 동의를 이끌어냈으며, 2031년 준공을 목표로 하고 있다.

삼익아파트는 단지 내 종교시설과 상가가 따로 없고, 단일 필지로 구성돼 있어 조합원 간 의견만 잘 맞으면 재건축이 빠르게 진행될 수 있다. 최근 삼익아파트가 서울시에 제출한 정비계획안에는 노인 재가시설이 포함돼 있다. 재건축을 통해 삼익아파트는 아파트 618가구와 오피스텔 114실로 새롭게 바뀔 예정이다.

6구역 은하아파트

1974년 준공된 은하아파트는 1만 8,565㎡ 부지에 12층 규모의 공동주택 4개 동, 360가구로, 상가 없이 40평형 단일 규모로 구성돼 있다. 쌍둥이 단지인 삼익아파트와는 준공일이 2개월 차이일 뿐, 대지면적, 용적률, 세대수 등 모든 면에서 동일하다. 은하아파트는 신탁방식으로 업무

여의도 삼익아파트 및 은하아파트

5구역	삼익아파트 (1974.11)					
평형	대지지분	가구 수	층수	현용적률	최대용적률	용도지역
40평	15.6평	360	12층	256%	800%	제3종 ⇩ 일반상업 종상향

6구역	은하아파트 (1974.12)					
평형	대지지분	가구 수	층수	현용적률	최대용적률	용도지역
40평	15.6평	360	12층	256%	800%	제3종 ⇩ 일반상업 종상향

협약을 체결한 지 4개월 만에 사업시행자를 지정했고, 하나자산신탁은 2023년 9월 신속통합기획 주민제안방식을 영등포구에 접수했다.

이 단지는 원래 제3종일반주거지역이었으나, 여의도 지구단위계획에 따라 일반상업지역으로 종상향돼 용적률 600%를 적용받는다. 계획안에 따르면 공동주택 650세대와 오피스텔 120실 규모의 단지가 조성될 예정이다.

7구역 광장아파트 3~11동

준공 47년 차에 접어든 광장아파트는 3~11동과 1~2동의 분리재건축 여부를 두고 3년 간 소송을 벌여왔다. 1~2동은 2018년 안전진단 C등급을 받아 재건축 불가 판정을 받았고, 3~11동은 D등급을 받아 먼저 재건축을 진행하게 됐다. 2019년 3~11동이 한국자산신탁을 사업시행자로 고시 후 1~2동은 통합재건축을 주장하며 영등포구청을 상대로 소송을 제기했다.

해당 소송은 광장아파트 단지의 복잡한 특성에서 비롯된 것이다. 폭 25m 여의나루길을 사이에 두고 1~2동과 3~11동은 나뉘어 있으며, 도로로 나뉜 것뿐만 아니라 지번도 각각 다르다. 1~2동의 대지는 38-1번지, 3~11동의 대지는 28번지로 구분된다. 반면, 광장아파트를 하나의 단지로 보는 이유도 많다. 최초 분양공고나 계약 시 1~2동과 나머지 동을 구분하지 않았으며, 입주권 배정과 분양가도 동일했다. 사업시행자도 같았고, '광장아파트'라는 단일 명칭을 사용하며 입주자 대표회의도 하나였다. 동 번호 역시 1동에서 11동까지 연속성을 가지고, 단지 관리도 함께 이루어졌다. 그러나 3~11동 측에서는 1977년 6월 광장 1차(1-2동)와 2차(3-11동)의 허가가 별도로 신청되고 승인됐기 때문에 별도의 주택단지로 봐야 한다는 입장이다. 비록 실질적으로는 하나의 단지처럼 보이지만, '사업계획승인' 기준으로는 다른 단지로 판단된다는 것이다. 게다가 준공시점과 대지권 범위 등이 상이한 점도 고려해야 한다.

이 소송의 핵심 쟁점은 '사업성'이다. 여의나루길 좌측에 위치한 3~11동의 용적률은 199.47%인 반면, 도로 오른쪽에 위치한 1~2동 용적률은 243.19%로, 40%가량 차이가 난다. 이에 따라 높은 용적률을 가진 1~2동은 통합재건축을 선호했지만, 3~11동 주민들은 사업성이 낮아지는 것을 우려해 분리재건축을 원했다. 결국 2022년 9월, 대법원은 분리재건축이 가능하다는 판결을 내렸고, 두 단지는 각각 재건축사업을 추진 중이다.

여의도광장아파트 28주택 재건축정비사업은 3~11동, 최고 12층 8개동, 576가구 규모로 이루어졌다. 단지 규모는 여의도에서 세 번째로 크며 대지지분이 좋다. 9호선과 5호선 여의도역이 가까운 초역세권에 위치해 있으며, 샛강에 핀 벚꽃을 앞마당처럼 즐길 수 있어 거주 환경도 쾌적하다. 세대당 주차공간은 2대씩 제공되며, 저녁에는 단지 옆 공영주차장을

여의도 광장아파트

광장아파트 분리재건축

여의도

광장아파트
3~11동

광장아파트
1·2동

윤중초

미성

1~2동		3~11동(4동 없음)
광장아파트 38-1	지번	광장아파트 28주택 재건축 정비사업
조합방식	사업방식	신탁방식
2개 동 168가구	규모	8개 동 576가구
3개 동 최고 49층 300가구	계획	4개 동 최고 56층 1,224가구
유현준건축사무소	설계업체	해안건축
정비계획안 확정 조합설립 정비사업관리업자 선정예정	진행단계	자문형 신속통합 신청 정비계획안 확정 시공사선정예정

7구역	광장아파트 3~11동 (1978.06)					
평형	대지지분	가구 수	층수	현용적률	최대용적률	용도지역
34평	17.2평	144	12층	199%	500%	제3종 ⇩ 일반상업 종상향
39평	19.7평	96				
45평	22.8평	144				
50평	25.3평	96				
60평	30.4평	96				

202

부트2025 : 부자되는 트렌드

무료로 이용할 수 있어 주차 편의성이 높다. 단일 필지로 상가 등 분쟁 요소가 없어 주민들의 의견만 잘 모이면 빠른 재건축이 가능하다.

광장아파트 3~11동은 최고 58층으로 탈바꿈하는 신속통합기획 자문 방식(패스트트랙)의 주민 기획안을 제출했다. 이에 따르면, 광장아파트는 제3종일반주거지를 일반상업지로 종상향하여, 용적률 599.2%를 적용해 58층, 4개 동, 1,020세대로 재건축될 예정이다. 건폐율은 기존 15.4%에서 35.49%로 증가하며, 업무시설 1개 동과 오피스텔 1개 동도 포함된다. 해안건축이 디자인한 'The Grand Arch'는 북동쪽에 고층 업무시설이 조성된다. 남서쪽에는 샛강생태공원이 접해 있어 주거시설은 모든 세대가 남향으로 설계돼 조망권을 확보할 수 있도록 계획됐다.

8구역 여의도광장아파트 1~2동

여의도광장아파트 38-1번지 재건축은 조합방식을 통해 사업을 추진하고 있다. 광장아파트 1~2동은 지상 14층, 2개 동, 168가구 규모로 1978년 12월에 준공됐다. 적은 세대수에도 불구하고 주민들의 재건축 의지가 강해 사업 추진 속도가 빠르다. 주민 동의율 92.86%를 달성한 후, 창립총회를 마친 지 2개월 만인 2024년 8월에 조합설립인가를 받았다

매매가는 대단지 프리미엄과 대지지분 등의 사업성 영향으로 광장

8구역	광장아파트 1~2동 (1978.06)						
평형	대지지분	가구 수	층수	현용적률	최대용적률	용도지역	
34평	14.19평	28				제3종 ⇩ 일반상업 종상향	
39평	16.27평	28	12층	199%	500%		
45평	18.80평	56					
50평	20.88평	56					

3~11구역보다 낮다. 두 구역 간 용적률 차이로 인해 3~11동 34평의 대지지분이 17.2평인 반면, 1~2동의 동일 면적 대지지분은 14.19평으로, 다른 평형도 1~2평정도 차이가 난다.

여의도 아파트지구 지구단위계획에 따라 광장아파트 38-1번지도 제3종일반주거지역에서 상업지역으로 종상향됐다. 이 단지는 스타 건축가 유현준 건축사사무소가 설계를 맡아 용적률 599%를 적용해 3개 동, 49층, 300가구 규모의 고급 아파트로 재건축될 예정이다. 바로 옆에는 윤중로와 윤중중학교가 위치하며, 전 세대가 샛강조망권을 확보하고 있다. 저층부는 테라스와 경관 디자인을 특화하고, 상층부는 파노라마 뷰를 누릴 수 있도록 설계됐다. 또한, 벽식 구조가 아닌 기둥식 구조로 설계돼 내부 변경이 용이하다.

9구역 미성아파트

1978년 준공된 여의도미성아파트는 47년 차로, 최고 13층, 5개 동, 577세대의 복도식 아파트다. 중앙난방과 격층 엘리베이터로 실거주에 약간 불편함이 있지만, 매일 재활용 수거가 가능해 주민 만족도가 높다. 교육환경도 우수한 편으로, 길 건너에 윤중초등학교와 윤중중학교가 있어 자녀를 양육하기 적합하다.

미성아파트는 9호선과 5호선 여의도역이 가까운 초역세권에 위치하며, 세대당 1.19대의 주차공간을 확보해 주차 편의성도 높다. 용적률 198%, 건폐율 13%로 동간 간격이 넓고 쾌적하다. 또한, 여의도역은 2026년 신안산선, 2029년 GTX-B 노선 개통이라는 호재도 있다.

미성아파트 상가는 20년 전 리모델링돼 '아일렉스 상가'로 바뀌었으며, D·E동이 상가와 같은 필지에 묶여 있어 재건축시 필지 분할이 필요해 보인다. 아일렉스 상가는 다양한 편의시설과 병원, 약국 등으로 활성화돼 있다. 미성아파트는 그동안 추진위원회 집행부가 독단적으로 설계업체를 선정하면서 크고 작은 갈등이 지속됐다. 현재 집행부 해임 및 새로운 추진위원장을 선출하고 있다.

여의도 아파트지구 지구단위계획에 따라 9구역은 제3종일반주거지에서 일반상업지로 종상향됐고, 최대 800%의 용적률을 적용받을 수 있다.

여의도 미성아파트

9구역	미성아파트 (1978.04)					
평형	대지지분	가구 수	층수	현용적률	최대용적률	용도지역
26평	10.8평	169	12층 · 13층(A동)	188%	800%	제3종 ⇩ 일반상업 종상향
33평	17.6평	144				
38평	19.7평	96				
47평	24.2평	96				
54평	28.6평	72				

부트2025 : 부자되는 트렌드

조합방식 VS 신탁방식

여의도 일대 재건축사업이 속도를 내면서, 사업 추진 속도를 높이기 위해 조합방식이 아닌 신탁방식을 선택하는 단지들이 늘고 있다. 이는 시공비가 증가하거나, 공사가 중단되는 등 재건축사업에서 발생하는 고질적인 문제들을 해결하기 위해서다. 신탁방식은 사업비 조달이 용이하며, 추진 속도가 빠르기에 조합방식의 대안으로 떠오르고 있다.

현재 재건축 절차를 밟고 있는 16개 단지 중, 삼익·시범·광장·수정·은하·공작·한양 등 7개 단지가 신탁방식을 통해 재건축사업을 추진하기로 결정했다. 단지별로 보면, 시범·광장·수정아파트는 한국자산신탁, 한양·공작아파트는 KB부동산신탁이 사업시행을 맡고 있다. 삼익아파트는 한국토지신탁, 은하아파트는 하나자산신탁을 예비 사업시행자로 선정했다.

신탁방식의 가장 큰 장점은 초기 사업 속도가 빠르다는 것이다. 신탁회사가 주택도시보증공사(HUG)의 대출보증을 받거나 직접 자금을 조달해 대출금리가 낮고, 사업 추진이 원활하다. 또한, 신탁회사는 전문성을 바탕으로 사업을 효율적으로 진행할 수 있으며, 시간과 비용을 절감할 수 있다. 특히, 신탁회사가 실질적인 사업시행자로

Insight

조합방식 정비사업 vs 신탁방식 정비사업

	조합방식	신탁방식(사업대행자)	신탁방식(사업시행자)
시행사	조합	조합	신탁회사
의사결정	조합 및 조합원 총회	조합 및 조합원 총회	토지등 소유자 전체회의
운영	이사회 / 대의원회	이사회 / 대의원회	정비사업위원회(주민대표)
동의요건	* 재개발: 토지등 소유자 ¾↑ 토지면적의 ½↑ * 재건축: 동별 구분소유자 ½↑ 전체구분 소유자 ¾↑ 토지등 소유자의 소유자 ¾↑	토지등 소유자 ½↑ **토지면적의 ⅓↑ 신탁등기**	조합방식 동의요건 **토지면적의 ⅓↑ 신탁등기**
자금조달 / 관리	시공사	신탁회사	신탁회사
공사계약 형태	도급제(분양불)	도급제(기성불)	도급제(기성불)
개발이익	조합에 귀속	**개발이익 일부 신탁 수수료 지급**	**개발이익 일부 신탁 수수료 지급**
공사관리	시공자/감리자/조합	시공자/감리자/조합/신탁회사	시공자/감리자/신탁

	조합방식	신탁방식
장점	☑ 조합원 의견수렴↑ ☑ 개발이익 조합귀속 ☑ 신탁 수수료 절감 ☑ 우수한 협력업체 직접선정	☑ 사업절차 및 사업기간 단축 ☑ 초기 자금조달 유리 ☑ 투명한 자금관리 ☑ 공사비 절감으로 사업성↑
단점	☑ 초기 자금조달 어려움 ☑ 전문성 부족 ☑ 조합장 탈루 등 투명성 부족 ☑ 조합원 의견 충동시 사업지연	☑ **신탁수수료 발생 2~4%** ☑ 불공정 계약 가능성 ☑ 신탁계약 해지 어려움 (100%동의) ☑ 재산권 위탁에 따른 심리적 저항

참여하는 방식은 토지 등 소유자 75%의 동의만 있으면 조합설립 없이 사업을 추진할 수 있어, 사업 기간을 2~3년 단축할 수 있다.

하지만 한국에서 신탁방식 정비사업은 아직 초기 단계이므로 장단점을 신중히 따져 봐야 한다. 한국자산신탁과 한국토지신탁 같은 몇몇 대형 신탁회사를 제외하면, 중소형 신탁회사는 정비사업 경험이 부족한 경우가 많다. 신탁사마다 사업 역량의 차이가 크고, 성공 사례가 많지 않은 것도 문제. 또한, 분양매출액의 2~4%를 신탁수수료로 지불해야 하는데, 이는 대형 건설사의 영업이익률이 5% 내외인 것에 비해 상당히 높은 수준이다. 게다가 신탁사의 사업비 조달 금리는 조합방식보다 최소 2% 이상 높은 점도 염두에 둬야 한다.

또한, 신탁사가 사업시행자 지위를 얻으려면 토지 면적의 3분의 1 이상을 신탁등기 해야 하는데, 이 때문에 조합원들이 신탁방식을 꺼리는 경우가 많다. 신탁등기 후에는 해지가 어려워 매매가 제한된다. 만약 신탁사가 부도라도 나면 신탁등기 된 토지가 위험해질 수 있다는 우려도 있다.

이처럼 조합방식과 신탁방식은 각각 장단점이 있으며, 사업장의 상황에 따라 적합한 방식이 달라진다. 신탁방식이 유리한 사업장이 있는 반면, 조합방식이 적합한 경우도 있다. 따라서 토지 등 소유주들이 사업지에 맞는 방식을 신중하게 선택해야 한다.

제4장

단지내상가 투자 트렌드

by 집이두채

1기 신도시 재건축

: 공약대로 빠르게 움직였다

2023년 『부트2024』를 집필할 때 필자는 「노후계획도시 정비 및 지원에 관한 특별법(이하 노후계획도시 정비법)」이 계획대로 연내 제정될 것이라고 원고 초안을 작성했지만, 이를 수정하여 2024년 4월 총선 전에는 제정되리라고 전망을 바꿔야 했다. 노후계획도시 정비법의 2023년 연내 제정이 윤석열 대통령의 공약이었지만, 초안을 집필했던 2023년 8~9월에만 해도 여야가 대립하며 법 제정에 대한 불확실성이 커지고 있었기 때문이다.

하지만 결국 공약대로 노후계획도시 정비법은 2023년 연내 제정됐으며, 해당 법을 기반으로 지자체별 노후계획도시 정비기본계획 공람이 진행됐다. 2024년 12월에는 노후계획도시 정비기본계획 수립이 완료될 것이다. 그리고 책이 출간되는 시점에는 현재 가장 큰 관심을 끌고 있는 선도지구 선정까지 완료될 예정이다.

여야 갈등이 역사 이래 최고조인 상황에서 어떻게 이렇게 순조롭게 계획대로 정책이 진행되고 있을까? 1기 신도시를 비롯한 노후계획도시의 대규모 노후화는 정치적 이슈가 아니라 사회적 문제를 해결하기 위한 정책적 이슈이기 때문이다. 아래 이미지는 서울시의 노후화 현상이 가속화되고 있음을 보여주는 자료다. 문재인 정권 때에는 크게 체감되지 않았을 것이다. 하지만 정권이 바뀐 2022년을 기준으로 1기 신도시들이 건축 연한 30년을 넘게 되면서 이에 대비하지 않을 수 없는 상황이 됐다.

주민들의 의지 또한 강하게 작용하고 있다. 1기 신도시 선도지구 공모 신청 동의율만 봐도 알 수 있다.

선도지구 공모 기준이 처음 공개됐을 때 동의율 항목의 만점 기준이 너무 높다는 불평이 터져 나왔다. 재건축 동의율은 80%만 돼도 모든 것이 진행 가능하다는 말이 있다. 아무리 만점이라도 95%라니 가능할 수치일

노후기간별 주택 현황(서울시)

	20년 이상 ~ 30년 미만 아파트	30년 이상 아파트

연도	30년 이상 아파트	20년 이상 ~ 30년 미만 아파트	합계
2019	290,335	455,777	746,112
2020	307,366	520,612	827,978
2021	329,476	558,563	888,039
2022	373,526	573,216	946,742
2023	423,038	602,154	1,025,192

지 많은 사람들이 의문을 가졌지만, 이는 기우에 불과했다. 최근 동의율을 공개한 분당 선도지구 신청 구역들의 동의율을 보면 서현동 시범 단지 2개 구역을 비롯한 무려 7개 구역이 95% 이상의 동의율을 확보했다고 한다. 그만큼 재건축을 원하는 1기 신도시 주민들의 의지가 강력하다.

95%의 동의율을 달성한 구역의 재건축은 얼마나 빠르게 진행될까? 2027년 착공 2030년 입주라는 국토교통부의 목표만큼은 아닐 수 있어도 재건축 역사상 유례없는 속도를 보일 가능성이 높다. 다만 그렇게 빠르게 진행되기 위해서는 한 가지 단서 조항이 붙는다. 사업 구역 안의 단지내상가와 원만하게 협상을 보는 것이다. 아파트 소유주들끼리 분쟁이 없는 것은 당연하고 이해관계를 달리하는 단지내상가 소유주들과도 분쟁을 최소화해야 한다. 이들 과반이 동의하지 않으면 조합설립 혹은 신탁사 지정이 불가능하기 때문이다.

단지내상가 소유주의 과반 동의 없이는 재건축을 진행할 수 없다는 것을 이제 아파트 소유주들도 조금씩 알아가고 있을 것이고, 『부트2024』의 전망대로 1기 신도시 단지내상가가 본격적으로 오르기 시작한 것이다.

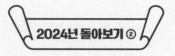

선진입의 결과

: 이미 재벌집 막내아들이 됐다

『부트2024』의 제6장 단지내상가 투자 트렌드는 "1기 신도시 등 단지내 상가에 투자하라."라는 이 한 문장으로 요약할 수 있다. 부디 『부트2024』를 읽고 실천한 독자들이 많기를 바란다. 필자의 전망 그대로 1기 신도시 단지내상가의 가격이 많이 올랐기 때문이다.

드라마 「재벌집 막내아들」에서 주인공 송중기는 과거로 돌아가는 회귀를 통해 지난 역사를 알 수 있었다. 그 결과 너무나 쉬운 투자를 했다. 노태우 정권의 주택 100만 호 건설 계획의 일환으로 1기 신도시가 개발될 것이었고, 그중에서 가장 비싸고 좋은 땅이 바로 분당이었다. 그 역사를 알고 있었기에 당시 빈 땅이었던 분당 땅 5만 평을 헐값에 사서 막대한 차익을 남기는 투자를 할 수 있었다.

216

그런데 꼭 회귀해야만 이런 투자를 할 수 있고 부자가 될 수 있을까? 부동산을 건물이 아닌 땅으로 평가하는 투자를 한다면, 굳이 회귀하지 않아도 확신을 가지고 훌륭한 투자를 할 수 있다. 단지내상가로 살 수 있는 1기 신도시의 땅이 같은 구역의 아파트보다 훨씬 저렴한데 이 사실을 대부분 모르고 있기 때문이다.

부동산의 본질은 결국 땅이다. 건물이 없다고 생각해보자. 같은 구역의 땅을 다들 평당 1억으로 사는데, 나만 특별히 평당 5,000만 원에 살 수 있다면 이보다 확실하고 훌륭한 투자가 어디 있겠는가?

단순하지만 너무나 명확한 논리다. 땅을 보고 투자한다면 1기 신도시 단지내상가에 투자할 수밖에 없다. 그리고 그 명확한 논리를 믿고 투자했다면, 그 결실은 실로 달콤했을 것이다. 최근 상승세가 뚜렷한 분당 단지내상가가 이를 증명한다.

2023년에는 대지지분 평당 3,480만 원에 팔렸던 분당 A 구역의 단지내상가 지하가 2024년 5월에는 5,139만 원에 팔리더니, 2024년 8월에는 7,708만 원에 팔렸다. 최근 거래를 2023년 6월과 비교한다면, 불과 1년 만에 2.2배 이상 가격이 상승한 것이다.

2023년에 이렇게 실적이 좋은 부동산 투자가 있었을까? 이러한 급격한 가격 상승에는 1기 신도시 단지내상가를 대상으로 한 토지거래허가구역 지정이 큰 몫을 했다.

2023년보다 2배 정도 가격이라면 연말이나 돼야 가능하리라 생각했는

경기도 공고 제2024-1532호

토지거래허가구역 지정 수정 공고

「부동산 거래신고 등에 관한 법률」 제10조에 따라 지정한 토지거래허가구역(경기도 공고 제2024-1513호)을 다음과 같이 수정 공고합니다.

2024. 7. 8.
경기도지사

1. 허가구역 조정지역

대 상 지 역		면 적(㎢)	비 고
합 계		17.28	
고양시	일산동구 장항동, 정발산동, 마두동, 백석동, 일산서구 대화동, 주엽동, 일산동 일부	4.48	시행령 제7조제1항 제4호
성남시	분당구 야탑동, 이매동, 서현동, 분당동, 수내동, 정자동, 금곡동, 구미동 일부	6.45	
부천시	원미구 중동, 상동 일부	2.21	
안양시	동안구 비산동, 관양동, 평촌동, 호계동 일부	2.11	
군포시	산본동, 금정동 일부	2.03	

2. 허가구역 지정기간 : 2024년 7월 10일 ~ 2024년 12월 31일

3. 토지거래계약에 관한 허가를 받아야 하는 대상

가. 허가 대상자 : 전체
나. 허가대상 용도 : 주거용을 제외한 용도
다. 허가대상 지목 : 전체
※ 허가대상 여부는 허가신청당시의 건축물대장을 기준으로 판단함
※ 건출법시행령 별표1 제1호(단독주택), 제2호(공동주택)를 제외한 용도

4. 토지거래계약에 관한 허가를 받아야 하는 면적

용 도 지 역		면 적
도시지역	주거지역	6㎡ 초과
	상업지역	15㎡ 초과
	공업지역	15㎡ 초과
	녹지지역	20㎡ 초과
	용도지역이 지정이 없는 구역	6㎡ 초과
도시지역 외의 지역	농 지	50㎡ 초과
	임 야	100㎡ 초과
	농지 및 임야 이외의 토지	25㎡ 초과

※ 부동산 거래신고 등에 관한 법률 시행령 제9조 제1항에 따라 기준면적의 10% 적용

5. 토지거래허가구역 지정 토지조서 : 붙임1 참조
※ 공간정보의 구축 및 관리 등에 관한 법률에 따른 토지이동 및 등록사항정정 토지가 반영되지 않을 수 있음으로 최종조서는 허가구역 지정도면(구역 설정)을 기준

6. 토지거래허가구역 지정 지형도
※ 토지e음(http://eum.go.kr)에서 토지거래허가구역 세부정보 확인 가능

데, 필자의 예상보다 가격 상승이 가속화됐다. 토지거래허가구역의 지정이 매물 공급을 많이 감소시켰기 때문이다.

예전에는 가장 저렴하고 좋은 매물로 골라서 살 수 있는 상황이었다면 토지거래허가구역 지정 이후에는 토지거래허가가 가능한 매물이 나오기를 기다리는 상황이 됐다. 토지거래허가구역 지정 시, 실사용을 목적으로만 토지거래허가를 받을 수 있기에 임대가 맞춰진 단지내상가는 거래가 불가능하다. 임대가 맞춰진 경우라도 기존 임차인을 명도하는 조건으로는 토지거래허가가 가능하지만, 매수인이 기존 임차인에게 권리금, 이사 비용 등을 내줘야 할 수도 있다. 원래 단지내상가는 매물 자체가 많지 않은데, 토지거래허가구역 지정으로 매물이 극단적으로 감소하면서 가격 상승이 일찍 나타날 수밖에 없게 됐다.

토지거래허가구역 지정으로 인한 매물 공급 감소만이 이유는 아니다. 1기 신도시 단지내상가에 투자하려는 사람들이 점점 증가하고 있다. 2024년 6월 지자체별 선도지구 공모안이 공개되면서 많은 주민이 재건축에 대해 더 많이 알게 된 것이다.

분당은 상가 소유주 20% 이상 동의하지 않으면 공모 자체가 불가능하다. 조합설립 시 상가 소유주 과반의 동의가 필요한 것을 차용한 셈이다. 주민들이 이러한 재건축 세부 절차를 알게 되면서 단지내상가에 대한 관심이 많이 늘어났다. 그중에는 부정적 관심이 더 많지만, 오히려 단지내상가를 투자 대상으로 보기 시작한 이들도 있는 것이다.

『부트2024』의 예측대로 꾸준히 투자 수요가 늘어났고, 토지거래허가구역 지정으로 인해 매물 공급까지 크게 줄면서 단지내상가의 가격 상승이 가속화됐다.

이제 크게 올라버린 단지내상가 투자는 매력이 떨어진 것일까? 과거보다 많이 오른 가격을 생각하며 2024년에 단지내상가 투자를 망설이는 사람들이 적지 않다.

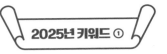

2025년 키워드 ①

아파트 땅만큼 오를 수 있는
단지내상가의 땅

왜 비교 대상이 과거의 가격인가? 이것만 보고 있으면 대부분 투자가 쉽지 않다. 과거보다 이미 올라서 살 수 없기 때문이다. 판단 기준은 과거의 가격이 아니라 아파트의 땅값이어야 한다. 더 구체적으로 얘기하자면 아파트의 대지지분 평당 매매가를 봐야 한다는 것이다.

분당 구축 중에서 최고가를 기록하고 있는 아파트를 살펴보자. 대지지분 15.7평인 서현동 시범단지 삼성한신 32평 아파트가 17.25억에 거래됐다. 대지지분 평당 1.1억에 거래된 셈이다. 추가로 좀 더 용적률이 높은 곳을 보자면, 대지지분 13.3평인 수내동 양지마을 금호 32평 아파트가 17.2억으로, 대지지분 평당 1.3억에 거래됐다. 대형 평형은 평당가가 낮은 것을 감안해도 이미 분당 주요 지역 아파트의 땅은 평당 1억 정도에 팔리고 있다.

이렇게 아파트 또한 매매가가 아닌 대지지분 평당 매매가로 파악하고 있어야 상가도 땅값을 기준으로 평가하고 투자 판단을 정확히 내릴 수 있다. 필자는 이미 2017년부터 분당 부동산 투자를 땅으로 평가하고 있었다.

2014년 첫 부동산을 매수했다. 분당에 15평짜리 작은 주공아파트였고, 사실 투자라기보다는 그저 신혼집을 마련한 것이다. 본격적으로 부동산 투자는 2016년부터 시작했다. 분당에 용적률이 낮은 32평 아파트를 재건축만 보고 매수했는데, 당시에는 분당 재건축에 대해 부정적인 반응이 많았다. 필자 역시 입주를 노렸다기보다는, 부디 기대감이라도 반영되기를 소망하여 투자했다.

하지만 2017년의 결정은 달랐다. 이때부터는 확실하게 분당 아파트를 건물이 아닌 땅으로 보기 시작했다. 분당 73평을 매수한 결과를 보면 알 수 있다. 당시 둘째 아이가 태어나기 전으로 3인 가정의 가장이 어떻게 73평 분당 아파트를 선택할 수 있었겠는가? 73평의 아파트 건물을 매수한 것이 아니라 아파트가 가진 분당 땅 34.4평을 보고 샀기 때문에 가능했다.

당시 대지지분 34.4평을 가진 분당 73평 아파트를 8.9억으로, 대지지분 평당 2,583만 원에 매수했다. 지금 생각해봐도 정말 잘한 결정이다. 덕분에 4인 가족이 방 6개, 화장실 3개인 넓은 집이 주는 공간적 여유를 만끽하며 살고 있다. 당시 필자에게 부동산을 땅으로 볼 수 있도록 부동산에 대한 접근 방식을 바꾸어준 지인들에게 항상 감사한 마음을 가지고 있다.

덕분에 2018년부터는 단지내상가까지도 건물이 아닌 땅으로 보며 수익률 높은 투자를 이어가고 있다. 당시에는 아파트 투자도 수익률이 높았다. 서울, 분당이 오르니 지방 광역시도 올랐고, 경기 외곽까지 가격이 움직이기 시작했다. 상가에 투자할 여력이 없어서, 정말 저렴하지 않으면 투자할 이유가 없었다. 아무 매물이나 살 수 없었다. 최소한의 자금으로 최대의 수익을 내고 싶어 높치게 된 좋은 매물들이 많았다. 그렇게 2년이 넘는 기간 동안 꾸준히 찾고 기다려서, 드디어 2020년 초에 단지내상가 지하로 분당 땅 42.8평을 대지지분 평당 794만 원에 샀다. 필자의 단지내상가 투자가 드디어 시작된 것이다.

당시 확신과 기대감이 얼마나 컸는지 필자의 블로그 게시글을 보면 알 수 있다. 2020년 초 아내와 함께 공동명의로 첫 단지내상가를 계약하고 돌아오는 길이었다. 유난히 날씨가 좋아, 해가 잘 들고 화창한 날이었는데 새하얀 비둘기가 바닥에 앉아 있다가 눈부신 햇살을 맞으며 날개를 활짝 펴고 비상하는 모습을 볼 수 있었다. 그 비둘기가 마치 길조 같았다. 하늘이 돕는다는 생각이 들었고 온 세상을 다 가진 기분이었다.

2020년 11월에 네이버 카페 부동산 스터디에 올린 글에서는 당시 생각을 더 구체적으로 확인할 수 있다.

제목 : 나의 분당 투자 성공담

안녕하세요. 분당방에만 가끔 글을 올리는 집이두채입니다.

곧 재건축 연한을 채우게 되는 분당 소유주분들에게 도움이 됐으면 하는 마음으로 분당 투자 성공담(?)을 공유해봅니다.

저는 차익이 얼마나 발생했느냐를 잘 언급하지 않습니다. 땅을 얼마나 모았는지 말하는 것을 좋아합니다. 그래서 주변에 얘기할 때, "분당 3종 주거지역에 땅(대지지분) 77평을 모았다"고 얘기합니다. 구체적으로는 시범단지에 땅 34평, 양지마을에 땅 43평을 모았습니다. 건축 공급면적이 아닌 땅(대지지분)입니다.

이 땅은 팔지 않고 더 모아서(100평 목표), 평생의 자산으로 가져가려고 합니다.

20년 뒤엔 얼마의 가치를 가지게 될까요?

77평을 가지고 있으니 평당 1억으로 계산하면 77억, 평당 1.3억이면 100억이 넘습니다.

이렇게 계산해보니 어마어마하지요?

어떻게 평당 1억이 가겠냐? 하시는 분들이 계실 텐데…

사실 양지마을 청구아파트는 이미 1억이 넘었습니다.

32평 대지지분이 13.5평인데 최근 14.08억에 거래됐습니다.

왜 땅을 모으는 걸까요?

부동산의 근간은 땅이기 때문입니다.

건축물은 낡아가고 허물어질지언정 땅은 사라지지 않습니다. 그리고 그 땅은 재건축을 통해 다시 그 가치를 인정받게 됩니다. (재건축이 불가능한 지역이라면 장기 보유하시면 안 된다는 얘기이기도 합니다.)

공감이 좀 될지 모르겠네요…

결론을 지어보자면, 부동산 투자를 하신다면 제가 분당에 땅을 모아가는 것처럼 입지가 좋아 새집을 지을 수 있는 구축으로 (꼭 분당이 아니더라도) 땅을 모아가시길 추천합니다.

땅을 모아가는 투자는 마치 삼성전자 주식을 장기 보유하는 것과 같다고 보시면 됩니다.

지금 『부트2025』에 쓰는 글과 거의 비슷한 내용이 담겨 있다. 그만큼 당시에도 필자의 생각은 확고했다. 지금과 다른 점이 있다면 당시에도 부동산의 근간은 땅이라는 관점으로 투자를 추천했지만, 단지내상가로 땅을 저렴하게 살 수 있는 구체적인 방법까지는 언급하지 않았다. 부끄럽지만 남들이 모를 때 더 사야 한다는 이기적인 마음을 가졌기 때문이다.

층별로 가치가 다른 단지내상가의 땅

2020년 초에 단지내상가에 확신과 기대로 투자할 수 있었던 이유는 매우 단순했다. 결국 같은 땅이기에 단지내상가의 땅도 아파트만큼 가격이 오를 거라는 단순한 논리였다.

이는 단지내상가 첫 투자를 한 이후 더욱 정교해졌다. 원래 부동산 공부는 투자하기 전보다 이후에 더 많이 할 수밖에 없다. 얼마나 오를 수 있을지, 얼마에 팔 수 있을지 알아야 하기 때문이다.

처음에는 단지내상가와 관련된 블로그, 카페와 신문 기사 등을 읽었는데 그 내용들이 오히려 혼란을 가져왔다. 경험 등을 토대로 한 가공한 의견들이었고, 서로 다른 말들을 하고 있어 읽으면 읽을수록 어떤 글이 맞는지 알 수 없었다. 결국 의견보다는 가공하지 않은 정보를 찾아봤다. 도시정비법, 논문, 사례 등을 찾아보며 직접 정리했다.

같은 아파트의 땅이기에 단지내상가 땅은 아파트와 비슷한 가치를 가져야 한다. 하지만 그렇다고 동일한 가치를 가지는 것은 아니다. 아파트, 단지내상가 등 집합건물 재건축 시 거래사례비교법을 통해 가격을 평가하기 때문이다. 대지지분을 고려하지 않는 것은 아니지만 해당 구역 혹은 주변의 거래 사례를 비교하여 가치를 산정하는 것이 더 기본적인 원칙이다. 그래서 단지내상가 땅의 가치가 아파트의 땅과 같은 가치를 가진다든지, 단지내상가의 가치를 계산을 통해 정확히 추정할 수 있다는 생각은 위험한 발상이다.

그러니까 아파트의 대지지분 평당 감정평가액이 1억이라면, 단지내 상가의 대지지분 평당 감정평가액도 동일하게 1억이 돼야 하고, 층별 가치에 따라 적절히 배분해야 한다는 논리다. 이를 적용한다면, 층이 높아 용적률이 높은 상가의 대지지분 평당 가치는 무조건 더 높게 평가된다. 1층 상가는 그 층이 유일하기 때문에, 아파트의 대지지분 평당 감정평가액이 1억이라면 단지내상가 대지지분 평당 감정평가액도 1억이어야 한다. 1~2층 상가는 2층의 가치가 1층의 50%이므로, 1층과 2층의 대지지분을 합산한 평당 감정평가액이 아파트와 동일하게 1억이 되려면 1층은 평당 1.33억, 2층은 1층의 절반인 평당 0.67억으로 평가돼야 한다.

1층의 가치가 높아지려면 층을 높게 올려야 한다는 발상이다. 4층 상가를 예로 들어보겠다. 2층이 1층의 50%, 3층과 4층이 1층의 40% 가치를 가진다고 가정하면, 1~4층의 합산 대지지분 평당 감정평가액이 아파트와 동일한 1억이 되기 위해서는 1층이 대지지분 평당 1.74억, 2층이 1층의 50%인 대지지분 평당 0.87억, 3층과 4층은 1층의 40%인 대지지분 평당 0.7억이 된다. 1층보다 낮게 평가되는 다른 층들의 구성비가 높을수록 1층이 높게 평가되는 구조다.

이대로라면 단지내상가의 감정평가액이 상당히 저평가된다. 단지내상가 1층이 아파트의 2배를 받기도 어려워져야 하는데, 실제로 그렇지 않다. 그래서 단지내상가 땅의 가치는 감정평가 사례를 통해 유추해야 한다는 것이 필자의 의견이다.

필자는 단지내상가의 감정평가 사례를 자료로 모으고, 그것을 기준으로 단지내상가의 가격을 추정하여 투자 여부를 판단한다. 수집한 사례 중 주 상가동 1층이 가장 낮게 평가된 것은 잠원동 B 단지로 대지지분 평당 감정평가액이 아파트의 2.04배로 나왔다. 3층으로 그렇게 높은 상가도 아니다. 앞서 설명한 잘못된 논리에 따르면 나올 수 없는 결과다.

더 높게 평가된 단지내상가 감정평가 사례도 많다. 가장 높게 나온 것이 강남 C 단지다. 이곳의 주 상가 1층은 아파트보다 3.26배다. 이 역시 앞서 설명한 잘못된 논리라면 절대 나올 수 없다. 보수적인 관점으로 평가해 투자하는 것은 좋지만, 잘못된 논리는 판단을 흐리게 한다. 필자는 단지내상가 1층의 대지지분 평당 감정평가액을 아파트의 2배로 추정하여 평가한다. 수집해놓은 사례 중 가장 낮은 것을 기준으로 보수적인 평가를 하는 것이다.

1층을 아파트와 비교해서 평가했다면, 나머지 층은 1층을 기준으로 비교 평가하면 된다. 이 역시 사례마다 다르다. 지하가 장사가 잘돼서 비싸게 거래됐다면, 지하라도 높게 평가받을 것이고, 지하가 공실이 많고 저렴하게 거래됐다면 낮게 평가받을 것이다. 은마아파트 상가는 1층 대비 지하가 60%, 2층이 55%, 3층이 40%로 전용면적 평당 추정 감정평가액을 받았다. 대지지분은 전용면적에 비례하기 때문에 대지지분을 모를 때에는 전용면적을 기준으로 봐도 비교 평가에 문제가 없다. 단지내상가의 가치 판단 시 개별 단지내상가의 특성을 반영하되, 일반적으로 단지내상가 1층의 대지지분 평당 감정평가액 대비 지하는 30~40%, 2층은 50~55% 수준으로 평가하면 된다.

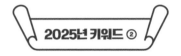

아파트보다 비싸게 팔릴
단지내상가의 땅

    강남, 서초에서나 있을 법한 일이 일어날 것이다. 드디어 2025년 하반기에 신탁사(혹은 추진위원회)와 단지내상가 소유주들의 첫 협상이 진행된다. 그 일정을 파악하고 어떻게 협상이 끝날지 예측할 수 있다면 단지내상가 투자에 큰 도움이 될 것이다.

    2024년 11월 선도지구가 지정되고, 이 구역들은 바로 다음 단계인 특별정비구역 지정을 위해 준비해야 한다. 지자체 안내에 따르면 선도지구 지정 구역들은 지정 이후 6개월 내로 특별정비계획을 수립하고, 입안을 위한 동의서 과반을 걷어서 특별정비구역 지정을 신청해야 한다. 신청 이후 지정까지는 주민 공람 및 지방 의회 의견 수렴 등의 절차로 상당 기간이 소요되므로, 2025년 말에 특별정비구역 첫 지정 구역이 나오게 된다.

드디어 첫 특별정비구역 지정 단지가 나온다. 그전까지는 예정구역이었지만 이제 예정이라는 단어가 빠지고, 정식 재건축구역이 된다. 그런데 그보다 더 큰 의미가 있다. 이제 드디어 신탁사 지정 절차에 돌입하며 단지내상가와의 협상이 시작되는 것이다. 보통 정비구역으로 지정되면 조합설립 추진위원회 설립인가를 받고, 그 이후 신탁사 지정과 동일한 단계인 조합설립 절차가 진행된다. 참고로 분당은 가산점 2점을 받으려면 신탁방식으로 선도지구를 신청해 재건축해야 한다.

신탁사 지정을 위해선 구역 내 땅 등 소유자의 75%, 땅 면적 75%의 동의가 필요하다. 또한 간과해서는 안 되는 것이 구역에 있는 단지내상가

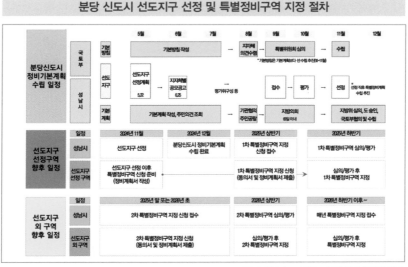

(출처: 성남시 MP 분당 D 구역 주민 설명회 자료)

소유주 과반의 동의가 필요하다는 사실이다.

이미 선도지구 공모 시 95%에 가까운 동의율을 확보한 곳이라 75% 이상 동의서를 걷는 것은 어렵지 않은 일일 것이다. 하지만 단지내상가 소유주 과반의 동의를 얻기란 절대 쉽지 않다. 단지내상가 소유주 입장에선 신탁사 지정 시점이 자신들의 의견을 반영시킬 수 있는 마지막 기회이기 때문이다. 이 시점을 놓치면 모든 것이 다수결로 결정되며, 소수인 단지내상가 소유주들의 의견 반영이 불가능하다. 따라서 단지내상가 소유주 과반의 동의를 얻으려면, 그들이 원하는 조건이 포함된 예비 신탁사와의 협약서가 필요하다.

협상에 유리한 점포

협상은 단지내상가 소유자들에게 유리할 수밖에 없다. 먼저 2025년 하반기 협상을 시작하는 선도지구라면 단지내상가 제척이 더 어렵기 때문이다. 이는 5개 신도시의 선도지구 선정 공모안에서 확인할 수 있다.

> 평촌, 일산, 산본, 중동 공통
>
> (대상구역) 특별정비예정구역(안)에 따른 구역 전체를 대상으로 하

선도지구 선정 이전에는 구역 일부를 분할하거나 제외하는 것이 불가
하다. 선정 이후에는 상가와 원만한 협상을 성사하지 못하고, 상가를 제
외하려고 구역을 변경하면, 특별정비구역으로 이미 지정됐더라도 해제된
다는 강력한 주의 문구가 있었다.

재건축 속도를 포기할 생각이 아니라면 선도지구가 상가를 배제하는
것은 검토하기 어렵다.

분당 선도지구 선정 공모안을 보면 오히려 주변에 근린상업지역을 구
역에 포함하면 2점, 단독재건축이 어려운 2km 주변의 소규모 단지 결합
도 2점을 주는 식으로 통합재건축을 권장하는 분위기다. 분할, 제적, 제
외 등을 원하지 않으며, 단지내상가와의 원만한 협상은 기본 전제 사항이
다. 2027년 착공, 2030년 입주를 목표로 하는 1기 신도시 재건축이기에
이러한 결정은 어쩔 수 없는 선택이다.

그뿐만 아니라 단지내상가 소유주들이 협상하기 좋은 단지들이 많기 때문이기도 하다. 선도지구 선정 공모안을 보면 세대수가 많은 구역이 유리하도록 기준이 마련됐다. 세대수가 많은 구역들의 특징은 상가동이 이곳저곳 분산 배치돼 있고, 호실 수가 많으며, 그중에는 주상복합이라는 특별한 형태도 있다. 이들이 아파트와의 협상에서 유리한 이유를 정리해보면 다음과 같다.

분당 선도지구 선정 평가표 일부

	아래 항목에 대해 개발구상안 작성(10P이내)		

③ 도시기능 활성화 필요성
• 주민 동의 시 주민들에
 제공하는 정보
	건축계획(단지 특화방안 포함)
	• 예시 : 상업업무시설 통합개발, 스마트단지 조성,
	  복합환승센터 설치, 배리어프리단지 조성,
	  청년 · 신혼주택단지, 고령친화단지,
	  녹색건축 인증, 제로에너지 건축물 인증,
	  층간소음 저감 공법 적용 등
		필수	15점

	이주대책 지원 여부 • 부동산 시장 안정화 대책용 주택 미확보: 0점 / 12% 이상 확보: 2점 ※ 전체 세대수 기준임. 사잇값 : 직선보간	2점	
	구역 정형화 • 근린상업지역 등을 구역에 포함	2점	
	소규모 단지 결합 • 단독재건축 가능한 소규모 단지 포함 시 1점 • 단독재건축 불가한 소규모 단지 포함 시 2점	2점	
	장수명 주택 인증 • 우수: 1점 / 최우수: 3점	3점	
	공공기여 추가 제공 • 부지면적의 1% 추가: 1점 / 5% 추가: 6점 ※ 사잇값: 직선보간	6점	

주상복합이 있는 경우

첫째, 구역 내 대지권을 공유하는 주상복합이 있으면 협상에 매우 유리하다. 주상복합은 상가와 아파트가 물리적으로 결합한 건물 형태다. 보통 2층까지는 상가, 3층부터 아파트다. 분당에서는 수내동 양지마을과 파크타운, 서현동 미래타운, 일산에서는 주엽역과 마두역 주변의 문촌마을, 강선마을, 호수마을, 흰돌마을에서 주상복합을 찾아볼 수 있다.

대지권을 공유하거나 같은 지번을 쓰는 주상복합이 있다면 토지분할 소송을 통한 단지내상가 제척이 거의 불가능하다. 주상복합 상가 소유주를 포함한 단지내상가 전체 소유주의 과반 동의 없이는 신탁사 지정이나 조합설립이 불가능하기 때문이다. 결국 재건축이 진행되려면 아파트 소유주들이 단지내상가 소유주들의 요구 사항을 대부분 받아들일 수밖에 없다.

이를 이해하려면 먼저 토지분할 소송에 대해 명확하게 알아야 한다. 토지분할 소송은 일종의 공유물분할청구 소송이고, 대법원 판례에 따르면 이는 분할을 청구하는 공유자가 원고가 되어 다른 공유자 전부를 공동 피고로 삼아야 하는 고유필수적 공동소송이다. 원고든 피고든 공유물의 소유자 전원이 참여해야 하는 소송이라는 의미다. 그래서 원래 토지분할 소송은 이론상으로만 가능하지, 실제로는 진행이 불가능하다.

하지만 이런 단점은 도시정비법의 특례 조항을 통해 보완됐다. 「도시정비법」 제67조 재건축사업의 범위에 관한 특례 1항에 따라 조합설립 동의 요건을 충족하기 위해 필요하다면 사업시행자 또는 추진위원회가 토지 분할을 청구할 수 있다.

위와 같은 도시정비법 특례 조항이 없었다면, 단지내상가 소유주의 땅에 대해 분할 소송을 제기하기 위해서는 단지내상가 소유주를 제외한 땅 등 소유자 전원이 동의하여 의견을 모아야 토지분할 소송 제기가 가능했다. 하지만 특례 조항으로 인해 사업시행자와 추진위원회가 단지내상가 소유주를 제외한 땅 등 소유자 전원을 대신하여 원고로서 토지분할 소송을 진행할 수 있게 됐다.

도시 및 주거환경정비법 제67조
(재건축사업의 범위에 관한 특례)

① 사업시행자 또는 추진위원회는 다음 각 호의 어느 하나에 해당하는 경우에는 그 주택단지 안의 일부 토지에 대하여 「건축법」 제57조에도 불구하고 분할하려는 토지면적이 같은 조에서 정하고 있는 면적에 미달되더라도 토지분할을 청구할 수 있다.
  1. 「주택법」 제15조제1항에 따라 사업계획승인을 받아 건설한 둘 이상의 건축물이 있는 주택단지에 재건축사업을 하는 경우
  2. 제35조제3항에 따른 조합설립의 동의요건을 충족시키기 위하여 필요한 경우

다만 여기서도 한계점은 있다. 현실적으로 사업시행자에 의한 토지분할청구 소송은 진행되기 어렵다. 사업시행자는 조합이나 신탁사 등을 의미하는데, 토지분할청구 소송이 필요한 시점에는 조합이 설립되거나 신탁사가 지정되는 것이 현실적으로 어렵기 때문이다.

조합이 설립되거나 신탁사가 지정되려면 단지내상가 과반 동의가 필요

하고, 이를 확보하지 못한 상황에서 조합설립이나 신탁사 지정을 목적으로 토지분할 소송을 제기하는 것이기 때문이다. 그래서 실제로는 사업시행자가 아닌 추진위원회가 토지분할 소송의 원고가 돼야 한다.

그런데 조합 방식이 아닌 신탁 방식을 채택하면 어떻게 될까? 단지내상가의 토지분할을 위해 신탁사 지정 전에 불필요한 추진위원회 설립을 위한 동의서를 별도로 받아야 하는 번거로운 절차를 밟게 된다. 여기서 알 수 있는 것은 신탁 방식이 조합 방식보다 단지내상가 소유주가 협상에 유리하다는 것이다. 특히 분당은 선도지구 신청 시 가점 2점을 확보하기 위해 신탁 방식을 채택하는 구역이 많을 테니 토지분할은 더 어려워질 것이다.

원고의 문제만 있는 것이 아니다. 고유필수적 공동소송인 토지분할 소송에서는 단지내상가 소유주 전원이 피고로서 소송에 참여해야 한다. 이를 위해선 소장 송달이 100% 완료돼야 한다. 그렇다면 단지내상가 소유주의 수가 중요할 텐데 주상복합을 포함한 구역의 단지내상가 소유주의 수는 얼마나 많을까? 분당 수내동 양지마을을 예로 들면, 단지내상가의 호실 수가 약 500개 정도 된다. 그런데 피고에는 단지내상가 소유주만 포함되지 않는다. 주상복합 상가와 한 건물인 주상복합의 아파트 소유주까지 포함된다. 땅은 잘라낼 수 있어도, 건물은 부술 수 없기 때문이다.

그렇다면 토지분할 소송을 진행할 때 피고인 수는 몇 명일까? 단지내상가 소유주 최대 500명에 주상복합 아파트 소유주 최대 462명을 더하면 최대 962명이 소유주다. 중복 소유를 제외하면 실제 땅 등 소유자는 대강 700명쯤 될 것이다. 과연 전원에게 소장을 송달할 수 있을까? 불가능하다고 봐야 할 것이다.

이렇게 주상복합을 포함한 구역의 토지분할은 시작부터 큰 어려움에 봉착한다. 사실상 거의 불가능한 상황이지만, 그 어려움을 모두 이겨내고 토지분할 소송이 시작됐다고 해도 원고가 승소할 가능성이 전혀 없다. 그 이유는 주상복합의 아파트 소유주들 때문이다.

주상복합이 포함된 구역에서는 토지분할 소송의 피고로 주상복합의 아파트 소유주들이 포함된다. 토지분할 소송에서 추진위원회가 승소한다면 단지내상가 소유주들뿐만 아니라 주상복합 아파트 소유주들까지 토지분할로 제척되는 상황이 발생한다. 이러한 판결이 나올 리 없다.

「도시정비법」 제67조 1항의 특례 조항을 다시 보자. 특례 조항이 적용돼 추진위원회가 원고로서 토지분할을 청구할 수 있는 조건은 조합설립의 동의 요건을 충족시키기 위해 필요한 경우다. 다르게 말하면 피고들 과반이 조합설립에 동의하지 않아야, 추진위원회가 원고로서 토지분할을 청구할 수 있다. 그런데 단지내상가 소유주들이 과반이 동의하지 않은 것이지 주상복합 아파트 소유주들은 당연히 과반이 조합설립에 동의했을 것이다. 과연 이런 상황에서 토지분할청구가 가능할지 의문이다. 설사 소송이 진행된다고 할지라도 법원이 원고의 손을 들어줄 명분이 없다. 조합설립에 과반이 동의한 주상복합 아파트 소유주들이 피고에 포함되기 때문이다.

실제 재건축 특례 조항에 따라 토지분할 소송은 대부분 원고가 승소한다. 그 이유는 단지내상가 소유주 과반이 동의서를 제출하지 않았기 때문이다. 판결문을 통해 명확히 확인할 수 있는 내용이다. 하지만 주상복합 아파트가 피고로 포함되는 토지분할 소송이라면 명분이 없다. 결코 법원이 원고 편이 아닐 것이며, 승소하지 못할 것이다.

요약하자면 토지분할 소송은 고유필수적 공동소송이라서 구역에 주상복합 상가가 있으면 피고인의 수가 많기 때문에 소장 송달 자체가 매우 어렵다. 소송을 시작조차 하지 못한다. 만약 소장이 모두 송달돼 소송이 진행된다고 할지라도 원고의 승소가 불가능할 것이다. 토지분할 소송의 피고로 주상복합 아파트 소유주도 포함돼 있다. 피고가 패소하게 된다면 조합설립에 과반이 동의한 주상복합 아파트 소유주도 토지분할로 피해를 보게 된다.

그래서 현실적으로 주상복합이 포함된 구역의 단지내상가 제척이 불가능하며, 해당 구역의 단지내상가 소유주는 최고의 협상력을 가지게 된다. 이는 일반적으로 잘 알려진 아파트 중앙 단지내상가보다 협상에 더 유리하다.

아파트 중앙에 단지내상가가 위치했다면

둘째, 아파트 중앙에 단지내상가가 자리 잡고 있다면 협상에 매우 유리하다. 아파트 중앙에 있으면 토지분할이 아주 어렵다. 주상복합은 토지

분할이 불가능하다고 표
현했는데, 아파트 중앙
에 위치한 단지내상가는
불가능하기보다는 어려
운 것이다.

대치우성1차 단지내상가 위치

실제 아파트 중앙에
위치했지만, 소송을 당
하고 최종 패소하여 토

지분할을 당한 경우가 있다. 대치동 은마아파트 동편으로 대치동 63번지
에 위치한 대치 우성1차아파트의 단지내상가가 그렇다.

아파트 중앙의 상가라고 해서 토지분할 소송이 불가능한 것은 아니
다. 실제 토지분할 소송이 진행되면 대부분 원고가 승소해 피고인 단지내
상가 소유주들은 지번이 분리되고 제적된다.

하지만 보통 아파트 중앙에 있는 상가에 대한 토지분할 소송 자체를
꺼린다. 자칫 인접한 대로까지 도로를 내줘야 하기 때문이다. 공원화되어
야 할 신축아파트 지상으로 도로가 생기게 되고, 건축선이 뒤로 밀린다.
그만큼 경제적 손실을 보게 되고 일조권 문제도 발생한다. 이러한 상황이
예측되기 때문에 아파트 중앙 단지내상가를 대상으로 토지분할 소송을 진
행한다는 결정을 내리기 어렵다.

전략적으로 토지분할 소송이 활용되는 경우도 있다. 이는 「도시정비법」

제67조 4항의 특례 조항 덕분인데, 소송이 끝나지 않더라도 토지분할 청구만으로도 조합설립인가를 받을 수 있다. 단, 단지내상가 소유주의 수가 전체 소유주의 10% 이하일 때 적용된다. 협상이 장기화하거나 진척이 없다면 먼저 토지분할을 청구해 조합설립인가를 받은 다음 협상을 이어가는 전략적 선택이 가능하다.

아파트 중앙 단지내상가라면 토지분할청구를 당하거나, 대치우성1차처럼 소송이 끝나 판결문을 받았더라도 결국 협상은 다시 이루어진다. 실제 사례들이 이를 증명한다. 대치우성1차도 최근 보도에 따르면, 결국 다시 아파트와 재건축을 함께 하기로 했고, 대치쌍용2차와의 통합재건축을 추진하면서 단지내상가도 통합 구역에 포함됐다.

더 명확한 사례로 개포주공6 · 7단지를 들 수 있다. 이곳은 토지분할 소송으로 단지내상가를 제외하고 조합설립인가를 받았지만, 결국 다시 합의를 통해 단지내상가를 포함한 사업시행계획 인가를 준비 중이다.

개포주공6 · 7단지의 사례를 보면, 2021년 1월 조합설립인가를 급하게 받았다. 당시 2년 이상 실거주한 조합원에게만 자격을 부여한다는 도시정비법 개정안이 발표되면서, 조합설립이 더뎠던 여러 재건축 단지가 조합설립을 서두르는 상황이 벌어졌다. 해당 조항은 위헌 소지가 있어 결국 폐기됐지만, 이는 개포주공6 · 7단지와 압구정 등 여러 재건축구역이 조합설립인가를 서두르게 되는 계기가 됐다.

당시 개포주공6 · 7단지는 조합설립인가를 받기 위해 단지내상가 소유주 과반의 동의를 얻어야 했지만, 상가 소유주들의 요구사항이 과도했던 것으로 보인다. 그래서 조합설립이 급한 개포주공6·7단지는 단지내상가를 토지분할청구로 상가 소유주 과반 동의 없이도 조합설립인가를 받을 수 있는 단지내상가 제척 전략을 선택하게 된다.

지금은 어떻게 됐을까? 아파트 중앙 단지내상가의 협상력은 대단했다. 2023년 말부터 상가와의 합의 소식이 들리더니, 2024년 4월 결국 합의가 완료됐다. 현재는 상가를 포함한 사업시행계획 인가를 준비 중이다.

2020~2021년 당시 단지내상가가 아파트 중앙에 위치한 개포주공5단

개포주공5단지와 개포주공6·7단지의 단지내상가 위치

지가 합의한 내용과 거의 일치한다. 단지내상가 1층의 대지지분 평당 권리가액은 아파트의 3.1배, 2층은 1층의 55%를 적용하는 조건이다. 결국 상가 소유주들이 원하는 내용들이 대부분 받아들여졌다. 이는 아파트 중앙 단지내상가의 협상력이 얼마나 강력한지 확인할 수 있는 대표적인 사례가 됐다.

단지내상가의 호실 수가 많은 경우

셋째, 단지내상가의 호실 수가 많으면 많을수록 협상에 유리하다. 앞에서도 밝혔듯, 토지분할 소송을 끝내지 않고 청구만 하더라도 조합설립인가를 받을 수 있다.

다만 단서 조항이 있다. 토지분할 소송 대상이 되는 토지 및 건축물 소유주의 수가 전체의 10% 이하일 때만 해당 특례가 적용된다. 즉, 단지내상가 소유주의 수가 전체 소유자의 10%를 넘으면, 토지분할 청구를 통한 조합설립인가가 불가능하다. 그렇다면 소송에서 승소해 판결문을 받은 후, 상가를 정비구역에서 완전히 배제하고 나서야 조합 인가를 받을 수

> ### 도시 및 주거환경정비법 제67조
> ### (재건축사업의 범위에 관한 특례)
>
> ④ 시장·군수등은 제3항에 따라 토지분할이 청구된 경우에 분할되어 나가는 토지 및 그 위의 건축물이 다음 각 호의 요건을 충족하는 때에는 토지분할이 완료되지 아니하여 제1항에 따른 동의요건에 미달되더라도 「건축법」 제4조에 따라 특별자치시·특별자치도·시·군·구(자치구를 말한다)에 설치하는 건축위원회의 심의를 거쳐 조합설립인가와 사업시행계획인가를 할 수 있다. 〈개정 2024. 1. 30.〉
> 1. 해당 토지 및 건축물과 관련된 토지등소유자(제77조에 따른 기준일의 다음 날 이후에 정비구역에 위치한 건축물 및 그 부속토지의 소유권을 취득한 자는 제외한다)의 수가 전체의 10분의 1 이하일 것
> 2. 분할되어 나가는 토지 위의 건축물이 분할선 상에 위치하지 아니할 것
> 3. 그 밖에 사업시행계획인가를 위하여 대통령령으로 정하는 요건에 해당할 것

있다. 따라서 단지내상가의 호실 수가 전체의 10%를 초과한다면, 상가 소유주에게 협상이 유리하게 진행될 가능성이 높다.

판단은 호실 수를 기준으로 내리면 된다. 중복 소유 등으로 정확한 소유주 수 파악이 어렵기 때문이다.

이는 강남 도곡동 개포우성4차의 사례로 이미 증명됐다. 개포우성4차의 단지내상가는 주상복합도 아니고 아파트 중앙에 위치하지도 않았다. 심지어 토지분할이 비교적 쉬운 대로변이었다. 하지만 산정비율이 0.075로 조정되는 등 결과가 좋았다. 다른 복합적인 요인이 작용했을 수 있지만, 호실 수가 전체의 10%를 초과한 것이 협상 성사에 크게 기여했다.

단지내상가의 호실 수가 전체의 10% 이하이더라도, 그 수 자체가 많으면 협상에 유리하게 작용할 수 있다. 앞서 말한 분당 수내동 양지마을이 대표적인데, 단지내상가 소유주들 과반이 신탁사 지정에 동의하지 않아

토지분할 소송을 진행하려 했다. 하지만 이 소송은 단지내상가 소유주뿐만 아니라 주상복합 아파트 소유주까지 피고인으로 상대하며 소송을 진행해야 한다. 피고인만 해도 조금 과장해서 최대 962명에 달할 수 있다.

일반적으로 100개실만 넘어도 많은 편으로, 토지분할 소송에 부담을 느낀다. 이렇게 단지내상가의 호실 수가 꼭 10%를 초과하지 않더라도 호실 수 자체가 많다면, 단지내상가 소유주들이 협상에서 우위를 가져갈 수 있다.

어떠한 내용을 협상하게 될 것인가?

단지내상가를 보유하고 있다면 2025년 하반기 정도부터는 실제 협상을 경험하게 될 것이다. 남 일이 아니라 이제 내 일이므로 더 많이 알아야 한다. 그러면 어떤 내용을 협상해야 할까?

산정비율 조정

단지내상가 소유주들이 가장 많이 원하는 내용으로, 협상이 비교적 수월하고, 실현 가능성이 매우 높다. 이는 이미 여러 사례에서 증명됐다. 과거에는 산정비율이 0.2가 대세였다면, 한동안은 0.1로 조정되는 사례가 많았고, 최근엔 0.1 이하 조정 사례들도 나오고 있다.

왜 이런 사례가 점점 증가하고, 조정 수치도 점점 낮아지는 것일까? 가장 큰 이유는 산정비율을 아무리 낮춰도 아파트 소유주들에게 손해가 없기 때문이다. 오히려 산정비율을 조정해주면, 상가 소유주들의 동의를 얻기 쉬워지므로 아파트 소유주들 입장에서도 이를 반대할 이유가 없다.

만약 산정비율이 0.1 이하로 낮게 조정된다면 단지내상가 소유주들도 신축 상가를 신청하고 남은 권리가액으로 아파트를 받을 수 있게 된다. 다만, 모든 상가 소유주가 아파트를 받을 수 있는 것은 아니며, 산정비율이 낮을수록 가능성이 높아진다. 신축 상가를 신청하고 남는 권리가액이 최소 평형의 조합원분양가에 산정비율을 곱한 금액보다 크다면 아파트를 받을 수 있는 조건을 갖추게 된다.

또한, 반드시 최소 평형만 받을 수 있는 것은 아니다. 아파트 소유주들이 신청하고 남은 물량 중에서 선택하게 되며, 재건축 사업성이 좋아 세대수가 증가하면 단지내상가 소유주들이 더 넓은 평형을 받을 수 있다.

단지내상가 소유주가 아파트를 공급받는 분양가

다만 산정비율을 낮게 조정해줘도 아파트 소유주들에게 손해가 발생하지 않으려면 단지내상가 소유주가 아파트를 공급받는 분양가를 조합원분양가가 아닌 일반분양가로 정해야 한다. 어차피 일반분양을 통해 외부인에게 넘길 물량이었으며, 이를 같은 가격으로 단지내상가 소유주에게 공급할 뿐이니 아파트 소유주들에게 손해가 없다.

일부 구역은 단지내상가 소유주에게도 아파트를 조합원분양가로 공급해달라고 요구할 수 있다. 불가능한 협상은 아니다. 아파트 소유주들이 빠른 재건축을 원한다면 손해를 감수하더라도 선택할 수 있는 옵션이다. 하지만 산정비율이 낮게 조정됐고, 단지내상가 소유주들이 많다면 조합원분양가로 협상하기가 쉽지 않다. 그만큼 손해가 커지기 때문이다.

절충안으로는 각 단지내상가 소유주의 기여도에 따라 아파트 분양가를 차등 적용하는 방법이다. 예를 들어, 대지지분이 작은 단지내상가 소유주가 신축 상가를 신청하고 남은 권리가액이 적다면 그 기여도만큼만 조합원분양가를 적용하고 나머지는 일반분양가를 적용하는 방식이다.

반대로 대지지분이 커서 단지내상가를 신청하고도 남은 권리가액이 많다면, 해당 소유주는 아파트를 전액 조합원분양가로 부담하면 된다.

권리가액까지

주상복합이 있거나 아파트 중앙에 단지내상가가 위치해 상가 소유주가 협상에서 유리할 때, 감정평가 대신 권리가액을 협상하는 사례도 종종 있다. 예를 들어, 개포주공6·7단지처럼 단지내상가에 대한 감정평가를 생략하고, 아파트의 대지지분 평당 감정평가액의 3.1배 등으로 권리가액을 정하는 것이다.

이러한 방식을 선호하는 이유는 감정평가의 불확실성이 크기 때문이다. 아파트 중앙에 위치한 단지내상가의 경우 활성화가 어렵고, 가시성이

나 접근성이 좋지 못하다. 또한 상가 규모가 작아서 다양한 업종을 유치하기 어려워서 고객 유입에도 한계가 있으며, 이에 따라 임대료도 낮게 형성된다. 이러한 요소들은 상가 가치평가에 부정적인 영향을 끼치고, 결국 감정평가액이 실제 땅의 가치보다 낮게 나올 가능성이 크다.

꼭 아파트 중앙이 아니더라도 단지내상가 소유주들은 감정평가 자체를 리스크로 인식한다. 예측이 어렵고 기대에 미치지 못할 수 있어서다.

이러한 이유로 협상에 유리한 주상복합 상가나 아파트 중앙 단지내상가 소유주들은 감정평가보다는 권리가액 협상을 선호할 수밖에 없다.

욕심을 내려놓을 때 좋은 결과

산정비율을 조정하는 사례는 이미 많다. 대부분 단지내상가 소유주가 아파트 분양가를 일반분양가로 적용받기 때문이다. 하지만 조합원분양가까지 요구한다면 과연 산정비율 조정 협의가 쉽게 이뤄질까? 절대 그렇지 않을 것이다.

조합원분양가로 협상을 어렵게 성사했다고 가정해보자. 그 상황에서 권리가액까지 지나치게 협상한다면, 어렵게 얻은 조합원분양가마저 무효가 될 수 있다. 산정비율, 분양가, 권리가액을 협상할 때, 모두 단지내상가 소유주에게 유리하게 하는 것은 매우 어렵다. 물론 이런 사례가 나올 수도 있지만, 일반적으로 아파트 소유주들이 받아들이기 어려운 조건이기에 결국 재건축사업이 중단되거나 표류할 수 있다.

따라서 하나 정도를 포기하는 방안을 고려해야 한다. 하나를 포기하고 두 가지만 선택해야 한다면, 분양가를 포기하고 산정비율과 권리가액을 선택하는 것이 더 현실적이다. 특히 대지지분이 작은 단지내상가 소유주들이 많을 때, 조합원분양가로 결정되면 재건축 사업성에 심각한 악영향을 미친다. 이는 아파트 소유주들의 추가분담금 증가로 이어질 수 있다.

투자의 목적은 결국 이익을 내는 것으로, 무엇보다 아파트를 받는다는 것이 중요하다. 일반분양가로 받더라도 주요 지역 아파트를 확보할 수 있다면 상당한 이익을 기대할 수 있다. 분양가상한제가 없는 지역에서도 신축아파트의 시세가 분양가를 훨씬 웃도는 경우가 대부분이다. 또한, 산정비율 조정을 통해 아파트를 받을 수 있다면 프리미엄이 형성된다. 작은 단지내상가를 저렴하게 사서 주요 지역의 아파트 입주권을 확보할 수 있기 때문에, 이러한 조건에 매력을 느낀 수요자들이 프리미엄을 얹어 매수하려 할 것이다.

만약 협상 결과가 자신에게 불리하여 손해를 보게 될 것 같다면, 독립정산제를 요구할 수도 있다. 단지내상가의 땅으로 지은 아파트 분양 수익은 당연히 단지내상가 소유주들에게 귀속돼야 한다. 독립정산제를 시행하면, 단지내상가의 땅으로 지은 아파트 분양 수익을 온전히 단지내상가 소유주들이 나눠 가질 수 있다. 일반분양가를 적용해 추가로 발생한 수익도 마찬가지다.

결국, 다양한 협상 방식이 있으므로 자신이 원하는 바를 실현하면서 손해를 최소화하고, 재건축 속도를 높일 수 있는 선택을 하길 바란다.

협상 사례 공유 및 전파

2025년 하반기 드디어 1기 신도시 선도지구에서 단지내상가와의 협상이 시작된다. 그리고 그 결과가 좋을 수밖에 없음을 앞서 설명했다.

협상 결과가 좋게 나온다면, 이는 자연스럽게 가격 상승으로 이어진다. 먼저 협상이 진행되는 선도지구의 단지내상가들이 급격하게 오를 것이며, 이 상승세는 1기 신도시 전체로 확산할 가능성이 높다. 선도지구 협상 사례가 후속 단지들로 전파될 것이기 때문이다. 특히 단지내상가가 주상복합이거나, 아파트 중앙에 있거나, 호실 수가 많은 구역은 산정비율 조정을 통해 입주권 협상 기대감이 높아질 것이다.

예상보다 큰 폭으로 상승할 가능성이 있다. 단지내상가 지하나 2층조차도 프리미엄이 붙어 아파트의 대지지분 평당 추정 감정평가액보다 비싸게 거래된다. 이는 단지내상가가 아파트보다 비싸게 거래되는 구간으로 진입한다는 것을 의미한다. 실제로 얼마나 비싸게 거래될지는 예측이 어렵지만, 호가 정도라면 알 수 있다. 만약 선도지구에서 권리가액을 협상한다면, 그 사례가 호가로 반영될 것이다. 예를 들어, 선도지구 중 하나가 단지내상가 1층의 대지지분 평당 권리가액을 아파트의 3배로 협상했다면, 이후로 단지내상가 1층의 평당 매매가는 아파트의 3배를 호가하게 될 것이다.

만약 단지내상가에 투자하는 목적이 신축아파트나 상가를 받는 것이 아니라 시세 차익을 내려는 것이라면, 매도 시점은 조합설립 혹은 신탁사 지정 임박 시점이 적기다. 이때 기대감이 최고조에 달하며, 가격도 최고치를 기록한다.

오히려 조합설립 혹은 신탁사 지정 이후에는 기대감이 누그러지는 경향이 있다. 특히 입주권 협상이 결렬된 구역에서는 추정 감정평가액보다 오히려 낮은 가격이어야 거래가 이루어질 가능성이 크다. 이는 기대감이 없을 뿐 아니라 감정평가액이 예상보다 낮게 나올 수 있는 리스크가 있기 때문이다.

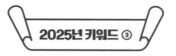

다음 노후계획도시로 확대

　　1기 신도시 이후로 노후계획도시 정비기본계획을 준비 중인 지역들이 점점 구체화하고 있다. 이 기본계획은 노후계획도시정비법을 적용하기 위한 사전 절차다. 해당 법 적용이 가능한 조건을 갖춘 지역이라도, 지자체장의 의지에 따라 기본계획 수립이 지연되거나 아예 진행되지 않을 수 있다. 이 경우에는 당분간 단지내상가 투자 매력이 떨어질 수 있다.

　　물론 투자에서 가격이 매우 중요하다. 단지내상가에 투자할 때, 지역의 정비 속도보다 가격의 메리트가 더 중요하다고 판단될 때도 많다. 하지만 노후계획도시 정비기본계획 수립이 발표된 지역들을 미리 파악하고 투자한다면, 좀 더 전략적이고 효율적인 투자를 할 수 있다.

역사는 반복된다

2024년 1기 신도시에서 진행된 노후계획도시 기본계획 수립과 선도지구의 선정이 2025년에는 다른 노후계획도시들에서 진행된다. 그 일정은 다음과 같다.

필자는 이미 전부터 해당 지역의 단지내상가 매물을 지켜보고 있었다. 해당 지역의 장점은 재건축에 대한 기대감이 아직 크지 않아 상대적으로 저렴하게 매입할 수 있다는 것이다. 또한, 토지거래허가구역이 아니라서 임대 수익이 좋은 단지내상가를 살 수 있으며, 1기 신도시보다 경쟁이 치열하지 않다는 이점도 있다. 『부트2025』를 읽은 독자라면 앞으로 더욱 넓은 시야로 지역을 바라봤으면 한다.

역사는 반복된다. 2024년과 2025년에 1기 신도시 단지내상가의 가격

지역	지구명	면적 (천㎡)	세대수 (천호)	준공연도	기본계획 착수/수립
부산	① 해운대1·2지구	3,057	33	1997	2024.7 / 2025.8
	② 화명·금곡 지구	2,734	36	1987~2002	
	③ 만덕·만덕2지구	862	6	1985~1991	2024.7 / 2026.3
	④ 대대1~5지구	1,315	17	1985~1996	
	⑤ 모라·모라2지구	883	7	1989~1994	
수원	⑥ 수원 영통지구	3,261	27	1997	2024.7 / 2026.7
용인	⑦ 용인 수지·수지2지구	1,913	16	1994~2002	2024.7 / 2026.7
	⑧ 기흥 구갈·구갈2지구	862	6	1992~2001	
안산	⑨ 반월산단 배후지1·2단계	19,090	95	1993~2002	2024.6 / 2025.12

(출처: 국토교통부)

상승은 다음 노후계획도시들에서도 필연적으로 이어질 것이다. 단지내상가 투자가 좀 더 대중화된다면 가격 상승 속도는 가속화될 수 있다. 특히 해운대, 영통, 수지와 같은 지역은 일산, 중동, 산본보다 아파트값이 비싼 지역이므로, 단지내상가의 가격도 더 높게 형성될 것이다.

노후계획도시는 경기도와 지방 광역시에만 있는 것이 아니다. 서울에도 노후계획도시의 조건을 갖춘 택지지구들이 있다. 그중에서 초기 재건축으로 아직 가격이 오르지 않았고, 아파트값이 비싸고 재건축 사업성이 좋은 지역을 중점적으로 본다면 더 괜찮은 투자를 할 수 있을 것이다.

이런 의미에서 필자가 주목하고 있는 지역은 노원구의 중계동이다. 재건축 초기로 단지내상가의 가격이 상계동보다 오히려 저렴하고, 강북 최고의 학군지로 높은 아파트값이 형성돼 있으며, 중대형 평형 위주의 일부 단지들은 재건축 사업성이 충분하다.

강남, 서초, 송파 등 주요 입지의 재건축 단지들도 여전히 매력적인 투자처다. 다만 1기 신도시 등 노후계획도시와 다른 점은 지역적으로 같이 움직이기보다는 재건축 속도에 따라 개별적으로 움직이는 특성이 있다. 강남 3구라면 무조건 비쌀 것 같지만, 의외로 상대적으로 저렴한 단지내상가들도 분명 존재한다. 투자 대상을 넓게 보는 투자가 더 높은 수익을 올릴 수 있다.

아직 늦지 않았다

분당 일부 구역은 2024년 하반기에 크게 올랐지만, 아직 오르지 않은 구역도 있다. 나머지 1기 신도시는 여전히 가격 상승이 크지 않다. 2025년에는 더 큰 수익을 기대할 수도 있다는 의미다. 거의 가격만 보고 현재의 가치를 평가해서는 안 된다. 필자는 단지내상가의 가치 평가에 대해 명확한 기준을 제시했다. 단지내상가는 아파트와 동일한 땅을 공유하고 있다. 따라서 단지내상가 땅의 가치는 아파트 땅의 가치를 통해서 평가해야 한다. 이 기준만 명확히 한다면, 아직도 저렴한 단지내상가가 많다는 것을 알 수 있다. 마치 미래를 내다보고 확신을 가진 것처럼, 재벌집 막내아들 같은 높은 수익률의 투자가 가능하다.

제5장

세금 및 정책 트렌드

by 깨깨부

부동산 대책과 세법개정

: 변화에 맞춘 자만이 살아남는다

기획재정부는 올해 7월에도 세제발전심의위원회를 열어 「2024년 세법개정안」을 확정·발표했다. 여러 언론에서 납세자에게 긍정적인 변화가 있을 것이라고 예고했지만, 막상 공개된 개정안은 기대에 미치지 못하는 수준이었다. 이에 실수요자와 투자자 모두 다소 아쉬움을 느낄 수밖에 없는 상황이다.

다만, 1주택자와 상속세·증여세에 관심이 많은 이들에게 영향을 줄 중요한 내용도 포함된 만큼 부동산 관련 주요 변경 사항에 대해 짚어보겠다.

물론 해당 개정안은 바로 시행되는 것이 아니라, 국회 기획재정위원회 전체 회의와 법제사법위원회 의결을 거쳐 본회의 문턱을 넘어야 비로소 내년부터 시행될 수 있다.

최근 야당이 '부자감세'라는 프레임에서 벗어나 노선 전환을 시도하고 있어, 정부의 세법개정안 통과 가능성도 높아졌다는 전망이 나오고 있다. 이에 따라 이번 세법개정안의 시행을 긍정적으로 기대해볼 만하다.

2024년 세법개정의 기본 방향은 크게 4가지로 나뉜다. 우선, 경제의 역동성 확보를 위한 투자·고용·지역발전 촉진 및 자본시장 활성화다. 둘째는 민생 안정을 위한 결혼·출산·양육 부담 완화 및 서민·소상공인 등 지원이며, 셋째는 합리적인 조세체계 구축을 위한 세 부담 적정화 및 조세제도 효율화 추진이다. 마지막으로 납세자 친화적 환경 조성을 위한 납세자 편의와 권익을 강화하는 것이다. 궁극적으로는 역동적인 성장과 민생 안정 지원을 정책 목표로 삼고 있다.

부동산 대책은 어떻게 바뀔까?

다음은 부동산 관련 주요 변경 사항이다.

① 인구감소지역 주택 및 준공 후 미분양 주택 과세 특례 신설

1주택자가 2024년 1월 4일부터 2026년 12월 31일까지 인구감소지역 내 공시가격 4억 원 이하의 주택을 취득하면 1세대1주택 특례가 적용된다. 인구감소지역이란 수도권 및 광역시는 제외되나, 수도권 접경지역과

광역시 내 군 지역이 포함된다. 해당 특례 적용 시 양도소득세는 최대 12억 원까지 비과세 혜택을 받을 수 있으며, 장기보유특별공제는 최대 80%까지 가능하다. 종합부동산세도 기본공제 12억 원이 적용되며, 고령자 및 장기보유세액공제는 최대 80%까지 받을 수 있다.

또한, 2024년 1월 10일부터 2025년 12월 31일까지 1주택자가 수도권 외 지역에서 준공 후 미분양 주택(전용면적 85㎡ 이하, 취득가액 6억 원 이하)을 취득할 경우에도 이 특례가 적용된다.

② 혼인에 대한 1세대1주택 특례 적용기간 확대

각각 1주택을 보유한 남녀가 혼인해 1세대 2주택자가 된 경우, 양도소득세와 종합부동산세에서 1세대1주택으로 간주되는 기간이 기존 5년에서 10년으로 확대됐다. 이에 따라, 양도소득세는 양도가액 12억 원까지 비과세되며, 종합부동산세는 기본 공제 12억 원과 함께 고령자 및 장기보유자 세액공제가 최대 80%까지 적용된다.

③ 상생임대주택 양도소득세 과세 특례 적용기한 연장

이 특례는 임대료 증가율이 5% 이하인 상생임대차계약을 체결할 경우, 조정대상지역 내 주택에 대해 1세대1주택 비과세와 장기보유특별공제 적용 시 거주기간 2년 요건을 면제해주는 제도다. 임대시장 안정 지원을 위해 해당 특례의 적용 기한이 2024년 12월 31일에서 2026년 12월 31

일까지 2년 연장됐다.

④ 상속세·증여세 부담 적정화

물가와 자산 상황 등 변화하는 여건을 반영해 과도한 세 부담을 완화하기 위해 상속세율·증여세율 과표 및 공제 금액이 조정됐다. 상속세율·증여세율의 최고 세율은 50%에서 40%로 낮아졌고, 하위 과표 구간은 1억 원 이하에서 2억 원 이하로 확대됐다. 또한 상속세 자녀공제 금액도 1인당 5,000만 원에서 5억 원으로 상향 조정됐다.

⑤ 거주자 판정 기준 보완

조정대상지역에서 양도소득세를 면제받기 위해 필요한 2년 거주 의무와 관련해, 기존에는 과세 기간(1월 1일~12월 31일) 동안 183일 이상 거주했을 때만 거주자로 인정됐다. 그러나 이제는 전년도부터 계속하여 183일 이상 거소를 둔 경우까지 기준이 확대됐다.

⑥ 그 밖의 주요 사항

결혼 가구의 주택 마련 기회를 확대하기 위해 주택청약종합저축 소득공제와 이자소득 비과세 대상에 세대주뿐만 아니라 배우자도 포함함으로써, 주택청약종합저축에 대한 세제지원 대상이 확대됐다. 혼인신고 시 부부에게 최대 100만 원의 세액공제를 받을 수 있는 결혼세액공제도 신설됐으며, 국내 투자자 보호와 자본시장 발전을 위해 금융투자소득세는 폐지하기로 결정됐다.

인구감소지역과 준공 후 미분양 주택에 대한 과세특례가 신설되고, 혼인 및 상속세·증여세의 공제를 확대하여 민생경제 회복과 조세체계의 합리화를 도모했으나, 다주택자에 대한 규제는 여전히 유지되고 있다. 특히, 많은 이들이 기대했던 3주택 이상 보유자에 대한 종부세 중과세율 폐지 문제는 이번 개정안에 포함되지 않아, 한두 채의 가치 높은 주택으로 투자 집중이 가속화될 가능성이 크다.

변화에 맞춘 효율적인 절세 전략을 짜야 할 때

큰 변화가 없어 아쉬운 점이 있지만, 우리는 정부 정책에 대응하여 부동산 포트폴리오를 새롭게 세팅하고, 세금 부담을 줄이기 위한 절세 전략을 함께 마련해야 한다. 2025년에도 취득세와 종합부동산세 중과가 유지되는 등 다주택자에 대한 기조는 변화가 없으므로, 1주택자의 상생임대주택 양도소득세 과세 특례 연장과 인구감소지역 주택 및 준공 후 미분양 주택 과세특례 신설에 맞춰 효율적인 전략을 세워야 한다.

이 책을 집필한 이유 역시, 2025년 부동산 트렌드에 맞춘「똑똑한 일시적 2주택」 전략과 「돈 버는 절세법」을 소개하여 독자들의 자산을 보호하고, 현명한 투자에 도움이 되고 싶어서다. 『강한 자가 살아남는 것이 아니라 살아남는 자가 강한 것이다』라는 말처럼, 정부의 부동산 대책과 세법이 어떻게 변하든 이에 맞는 전략으로 2025년 부동산시장에서도 살아남는 『부트2025』 독자들이 될 것이라 확신한다.

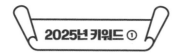

똘똘한 일시적 2주택
: 절세와 자산 증식을 모두 잡는 방법

다주택자가 부동산 투자를 하려면 가장 많이 신경 써야 하는 부분이 바로 '세금'이다. 상속이나 양도를 포함해 부동산을 거래할 때 필요한 모든 의사결정 과정에서 이 부분을 반드시 고려해야 한다. 다주택자를 임대공급의 주체가 아닌 투기세력으로 보는 지금 부동산 정책 기조하에서는 특히 중요하다. 자칫 수익은커녕 세금만 내다가 끝날 수 있다.

지난 문재인 정부에서는 투기세력을 막으려 취득세 중과제를 시행했고 (7·10 부동산 대책), 부동산 투자자들은 세 부담을 피하려 아파텔, 지식산업센터, 법인, 공시가격 1억 원 이하 물건 등 틈새 상품으로 눈을 돌렸다. 강력한 규제로 정부는 집값을 안정시키고 싶었겠지만, 이는 도리어 풍선효과를 일으켜 자고 일어나면 부동산 가격이 상승하는 부작용을 낳았다. '벼락거지'와 '영끌'이라는 신조어도 이 당시 생겼다.

공시가격이 합쳐 9억 원이 넘으면 종합부동산세(이하 종부세)가 부과됐다. 또, 다주택자가 조정대상지역 내 주택을 양도하려면 양도소득세(이하 양도세)가 중과돼 지방세 포함 최대 82.5%의 살인적인 세율이 적용되기도 했다. 이는 사실상 차익이 많이 발생하는 급지일수록 양도하지 말라는 신호를 준 것이나 마찬가지였다. 결국 상급지 물량이 시장에서 자취를 감췄고, 안 그래도 비싼 곳이 더 비싸지는 총체적 난국이 펼쳐졌다.

2024년 제22대 국회의원 선거 결과, 당시 여당이었던 현재 야당이 계속 다수당을 차지했다. 부동산 정책에서 커다란 변화를 기대하기 어려워졌으며, 여러 규제가 불러일으키는 부동산 가격 폭등 현상이 또 발생하지 않으리라고 장담할 수 없게 됐다. 그때를 대비해서 무작정 보유 부동산을 늘리기보다는, 똘똘한 1주택으로 갈아타는 것이 과도한 세금으로부터 내 자산을 지킬 수 있는 방법이다.

조금 욕심을 부린다면 똘똘한 2주택자까지도 노려볼 만하다. 비조정대상지역에서라면 기본세율(1~3%)로도 두 번째 주택을 취득할 수 있기 때문이다. 상승장이 다시 시작되면 상급지부터 조정대상지역으로 지정될 것이고 취득세 중과제가 적용될 테지만, 그전이라면 큰 부담 없이 두 채를 보유할 수 있다.

종부세 또한 2주택까지는 중과가 적용되지 않는다. 물론 공시가격과 공정시장가액비율이 다시 높아지면 이야기가 달라지겠지만, 지난 정부처럼 부동산 가격이 급격하게 상승할 가능성이 크지 않다. 참고로 재산세는 보유한 주택수와는 상관없이 부담해야 하는 금액이기에 다주택자가 되는 데 있어 고려해야 할 요소는 아니다.

2주택 상태에서 가장 문제가 되는 것은 양도세다. 양도하는 주택은 최소 기본세율로 납부해야 한다. 2025년 5월 9일까지 연장한 다주택자 양도세 중과배제 기간이 끝나고, 양도 시점에서 조정대상지역으로 변경된다면 중과제가 적용된다. 차익이 클수록 세율이 높아지므로, 막상 내 손에 떨어지는 실제 수익은 별로 없다.

양도세 기본세율 및 중과세율

과세표준	기본세율	2주택 중과세율	3주택 중과세율
1,400만 원 이하	6%	26%	36%
5,000만 원 이하	15%	35%	45%
8,800만 원 이하	24%	44%	54%
1.5억 원 이하	35%	55%	65
3억 원 이하	38%	58%	68
5억 원 이하	40%	60%	70
10억 원 이하	42%	62%	72
10억 원 초과	45%	65%	75%

정부의 규제를 피해 절세와 자산 증식을 모두 챙기고자 한다면 '일시적 2주택'을 추천한다. 보통 신규주택을 취득하고, 종전주택을 3년 이내 양도

하는 것을 가리키는데, 주택 두 채를 보유하고 있더라도 세제 혜택은 1주택과 동일하다.

이 밖에도 '일시적 2주택'에 한해 양도세를 면제받을 수 있는 다양한 특례가 있으므로, 몇 가지 소개해보겠다.

1세대1주택 특례(일시적 2주택)

주택 한 채를 보유한 1세대가 해당 주택을 양도하기 전에 새로운 주택을 취득하는 것이 '일시적 2주택'의 대표 사례다. 아래 요건을 모두 충족한 상태에서 종전주택을 양도하면 1세대1주택으로 간주해 양도세 비과세가 가능하다. 가장 쉽고 많이 활용하는 비과세 전략이다.

요건 1 종전주택 취득한 날부터 1년 이상 지난 후 신규주택 취득

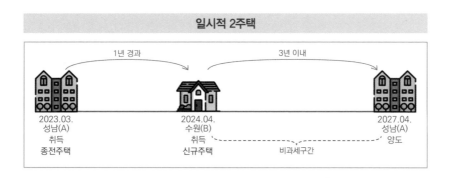

일시적 2주택

1년 경과 → 3년 이내 →

2023.03.
성남(A)
취득
종전주택

2024.04.
수원(B)
취득
신규주택

비과세구간

2027.04.
성남(A)
양도

요건 2 ┃ 신규주택 취득한 날부터 3년 이내 종전주택 양도

    – 조정대상지역 여부 상관없이 3년(2023년 1월 12일 이후 양도분부터 적용)

    – 취득일은 잔금일과 등기일 중 빠른 날로 정함

요건 3 ┃ 양도일 현재 1세대1주택 비과세 요건(2년 이상 보유, 양도가액 12억 원 이하) 충족

    – 조정대상지역 지정일 이전 취득한 주택은 2년 이상 거주 요건 예외

1주택+1분양권 비과세 특례

1세대가 주택 한 채를 보유한 상태에서 분양권(2021년 1월 1일 이후 취득분에 한함)을 취득하는 경우다. 해당 특례는 기회가 두 번 주어진다.

기회 1 ┃ 주택을 분양권 취득일로부터 3년 이내 양도하고 아래 요건을 모두 충족할 때

요건 1 ┃ 종전주택 취득한 날부터 1년 이상 지난 후 분양권 취득

요건 2 ┃ 분양권 취득한 날부터 3년 이내 종전주택 양도

    – 분양권 취득일은 당첨일로 정함

    – 분양권 준공 여부와 상관없이 3년 이내 양도

요건 3 ┃ 종전주택은 1세대1주택 비과세 요건(2년 이상 보유, 양도가액 12억 원 이하) 충족

– 조정대상지역 지정일 이전 취득한 주택은 2년 이상 거주 요건 예외

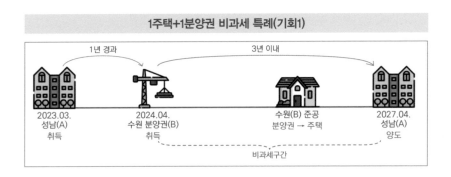

그런데 공사 기간이 길어져 준공되지 않았는데, 종전주택을 양도해야 하는 시기가 됐다면 어떻게 해야 할까? 비과세 혜택을 받으려고 거주할 집이 사라지는 불상사를 막기 위해, 해당 특례는 패자부활전 개념으로 기회를 한 번 더 준다. 물론 사후 요건이 있고, 이를 모두 충족해야 한다.

기회 2 분양권 취득일로부터 3년 경과 후, 종전주택 양도 시 아래 요건을 모두 충족하는 경우

요건 1 종전주택 취득한 날부터 1년 이상 지난 후 분양권 취득
  – 2022년 2월 15일부터 취득하는 분양권부터 적용
  – 2022년 2월 14일까지 취득한 분양권은 1년 이내 취득해도 가능

요건 2 준공 후 3년 이내 세대 전원이 해당 신규주택으로 이사하여 1년 이상 계속 거주

요건 3 신규주택 준공 전이나 준공 후 3년 이내 종전주택 양도

요건 4 종전주택은 1세대1주택 비과세 요건(2년 이상 보유, 양도가액 12억 원 이하) 충족

1주택+1분양권 비과세 특례(기회2)

| 1년 경과 | | 3년 이내 | |
| 2023.03.
성남(A)
취득 | 2024.04.
수원 분양권(B)
취득 | 2027.10.
수원(B) 준공
분양권 → 주택 | 2030.10.
성남(A)
양도 |

비과세구간

준공까지 공사 기간이 반드시 3년 이상 지나야만 비과세 특례를 받을 수 있다고 잘못 알고 있는 사람이 많은데, 사후 요건만 충족한다면 분양권 취득일로부터 1년 만에 공사가 완료되더라도 적용이 가능하다.

1주택+1입주권 비과세 특례

1세대가 주택 한 채를 보유한 상태에서 조합원입주권(이하 입주권)을 취득했을 때다. 분양권이 입주권으로 변경됐을 뿐 1주택+1분양권 특례와 대동소이하다. 대신 입주권의 성격에 맞는 요건이 있으며, 해당 특례도 기회

가 두 번 주어진다.

기회 1 주택을 입주권 취득일로부터 3년 이내 양도하고 아래 요건을
모두 충족하는 경우

(요건 1) 종전주택 취득한 날부터 1년 이상 경과 후 입주권 취득

(요건 2) 입주권 취득한 날부터 3년 이내 종전주택 양도

– 입주권 준공 여부와 상관없이 3년 이내 양도

(요건 3) 종전주택은 1세대1주택 비과세 요건(2년 이상 보유, 양도가액 12억
원 이하) 충족

– 조정대상지역 지정일(2017년 8월 2일) 이전 취득한 주택은 2년 이상
거주 요건 예외

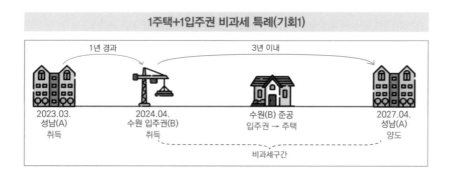

1주택+1입주권 비과세 특례(기회1)

| 2023.03.
성남(A)
취득 | 1년 경과 → | 2024.04.
수원 입주권(B)
취득 | 3년 이내 → | 수원(B) 준공
입주권 → 주택 | 2027.04.
성남(A)
양도 |

비과세구간

이 역시 준공 지연으로 비과세 특례를 받기 힘든 상황을 맞을 수 있는
데, 분양권 사례와 마찬가지로 사후 요건만 모두 충족하면 기회를 한 번

더 얻을 수 있다.

기회 2 입주권 취득일로부터 3년 지나서 종전주택 양도 시 아래 요
건을 모두 충족하는 경우

요건 1 종전주택을 취득한 날부터 1년 이상 경과 후 입주권 취득

– 2022년 2월 15일부터 취득하는 입주권부터 적용

– 2022년 2월 14일까지 취득한 입주권은 1년 이내 취득해도 가능

요건 2 준공 후 3년 이내 세대 전원이 해당 신규주택으로 이사하여 1
년 이상 계속 거주

요건 3 신규주택 준공 전이나 준공 후 3년 이내 종전주택 양도

요건 4 종전주택은 1세대1주택 비과세 요건(2년 이상 보유, 양도가액 12
억 원 이하)을 충족

마찬가지로 반드시 준공까지 공사 기간이 3년 이상 지나야 비과세 특

례가 가능한 것이 아니라, 사후 요건만 충족한다면 입주권 취득일로부터 1년 만에 공사가 완료되더라도 적용이 가능하다.

정비사업으로 인한 대체주택 특례

1주택자가 소유한 주택이 재개발 · 재건축 사업에 포함된다면, 시행 기간 동안 거주하기 위해 다른 주택(대체주택이라 함)을 취득해야 한다. 이때 일부 요건을 충족한다면 양도세 비과세 특례를 받을 수 있으며, 이를 「대체주택 특례」라 한다.

요건 1) 사업시행인가일 이후 대체주택을 취득하고 1년 이상 거주
 – 거주하고 있는 주택을 사업시행인가일 이후에 취득하는 것이 아닌, 거주하고 있는 주택이 사업시행인가일 이후에 대체주택 취득

요건 2) 재개발 · 재건축 주택이 완성된 후 3년 이내에 세대 전원이 해당 주택으로 이사(취학, 직장, 질병 요양, 그 외 부득이한 사유로 세대원 일부가 이사하지 못하는 경우 포함)하고 1년 이상 거주

요건 3) 재개발 · 재건축 주택이 완성되기 전 또는 완성된 후 3년 이내에 대체주택 양도

일시적 2주택은 종전주택과 신규주택의 취득 간격이 1년 이상 경과해야 한다는 요건이 있는데, 대체주택 특례는 1년 이내에 주택 두 채를 연속적으로 취득해도 비과세가 가능하다. 또한 보통 비과세 기간이 2년간 보유(조정대상지역의 경우 거주)해야 하지만, 대체주택 특례는 1년만 거주해도 된다. 다만 비조정대상지역이라도 보유가 아닌 거주해야 하는 점은 유의해야 한다. 마지막으로 1주택+1분양권(입주권) 비과세 특례에서 신규주택에 1년 이상 거주가 연속성이 있어야 하지만, 대체주택 특례에서는 그러지 않아도 된다. 하지만 실질적으로 6개월만 거주하고 이사를 했다가, 나머지 6개월을 거주하는 사람은 제한적이기에 큰 장점으로 보기 어렵다.

대체주택 특례는 다른 것보다 장점이 많은 만큼 충족해야 하는 요건들이 꽤 까다롭다. 또한, 이 문제를 담당하는 부처 안에서도 말이 다른 상황

대체주택 특례에 대한 기획재정부 답변

국세법령정보시스템
National Tax Law Information System

양도	「소득세법 시행령」 제156조의2제5항에서 "1주택을 소유한 1세대"의 판단 시점

기획재정부 재산세제과-1270   생산일자 : 2023.10.23.

관련 주제어	비과세양도소득
관련 법령	소득세법 제89조 소득세법시행령 제156조의2

요지

「소득세법 시행령」 제156조의2제5항 적용 시 "1주택을 소유한 1세대"의 판단 시점은 대체주택 취득일이며, 동 예규는 회신일 이후 결정·경정하는 분부터 적용됨

이 펼쳐지기도 하므로 반드시 여러 번 체크해야 한다.

한 사례를 들면, 2023년 10월 기존 국세청의 사전 답변과 정반대의 유권해석을 기획재정부에서 발표한 적이 있었다. 국세청은 대체주택을 취득할 당시 복수의 다른 주택을 소유하고 있더라도, 이를 양도할 시점에서 한 채만 소유하고 있으면 비과세 특례 적용이 가능하다고 사전 답변에서 견해를 밝혔다.

하지만 국세청의 상급 기관인 기획재정부에서는 대체주택 특례의 비과세 판단 기준을 대체주택 양도일이 아닌 취득일로 보았다. 그래서 비과세 혜택을 받고 싶다면 대체주택을 취득하려는 시점에서 재개발·재건축이 예정된 주택 이외에 다른 주택을 소유하면 안 된다.

이밖에 혼인·동거봉양·상속으로 인한 일시적 2주택도 있는데, 해당 특례의 주요 내용은 다음과 같다.

① 혼인으로 인한 일시적 2주택

각자 주택 한 채씩 가진 사람들이 혼인하면 1세대가 2주택을 보유하게 된다. 이때 혼인한 날로부터 5년 이내에 비과세 요건을 갖춘 주택을 먼저 양도하면 비과세 혜택을 받을 수 있다. 다만 지난 6월 정부가 발표한 저출산 대책에 따르면, 혼인으로 인한 일시적 2주택 보유 시, 1주택자 간주 기간을 기존 5년에서 10년으로 확대하기로 했다. 이는 2024년 세법개정안에도 반영됐다.

| 요건 1 | 양도하는 주택이 양도하는 시점에서 1세대1주택 비과세 요건 충족 |

| 요건 2 | 혼인한 날로부터 5년 이내 양도(10년으로 확대 예정) |

② 동거봉양으로 인한 일시적 2주택

주택 한 채를 보유한 1세대가 60세 이상의 직계존속(배우자의 직계존속을 포함)을 모시기 위해 세대를 합쳐 두 채를 보유하게 됐다면, 세대를 합친 날부터 10년 이내에 먼저 양도하는 주택은 비과세 혜택을 받을 수 있다.

| 요건 1 | 양도하는 주택이 양도 시점에서 1세대1주택 비과세 요건(2년 이상 보유, 양도가액 12억 원 이하) 충족 |

| 요건 2 | 세대를 합친 날로부터 10년 이내 양도 |

| 요건 3 | 노부모(부모 중 한 사람이 60세 이상) 봉양 |
  - 암·희귀성 질환 등 중대한 질병 등이 발생한 경우는 60세 미만이라도 가능

③ 상속으로 인한 일시적 2주택

일반주택을 한 채 소유하고 있는 1세대가 별도의 세대로부터 주택을 상속받는 것이 상속으로 인한 일시적 2주택이다. 이때 비과세 요건을 충족한 주택을 양도한다면 양도세를 면제받는다. 혼인은 5년 이내, 동거봉

양은 10년 이내에 양도해야 하지만, 상속은 예상치 못한 사망으로 인한 소유권의 이전이므로 특정 양도 기한이 없다.

다만 피상속인이 상속 당시 두 채 이상의 주택을 소유했다면, 다음과 같은 순서로 상속주택 특례가 적용된다.

- 1순위 : 피상속인이 소유한 기간이 가장 긴 1주택
- 2순위 : 1순위가 같은 주택이 두 채 이상일 경우에는 피상속인이 거주한 기간이 가장 긴 1주택
- 3순위 : 1순위와 2순위가 모두 같은 주택이 두 채 이상일 경우에는 피상속인이 상속 개시 당시 거주한 1주택
- 4순위 : 피상속인이 거주한 사실이 없고, 1순위가 같은 주택이 두 채 이상일 경우에는 기준시가가 가장 높은 1주택(기준시가가 같은 경우에는 상속인이 선택하는 1주택)

유의해야 할 점은 상속받은 주택을 먼저 양도하면 양도세 비과세 혜택을 받지 못한다. 다만, 상속받은 주택이라도 일반주택과 마찬가지로 양도 당시 1세대1주택 비과세 요건을 갖추었다면 양도세가 과세되지 않는다.

거주주택 비과세 특례

지금까지 설명한 비과세 특례는 부동산 세법에 큰 관심이 없어도 한 번쯤은 들어봤을 법하지만, 거주주택 비과세 특례에 대해서는 처음 들어보는 사람도 많을 것이다. 이에 관련해서는 자세하게 설명하고자 한다.

정부는 주택임대사업자 제도를 활성화하여 공공과 민간의 물량으로 임대차시장의 안정을 도모한다. 이 제도의 맹점은 임대한 집이 보유 주택 수에 포함되면, 다주택자가 돼 거주주택의 양도세 비과세가 불가능해진다는 것이다. 이런 사업자에게 불리한 상황을 해소하기 위해 정부에서는 「거주주택 비과세 특례」를 통해 일정 요건만 충족하면 비과세를 적용해 준다.

우선 해당 특례를 이용해 세금을 면제받으려면 거주주택을 먼저 양도해야 한다. 이때 보유한 임대주택은 주택수에서 제외해주지 않으므로 주

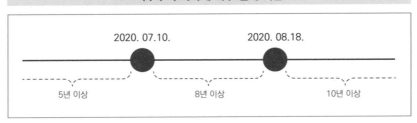

거주주택 비과세 의무 임대 기간

2020. 07.10.　　　　2020. 08.18.

5년 이상　　　　8년 이상　　　　10년 이상

의가 필요하다. 거주주택과 임대주택 모두 일정한 요건을 충족해야 하고,
양도하는 순서도 지켜야 한다.

거주주택

(요건1) 2년 이상 계속 거주

　　　　ㅡ 비조정대상지역일 때 취득했어도 2년 이상 거주 적용

(요건2) 전 세대원이 거주

임대주택

(요건1) 지자체와 세무서에 모두 등록

(요건2) 기준시가 6억 원 이하(비수도권 3억 원 이하)

　　　　ㅡ 금액은 개시 당시의 기준이고, 임대를 하고 있는 도중에 기준시가

　　　　　가 변경돼 해당 금액을 초과해도 가능

(요건3) 임대료 증액은 5% 이내

– 기준은 직전 계약이며, 최초 임대료의 경우에는 5% 적용이 아닌 시세대로 임대차 계약 가능

요건 4 의무 임대 기간 준수

– 등록 일자에 따라 의무 임대 기간 상이

요건 5 자진 · 자동 말소일로부터 5년 이내 거주주택 양도

과거에는 여러 채의 임대주택을 소유한 임대사업자가 본인이 거주하던 주택을 양도할 때, 전체 양도소득에 대해 비과세 혜택을 받은 후 임대주택으로 거주지를 옮기면, 그곳도 거주주택으로 간주하여 비과세 혜택을 받을 수 있었다. 즉, 이전에 비과세 혜택을 받은 주택의 양도일 이후 발생한 양도차익에 대해 다시 비과세를 적용받을 수 있었다.

그러나 2019년 2월 12일부터 이 제도가 개정되면서, 임대사업자의 거주주택에 대한 비과세 특례가 축소됐다. 이제는 거주주택(A)을 양도하고 비과세 혜택을 받은 후, 임대주택(B)에 거주하더라도 해당 임대주택의 전

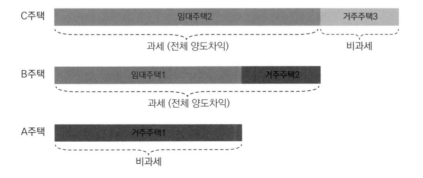

체 양도차익에 대해 과세한다. 다만, 최종적으로 거주하는 임대주택(C)이 거주주택 요건을 충족하는 때에만, 직전 거주주택(B)의 양도일 이후 발생한 양도차익분에 대해 비과세 혜택을 받을 수 있다.

상생임대주택에 대한 1세대1주택 특례

1세대1주택자가 조정대상지역 소재 주택을 취득했을 때, 양도세를 면제받으려면 2년 이상 거주해야 한다. 하지만 직장이나 교육 등으로 생활권이 달라 당장 거주할 수 없거나 자금이 부족하다면, 일단 소유권만 가져와 임차를 주고 나중에 거주하는 방법도 있다. 「상생임대주택 특례」를 활용하여 몇 가지 요건만 충족하면, 실거주하지 않아도 1세대1주택 양도세 비과세 혜택을 받을 수 있다.

상생임대주택 특례는 원래 2022년까지 적용될 예정이었으나, 2024년까지 한 차례 연장했다. 그리고 2024년 하반기 세법개정안에서 이를 2026년까지 2년 추가 연장한다고 발표했다. 현재 강남 3구(강남구, 서초구, 송파구)와 용산구를 제외하면 대부분 비조정대상지역으로 분류되지만, 취득 당시 조정대상지역이었다면 양도세 비과세를 위해 2년 거주 요건을 충족해야 한다. 이때 상생임대주택 특례를 적극적으로 활용하는 것이 좋다.

요건1 주택 취득 후 체결한 직전임대차계약에 따라 실제 임대한 기간이 1년 6개월 이상

요건2 직전임대차계약 대비 임대료를 5% 이내 인상한 신규(갱신) 계약 체결한 임대인

요건3 양도 당시 1세대1주택자

　　　– 임대 개시 시점에 다주택자여도 향후 양도 시점에서 1주택자 전환 계획이 있는 임대인도 혜택 적용 가능

요건4 갱신(신규) 계약을 2026년 12월 31일까지 체결

요건5 상생임대차계약 이후 2년 이상 임대차 유지

최초 임대차계약(직전임대차계약)은 최소 1년 6개월 이상 실제 임대해야 하고, 이후 체결하는 두 번째 계약(상생임대차계약)은 직전임대차계약 대비

상생임대주택 특례 개선(안)

구분		현행	개선
상생임대인 개념		직전계약 대비 임대료를 5% 이내 인상한 신규(갱신) 계약 체결 임대인	좌동
상생임대주택 인정 요건		임대개시 시점 1세대1주택자 +9억원(기준시가) 이하 주택	폐지 임대개시 시점에 대주택이거나 향후 1주택자 전환 계획이 있는 임대인에게 혜택 적용
혜택	비과세	조정대상지역 1세대 1주택 양도세 비과세 2년 거주요건 중 1년 인정	조정대상지역 1세대 1주택 양도세 비과세 2년 거주요건 면제
	장특공제	없음	1년 이상 폐지
적용 기한		22. 12. 31일	24. 12. 31일(2년 연장) → 26. 12. 31일(2년 추가 연장)

5% 상한을 준수해야 한다. 그리고 2026년 12월 31일까지 체결된 상생임대차계약에 따라 2년 이상 임대했다면, 실거주 의무를 면제받을 수 있다.

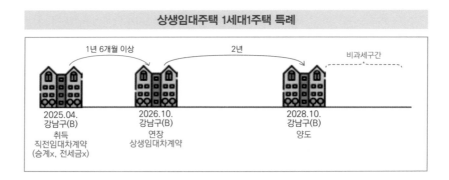

하지만 사람 간의 거래에는 다양한 변수가 발생하는 법이다. 따라서 상생임대주택 특례 적용 여부와 관련해 여러 상황에서 과세당국이 어떻게 해석했는지 주요 내용을 몇 가지 소개하겠다.

직전임대차계약에 해당하지 않는 기존 임대차계약을 종료하고 임대 기간을 변경하여 새로운 계약을 체결한 경우에도 직전임대차계약에 해당하는가?
직전임대차계약에 해당하지 않는다. 이것이 인정되면 많은 임대인이 이 방법을 꼼수로 쓸 가능성이 크다. 선의의 피해자가 발생할 수 있으므로, 과세당국에서는 절대 인정하지 않는다고 밝혔다.

상생임대차계약 기간에 임차인의 사정으로 중도 퇴거하여, 2027년 1월 1일 이후 새로운 임차인과 임대차계약을 하게 되면 상생임대차계약이 적용되는가?

상생임대차계약 기간 중 임차인의 사정으로 계약이 조기 종료됐다면, 새로운 임대차계약의 임대 기간을 합산하여 계산한다. 또한, 새 계약이 2027년 1월 이후에 체결되더라도, 두 계약의 실제 임대 기간을 합산해 2년 이상이 된다면 상생임대주택 특례를 적용받을 수 있다.

분양권 취득 후 임차인의 전세금을 활용하여 임대차계약을 체결한 경우 직전임대차계약에 해당하는가?

직전임대차계약에 해당하지 않는다. 왜냐하면 주택 취득 후 체결한 임대차계약만 직전임대차계약으로 인정되는데, 임차인의 전세금을 활용하여 체결한 임대차계약의 경우 주택 취득 후 체결한 계약이 아니기 때문이다. 일반적인 분양권의 경우 본인의 자금이나 대출을 활용하여 분양권의 잔금을 납부하기보다는 임차인의 전세금을 활용하여 납부하기 때문에, 이런 경우에는 중도상환수수료를 감수하더라도 임차인의 전세금을 활용하지 않는 것이 좋다.

조합원입주권을 승계하여 주택의 사용승인일 이후 임대차계약 체결 시 직전임대차계약에 해당하는가?

조합원입주권을 승계하여 주택을 취득하고 해당 주택의 사용승인일 이후 임대차계약을 체결하면 직전임대차계약에 해당한다. 분양권 취득일은 잔금일 기준이지만, 입주권은 사용승인일이다. 따라서 분양권은 해당하지 않지만, 입주권은 가능하다. 사용승인일 이후 전세금을 활용해 잔금을 치르게 되면, 이는 취득일 이후에 이루어지는 것이므로 직전임대차계약으로 인정될 수밖에 없다.

주택을 취득하면서 해당 주택의 매도자와 체결한 임대차계약이 직전임대차계약에 해당하는가?

이를 주인전세라고도 한다. 주택을 취득하면서 해당 주택의 매도자와 임대차계약을 체결하여 실제 1년 6개월 이상 임대했다면 직전임대차계약에 해당한다. 주인전세 또한 일반전세와 마찬가지로 전세금을 활용한 계약인데, 직전임대차계약으로 인정된다고 하니 다소 의아한 유권해석이다.

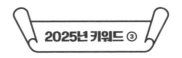

돈 버는 절세법
: 성공적인 투자의 기본

성공적인 부동산 투자는 보유 기간 동안 얼마나 상승했는지가 아닌, 최종적으로 내 손에 얼마나 떨어지는지에 따라 결정된다. 예를 들면, 양도차익이 3억 원이지만, 양도세로 1억 원을 내야 하는 투자보다, 양도차익이 2억 5,000만 원이라도 양도세 비과세 혜택을 받는 것이 훨씬 훌륭한 투자다. 따라서 취득과 양도의 순서뿐만 아니라 시간과 명의를 분산하는 것도 중요하다. 부동산 투자의 핵심은 이러한 요소를 고려하여 전략적으로 포트폴리오를 구성하는 것이다.

하지만 절세 방법은 부동산 매수자 스스로 발 벗고 나서서 적극적으로 알아보지 않으면, 누구도 알려주지 않는다. 세금을 직접 징수하는 국가 기관에서 안내할 법도 하지만, 굳이 나서서 세수입을 줄이는 일은 하지 않는다. 따라서 이번 장에서는 현명하게 절세할 수 있는 방법 몇 가지를 소개하고자 한다.

부동산을 취득하기 전에 아래와 같은 절세법으로 포트폴리오를 구성할 수 있을지 나의 상황에 대입해봐야 한다. 그럴 수만 있다면 웬만한 투자보다 훨씬 성공적인 결과를 가져다줄 것이라 확신한다.

공동명의 활용하기

절세의 기본은 분산이다. 되도록 명의와 시간은 작업해두는 것이 좋다. 무엇보다 쉽게 할 수 있는 것이 명의 분산이며, 특히 '공동명의'가 가장 효과적이다. 부동산 투자를 하다 보면 공동명의와 단독명의 중 어느 쪽이 유리할지 판단이 잘 서지 않았던 경험이 한 번씩은 있을 것이다.

물론 정부의 정책에 따라 어떤 선택을 하든 유불리가 바뀔 수 있지만, 원리만 이해한다면 문제없다. 취득에서 양도까지 단독명의와 공동명의에 따른 세금이 어떻게 달라지는지 알아보자.

취득세

물건별 과세 기준으로 세액이 산출되므로 명의에 따른 차이가 없다.

재산세

취득세와 달리 누진세율이 적용되나, 이 역시 물건별 과세 기준으로 세액이 산출되기 때문에 명의에 따른 차이가 없다.

종부세

인별 과세가 원칙이다. 공동명의라 하더라도 각자 보유하고 있는 지분에 따라 계산된다. 인별로 보유하고 있는 주택(토지 포함)의 공시가격을 모두 합산한 다음, 공제액을 차감한 후에 공정시장가액비율과 세율을 곱하면 된다. 계산식은 아래와 같다.

종합부동산세 = { (인별 보유 주택 · 공시가격의 합) − (공제액) × 공정시장가액비율 × 세율 }

일반적으로 1세대1주택이라면 12억 원을, 그 외는 인별 9억 원까지 공제해준다. 공제액만 보면 부부 합산 최대 18억 원까지 공제가 가능한 공동명의가 유리하다.

종부세는 2주택자까지 중과세율이 적용되지 않지만, 3주택자부터는 지역 상관없이 적용된다. 따라서 다주택자가 되려면 매년 종부세를 부담할 수 있을지 신중히 생각해야 한다. 정부에서 종부세 중과를 완화한다고 했지만, 2024년 세법개정안에서도 반영되지 않은 것으로 봐서는 당분간 어려울 것이라 예상된다. 참고로 중과가 적용되는 금액은 과세표준이기에 공제액과 장기보유특별공제를 적용한 과세표준 값으로 계산해야 한다.

정부의 종합부동산세 규제 완화 계획

과세표준	현행		정부안
	2주택 이하 (조정대상지역 2주택 포함)	3주택 이상 (지역 불문)	주택수, 지역 불문 (중과 없음)
3억 원 이하	0.5%		0.5%
3억 원 초과~6억 원 이하	0.7%		0.7%
6억 원 초과~12억 원 이하	1.0%		1.0%
12억 원 초과~25억 원 이하	1.3%	2.0%	1.3%
25억 원 초과~50억 원 이하	1.5%	3.0%	1.5%
50억 원 초과~94억 원 이하	2.0%	4.0%	2.0%
94억 원 초과	2.7%	5.0%	2.7%
법인	2.7%	5.0%	2.7%

고령자공제율 및 장기보유공제율

고령자공제	공제율	장기보유공제(보유기간)	공제율	합산 공제율
만 60세 이상 ~ 65세 미만	20%	5년 이상 ~ 10년 미만	20%	
만 65세 이상 ~ 70세 미만	30%	10년 이상 ~ 15년 미만	40%	최대 80%
만 70세 이상	40%	15년 이상	50%	

1세대1주택자 단독명의의 경우 고령자공제와 장기보유공제라는 추가 세액공제가 있다. 만 나이가 60세 이상부터 최대 40%까지 공제가 가능하고, 보유기간이 5년 이상부터 최대 50%까지 가능하다. 또한 두 개를 합산하면, 최대 80%까지 공제받을 수 있다.

기존에는 1세대1주택자라 하더라도 단독명의일 때만 고령자공제와 장기보유공제를 적용받을 수 있었는데, 1주택이라도 명의에 따라 종부세 혜택이 다르게 적용된다는 문제점이 제기됐다. 그래서 2021년부터는 공동명의라 하더라도 납세자가 유리한 방향으로 선택할 수 있는 「부부공동명의특례」가 도입됐다.

종합해보면 일반적으로 고령자공제와 장기보유공제를 최대 80%까지 적용받는 사람은 별로 없다. 왜냐하면 기본적으로 만 70세 이상이어야 하므로 단독명의로 12억 원만 기본공제를 적용받는 것이 아닌, 공동명의로 18억 원까지 적용받는 것이 훨씬 유리하다. 추가 세액공제가 없고 공시가격이 시세의 70%라고 가정하면, 단독명의일 때는 약 17억 1,000만 원까지 종부세가 발생하지 않지만, 공동명의일 때는 약 25억 7,000만 원까지 종부세가 발생하지 않는다.

물론 추가 세액공제를 적용받는다면 단독명의가 유리할 수도 있다. 하지만 부부공동명의 특례제도가 도입됐기 때문에, 양도세까지 고려한다면 공동명의를 하는 것이 더 나은 선택이다.

양도세

양도세는 양도차익이 클수록 세율이 높아지는 누진세율을 적용한다. 개인이 보유하고 있는 지분에 따라 부과되기 때문에, 지분이 줄어들면 그만큼 세율도 줄어든다. 예를 들어 양도차익이 5억 원일 때, 단독명의라면 5억 원에 해당하는 세율 40%를 적용하지만, 각 50% 지분의 공동명의라면

2억 5,000만 원에 해당하는 세율 38%를 적용하여 납부한다. 게다가 공동명의는 기본 공제 250만 원도 각각 적용받을 수 있다. 따라서 양도세는 무요건 공동명의가 유리하다.

아래와 같이 취득가액 5억 원, 양도가액 10억 원일 때, 단독명의와 공동명의에 따른 양도세 총 납부 금액을 비교해보자. 계산 편의를 위해 필요경비와 장기보유특별공제는 적용하지 않았다. 같은 금액으로 양도했지만, 양도세를 약 2,730만 원 절세할 수 있다.

특히 고가 주택이고 양도차익이 클수록 공동명의의 힘은 더 발휘한다. 금액을 조금 더 높여 취득가액 10억 원, 양도가액 20억 원일 때, 단독명의와 공동명의에 따른 양도세 총 납부금액을 비교해보자. 마찬가지로 편의

단독명의 vs 공동명의 (양도차액 5억 원일 경우)

구분	단독명의	공동명의	
		남편	아내
취득가액	500,000,000원	250,000,000원	250,000,000원
양도가액	1,000,000,000원	500,000,000원	500,000,000원
양도차익	500,000,000원	250,000,000원	250,000,000원
과세표준	497,500,000원	247,500,000원	247,500,000원
양도소득세율	40%	38%	38%
양도소득세	173,060,000원	74,110,000원	74,110,000원
지방소득세	17,306,000원	7,411,000원	7,411,000원
총 납부금액	190,366,000원	81,521,000원	81,521,000원

를 위해 필요경비와 장기보유특별공제는 적용하지 않았다. 같은 금액으로 양도했지만 약 4,000만 원을 절세할 수 있다. 물론 양도차익이 10억 원이라면 기본세율이 아닌 최종 1주택으로 비과세(12억 원 초과분 과세) 양도하는 것이 더 나은 선택이다.

그러면 지금이라도 공동명의로 바꿔야 할까? 이는 주택수, 주택가액 등 개인별 상황에 따라 다르다. 만약 10년 이내 증여가 없었다면, 배우자에게 6억 원까지는 증여세 없이 증여가 가능하다. 다만 증여취득세를 납부해야 하고, 증여액이 6억 원을 초과하면 증여세가 발생하기에 한 가지 측면만 생각해서는 안 된다. 특히 다주택자는 더욱 고려해야 할 요소가 많기에, 주택을 취득하기 전에 반드시 세무사의 상담을 받는 것을 추천한다.

단독명의 vs 공동명의 (양도차액 10억 원일 경우)

구분	단독명의	공동명의	
		남편	아내
취득가액	1,000,000,000원	500,000,000원	500,000,000원
양도가액	2,000,000,000원	1,000,000,000원	1,000,000,000원
양도차익	1,000,000,000원	500,000,000원	500,000,000원
과세표준	997,500,000원	497,500,000원	497,500,000원
양도소득세율	42%	40%	40%
양도소득세	383,010,000원	173,060,000원	173,060,000원
지방소득세	38,301,000원	17,306,000원	17,306,000원
총 납부금액	421,311,000원	190,366,000원	190,366,000원

이월과세 활용하기

이월과세는 일시적 2주택 기간이 이미 지나 양도세 비과세가 불가능한
데, 양도차익이 꽤 커서 2주택 모두 비과세 혜택을 받고 싶을 때 활용하면
좋은 전략이다.

이월과세는 수증자와 증여자의 관계가 배우자 또는 직계존비속 관계
일 때 적용되는 규정이다. 배우자나 직계존비속이 증여를 받고 10년 이내
(2022년 12월 31일 이전 증여 시 5년)에 해당 부동산(분양권, 입주권 포함)을 양도하
면 적용된다. 양도할 때는 일반적으로 증여받는 취득가로 계산하는데, 10
년 이내에 양도하면 증여받는 취득가가 아닌 증여자의 당초 취득가액으로
계산한다는 원리다. 아래 그림으로 보면 좀 더 이해가 쉽게 될 것이다.

2017년에 A가 3억 원에 취득하여, 2021년에 B(A의 배우자)에게 6억 원

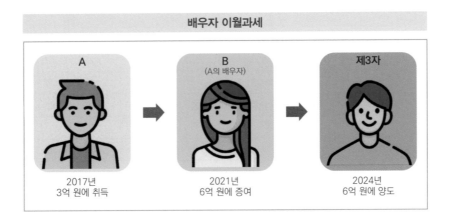

배우자 이월과세

A	B (A의 배우자)	제3자
2017년 3억 원에 취득	2021년 6억 원에 증여	2024년 6억 원에 양도

에 증여하고(10년 이내 증여가 없을 때 배우자 증여재산공제 6억 원 적용 가능), 제3자에게 6억 원에 양도하면 B의 양도차익은 얼마가 될까? 필요경비, 장기보유특별공제, 인적공제가 없다는 가정하에 '6억 원(양도가액)−6억 원(증여받는 취득가)=0원'이라 양도차익이 없게 되는 완벽한 꼼수가 가능해진다.

과세당국에서 이를 가만히 내버려둘 리 없다. 10년 이내 양도하면 이월과세를 적용하여 '6억 원(양도가액)−3억 원(증여자의 당초 취득가)=3억 원'이 양도차익이 되어버린다. 따라서 3억 원에 해당하는 양도세 약 9,000만 원을 납부해야 한다.

그런데 이월과세에도 예외가 있다. 바로 증여받은 자녀가 별도로 세대를 분리해, 2년 이상 보유한 다음 1세대1주택자 또는 일시적 2주택자로 양도했을 때다. 이렇게 하면 양도세 비과세의 최소 기간인 2년만 보유(조정대상지역은 2년 거주 포함)하면 비과세가 가능하다. 양도가액이 12억 원 이하라면 자녀는 비과세 혜택을 받을 수 있기 때문에 이월과세 적용이 무의미하

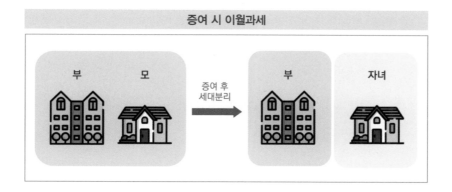

증여 시 이월과세

부　　　　모　　　증여 후 세대분리　　　부　　　　자녀

다. 하지만 양도가액이 12억 원을 초과하면 이월과세가 적용돼 세금 부담이 커질 수 있으니 유의해야 한다.

결국 부모도 최종 1주택이고, 자녀는 증여 후 2년이 지나서 양도하면 이월과세를 적용받지 않으므로 둘 다 비과세 혜택을 받을 수 있다. 자녀는 주택을 부모로부터 증여받았다면, 양도세와 별도로 증여세와 증여취득세를 납부해야 한다. 만약 이 또한 부모가 대신 납부해준다면, 대납 금액만큼의 증여세를 내야 한다.

비록 자녀에게 한번 증여했으므로 증여세와 증여취득세가 발생했지만, 이월과세를 잘 활용하면 일시적 2주택 기간이 지났더라도 주택 두 채 모두 양도세 비과세 혜택을 받을 수 있다.

증여취득세율은 1%, 8%, 12%의 유상취득세율과 다르게 3.5%가 적용된다. 단, 조정대상지역이면서 공시가격이 3억 원 이상이면 12%가 적용되지만, 동일한 조건에서 1세대1주택자가 소유주택을 배우자나 직계존비속에게 증여하면 3.5%가 적용된다.

또 다른 전략은 직계존비속에 포함되지 않는 사위, 며느리, 손주, 형제, 자매 등을 활용하는 것이다. 그러면 이월과세가 적용되지 않으므로 10년

증여취득세율		
고령자공제	공제율	합산 공제율
3억 원 미만	3.5%	3.5%
3억 원 이상		12%

동안 기다릴 필요가 없다. 물론 자녀가 아닌 사람에게 증여하는 것은 신중히 결정해야 한다.

일시적 2주택
활용하기

황당 절세법

이전 문재인 정부에서는 불가능했지만, 현 윤석열 정부에서는 가능한 전략이다. 왜냐

하면 양도세 비과세를 위한 「최종 1주택 재기산 제도」가 폐지됐기 때문이다. 이는 최

종 1주택에 대한 비과세 혜택을 받기 위해 직전주택의 양도일로부터 최종 1주택의 취

득일을 재기산하는 제도이며, 일시적 2주택은 예외였다.

아래와 같이 A 주택과 B 주택의 취득 시점이 1년을 넘지 않아, 일시적 2주택 요건을

충족하지 못하므로 양도세를 면제받을 수 없다. 게다가 A 주택에 대해 비과세 혜택

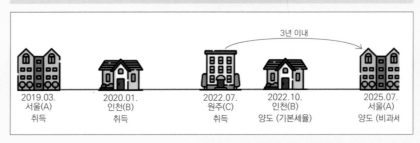

다주택자의 일시적 2주택 활용법

3년 이내

2019.03.	2020.01.		2022.07.	2022.10.	2025.07.
서울(A)	인천(B)		원주(C)	인천(B)	서울(A)
취득	취득		취득	양도 (기본세율)	양도 (비과서

을 받으려면, A 주택의 당초 취득일이 아닌 B 주택의 양도일부터 재기산하여 다시 2
년을 기다려야 한다.

이를 피하려고 C 주택을 의도적으로 취득하는 방법이 등장했다. 공시가격이 1억 원
이하의 물건은 취득가 자체도 저렴하지만, 다주택자도 취득세가 1%라 큰 부담 없이
살 수 있다.

이렇게 A 주택, B 주택, C 주택을 세팅한 다음, B 주택은 기본세율로 양도하고, A 주
택과 C 주택을 일시적 2주택으로 다시 세팅하는 방식이 유행하기 시작했다.

암암리에 공유되던 이 '황당 절세법'은 모 언론사에 의해 만천하에 공개됐다. 기획재
정부에서는 해당 꼼수가 더는 불가능하다는 내용의 반박 보도자료를 신속하게 배포

황당 절세법이 불가능하다는 기획재정부의 반박 보도자료

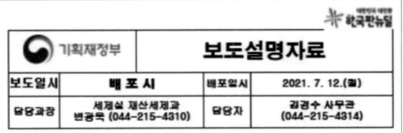

했지만, 이에 반발하는 납세자들은 단체로 기획재정부 앞에서 시위를 벌이기도 했다. 결국 이때 일시적 2주택인데도 불구하고, 비과세 혜택을 받기 위해서 다시 2년간 해당 주택을 보유, 거주를 해야 하는 피해가 생겼다. 다행히 「최종 1주택 재기산 제도」가 폐지(2022년 5월 10일 이후 양도부터 적용)됐으며, 이제는 3주택 이상의 다주택자는 최종 2주택을 일시적 2주택으로 세팅하면 주택 두 채 모두 최종 1주택 재기산과 상관없이 양도세 비과세 혜택을 받을 수 있다.

응용 전략도 가능하다. 일시적 2주택 관계가 아닌 2주택자가 여유 자금이 있거나 수년 뒤에 투자금이 생긴다면 주택 한 채를 추가로 취득할 수 있다. 그럼 주택 세 채 중 향후 양도차익, 보유 가치, 미래의 상승 가능성 등을 고려해 한 채만 기본세율로 양도하는 것을 선택할 수 있다.

혼인합가를 활용한 4주택 비과세 받기

앞에서 다룬 「1주택+1분양권 비과세 특례」를 활용하면, 혼인신고 전에 남녀가 각각 전략적으로 세팅해 4주택까지 비과세 혜택을 받을 수 있다. 지난 2024년 6월 25일, 기획재정부는 "혼인합가 비과세 특례는 주택의 양도일이 아닌 혼인합가 당시 주택수로 충족 여부를 판정하겠다"고 발표했다. 이는 기존 국세청의 사전 답변과 반대되는 유권해석이다.

즉, 2주택자간 혼인으로 합가했다면, 혼입합가 특례가 적용되지 않으며, 최종 1주택만 비과세 혜택을 받을 수 있다는 것이다. 이런 해석만 봤을 때는 4주택에 대한 비과세가 불가능할 것 같다.

혼인합가 특례에 대한 기획재정부 답변

[양도] **2주택자간 혼인으로 합가한 경우 혼인합가특례(소득령 § 155⑤) 적용여부**

서면-2023-법규재산-0887 [법규과-1599(2024.6.25.)]   귀속년도 : 2024   생산일자 : 2024.06.25.

관련 법령	소득세법 시행령 제155조

요지

혼인합가특례(소득령 § 155⑤)의 혼인합가요건인 "1주택자가 1주택자와 혼인함으로써 2주택을 보유하게 되는 경우"는 주택의 양도일 현재 기준이 아닌, 혼인합가 당시 주택수로 충족여부를 판정하는 것임

회신

하지만 일시적 2주택 비과세 특례와 관련된 조항인 「소득세법시행령」 제155조와 「1주택+1분양권 비과세 특례」를 규정한 「소득세법시행령」 제156조는 엄연히 다르다. 「소득세법시행령」 제156조의 3 제6항을 보자.

1주택 또는 1분양권 이상을 보유한 자가 1주택 또는 1분양권 이상을 보유한 자와 혼인한 경우로서 1세대1주택과 1분양권, 1주택과 2분양권, 2주택과 1분양권 또는 2주택과 2분양권 등을 소유하게 되는 경우는 제156조의 2 제8항 또는 제9항에 따른다.

1주택 또는 1분양권 이상을 보유한 자가 1주택 또는 1분양권 이상을 보유한 자와 혼

인을 하여 2주택+2분양권이 됐을 때, 비과세가 가능하다고 소득세법시행령에 명확히 언급돼 있다. 이는 앞에서 각 2주택 상태에서 혼인신고를 한다고 무조건 비과세가 불가능한 것은 아니라는 말이다.

다만 남녀가 각각 1주택+1분양권 비과세 특례 요건과 혼인합가 특례 요건도 만족해야 하므로 날짜를 전략적으로 잘 맞추어야 한다. 하나라도 실수하면 안 되기에 「1주택1분양권 특례」(269쪽)와 「혼인합가에 따른 특례」(276쪽)에 관해 다시 읽어보기를 바란다. 순서는 아래와 같이 세팅하는 것을 추천한다.

혼인신고 시 절세 전략

순서 ①

남녀가 각각 1주택+1분양권으로 포트폴리오를 세팅한다. 1주택과 1분양권 취득 시점은 1년 이상이어야 한다.

순서 ②

4번을 최종 1주택이라고 가정할 경우 혼인신고한 날부터 5년 이내(10년 이내로 확대 예정)에 1번, 2번, 3번 주택을 모두 양도해야 한다. 1번, 2번, 3번 전부 비과세 요건을 모두 충족해야 한다.

순서 ③

1번과 3번 주택을 양도할 때는 총 두 번의 기회가 있다. 첫 번째는 분양권을 취득한 날로부터 3년 이내 양도해야 하고, 두 번째 기회는 분양권을 준공일로부터 3년 이내에 양도하면 된다.

순서 ④

모든 요건을 빠짐없이 충족해야 하고, 좀 더 쉽게 활용하려면 혼인신고는 최대한 늦게 하는 것이 좋다. 그래서 최소한 둘 중 한 명은 1번과 3번 주택 중 하나를, 이미 2년 이상 보유(거주)를 한 상태에서 혼인신고를 하는 것이 좋다.

순서 ⑤

혼인신고 하기 전에 1번을 이미 2년 보유(거주)했다고 가정하면, 2번 주택을 취득한 날로부터 3년 이내 양도하여 1번 주택의 양도세를 면제받는다.

Insight

순서 ⑥

혼인신고 한 날로부터 5년 이내에 2번 주택과 3번 주택을 각각 2년 보유(거주)하여 양도세를 면제받는다. 각각 2년씩이기 때문에 4년이라는 시간이 필요하며, 5년 이내에만 양도하면 된다. 10년 이내로 확대되면 시간적 여유가 더 생긴다.

순서 ⑦

최종 1주택은 4번 주택을 양도하여 비과세 혜택을 받는다.